LA RUSSIE

EXTRA-EUROPÉENNE ET POLAIRE

La Russie
Extra-Européenne et Polaire

Sibérie, Caucase, Asie centrale
Extrême-Nord

PAR

M. P. de SEMENOV

Membre du Conseil de l'Empire
Vice-Président de la Société impériale russe de Géographie

PARIS
IMPRIMERIE PAUL DUPONT
4, RUE DU BOULOI
1900

COMMISSION IMPÉRIALE DE RUSSIE

A L'EXPOSITION UNIVERSELLE DE 1900

LA

RUSSIE EXTRA-EUROPÉENNE

ET

POLAIRE

Depuis que le grand chemin de fer de Sibérie, les travaux ayant été menés avec une incroyable rapidité, pénètre les profondeurs de la Sibérie et atteint le Baïkal, que le chemin de fer transcaspien, reliant Samarcande à la mer Caspienne, détache des embranchements sur Tachkent et les riches contrées du Ferghana d'un côté, et les frontières de l'Afghanistan de l'autre, que deux voies ferrées, parallèles à la chaîne gigantesque du Caucase, réunissent la mer Caspienne à la mer Noire, les provinces extra-européennes russes captivent non seulement l'attention de la Russie, mais elles attirent à elles les regards de tout l'univers civilisé.

Ces provinces, bien qu'elles soient pour la Russie d'énormes territoires de colonisation, sont à l'égard de la Russie européenne par leur situation géographique, la nature du pays, le caractère de leurs habitants, dans des conditions bien différentes de celles rattachant les colonies des autres Etats de l'Europe à leur métropole; en outre, ces provinces sont dans des conditions économiques spéciales, rappelant fort peu celles de la Russie d'Europe. Nos provinces extra-européennes, nos marches, se distinguent des colonies des Etats de l'Europe occidentale par le fait qu'elles ne sont séparées de leur métropole ni par des mers ni par des océans ; elles constituent la prolongation immédiate, sans solution de continuité du territoire russe européen, au point de vue physique comme au point de vue ethnographique. La Russie pénètre ainsi naturellement et insensiblement dans les limites de la partie asiatique de l'ancien continent.

Toutefois, nonobstant le lien étroit et ininterrompu réunissant la Russie d'Europe avec ces vastes possessions extra-européennes, qui bien que dépassant de trois fois en étendue celle de la Russie d'Europe, n'ont que 26 millions d'habitants (car tel est le chiffre de la population de la Sibérie, y compris les districts transouraliens des gouvernements de Perm, d'Oufa et d'Orenbourg, les steppes des Kirghizes, le Turkestan avec Khiva, Boukhara et le Caucase), ces possessions sont dans un état de civilisation très différent de celui des 105 millions d'habitants de la plaine de la Russie d'Europe. En Russie d'Europe, l'industrie manufacturière a déjà acquis un degré de perfection tel que ses produits peuvent être placés sans aucun inconvénient au milieu des sections et des groupes correspondants de l'exposition universelle de Paris ; quant à son industrie agricole, elle a pris des proportions qui lui permettent d'affronter la comparaison avec celle des Etats de l'Europe occidentale.

Il en est tout autrement de nos marches extra-européennes. Plus de 10 millions d'âmes, constituant la population de la Sibérie, y compris celle des districts transouraliens, sont disséminées sur la vaste étendue de cette marche et comprennent environ 30 0/0 d'aborigènes. Or ces aborigènes sont pour la plupart des tribus errantes de peuples chasseurs ou des populations nomades, encore à un degré primitif de civilisation. En ce qui concerne la population russe, agricole et sédentaire, elle est aux prises avec une nature rigoureuse contre laquelle elle soutient un rude et pénible combat. Jusqu'à ces derniers temps, la Sibérie, dépourvue de bonnes voies de communication, avec ses fleuves gigantesques qui, à l'exception d'un seul, conduisent à l'océan du Nord, couvert de glaces éternelles, ne possédait aucun débouché pour ses produits, si ce n'est pour les plus précieux. On s'explique, par conséquent, pourquoi, bien que dans certaines de ses régions abondent le fer, la houille et les bois de chauffage et que les matières premières y soient à des prix extraordinairement bas, jusqu'à ce jour, l'industrie manufacturière ait pu prendre en Sibérie une importante extension. Au Turkestan, pays dont la population, y compris Boukhara et Khiva, dépasse 7 millions d'habitants, les russes ne forment que les 6 0/0 de cette population, et les indigènes ne sont sous la domination russe que depuis 30 ans. La population sédentaire de ces contrées, s'étant concentrée exclusivement dans les zones étroites qui s'étendent au pied des grandes chaines de montagnes et dans ces oasis où l'irrigation rend le sol propre à la culture, formait déjà, depuis longtemps, quelques petits États ayant atteint un certain degré de civilisation. Mais cette civilisation, qui avait fait peu de progrès depuis Tamerlan, se bornait à une agriculture bien développée et bien appropriée aux conditions locales, à des procédés assez primitifs de sériciculture, et à la production d'articles fabriqués à la main ; l'industrie du pays n'est pas encore celle des fabriques ni des manufactures. Quant à la population nomade, elle est encore restée au degré primitif de civilisation des peuples pasteurs. Ajoutons que 80 0/0 du territoire du Turkestan est formé de déserts ou de pays montagneux et stériles, entièrement impropres à la vie sédentaire et à la culture.

Le Caucase est une marche qui, à un certain degré, entrait déjà dans les possessions russes depuis la fin du xviii° siècle et dont la population s'élève presque à 8 millions 1/2 d'habitants et compte déjà 25 0/0 d'habitants de race russe. Mais les progrès de la colonisation et de l'industrie russe y ont été entravés par la lutte opiniâtre qu'il a fallu soutenir contre les tribus montagnardes, lutte ayant pris fin il y a à peine trente ans. Ces tribus dont nous parlons, vestiges des grandes migrations de peuples venus de l'Asie et refoulés dans les vallées montagneuses par les progrès de la civilisation sédentaire des États constitués au nord et au sud des monts Caucase, n'avaient jadis d'autres moyens d'existence que le pillage des populations plus civilisées et sédentaires des pays voisins. Mais, même lorsque les petits États chrétiens de nationalité géorgienne et arménienne se furent placés sous la protection et l'allégeance de la Russie, la colonisation russe, au nord du Caucase et la pacification de nos tribus montagnardes ne furent définitives qu'après que les Russes se furent solidement établis, vers 1865, dans les parties les plus inaccessibles des monts Caucase. Jusque là, la pacification, la culture et l'industrie se développèrent lentement ; l'agriculture, dans le sens large du mot, malgré la variété que lui offrait la nature caucasique, n'était pas supérieure à celle des régions voisines de la Turquie et de la Perse ; quant à l'industrie, elle se bornait à la fabrication à la main des riches et nombreux produits du pays ; comme au Turkestan, cette industrie n'était ni celle des fabriques ni celle des manufactures ; ces derniers temps seulement, une branche d'industrie, celle du naphte, par son extension rapide et énorme, a pris une importance universelle.

Toutes ces raisons expliquent pourquoi la section des marches extra-européennes de la Russie, à l'Exposition universelle de Paris, ne saurait être une exposition industrielle dans le sens rigoureux du mot. Cette exposition a pour but de donner une idée des richesses naturelles, des immenses territoires des provinces asiatiques de la Russie, du degré de civilisation des peuples, extrêmement divers, de ces provinces, et enfin de faire connaître les procédés appliqués à l'exploitation des richesses naturelles de ces contrées, par leurs habitants.

Ces procédés sont extrêmement variés. L'industrie de la chasse et celle de la pêche commencent par employer les procédés qu'une pratique séculaire a mis en usage; le pêcheur et le chasseur ont des armes et des engins primitifs, mais très bien appropriés aux conditions locales; ils emploient les moyens auxquels avaient recours les tribus errantes indigènes. Puis, ils recourent à des procédés plus perfectionnés; ils sont armés des bons fusils du chasseur russe; ils créent les pêcheries bien organisées du Zaïsane et du Baïkal; ils organisent les établissements de la chasse aux loutres marins dans la mer de Behring; enfin ils arrachent au sol glacé de la Sibérie polaire les ossements précieux des mammouths. L'élevage du bétail commence par les troupeaux vagabonds des « toundras » du nord et les énormes troupeaux des rennes et haras nomades des tribus kirghizes; puis, cet élevage devient plus intensif; c'est celui des troupeaux et des haras des Bouriates demi-sédentaires et des Russes sédentaires qui, en amendant artificiellement leurs prés, leurs « outougues » dans certaines régions de la Sibérie, ont multiplié leurs troupeaux de bêtes à cornes et surtout leurs haras au point de posséder la plus haute proportion d'animaux qu'il y ait dans l'Empire, plus de 100 chevaux par 100 habitants. L'agriculture commença dans de petites parcelles accaparées et ensemencées par les Kirghizes nomades et les montagnards du Caucase; puis, vinrent ensuite le système des colons de la Sibérie s'emparant des terres vacantes et les cultivant, suivant la méthode des friches, puis l'agriculture des populations sédentaires du Turkestan, éprouvée par les siècles et ayant pour base l'irrigation artificielle, enfin les cultures spéciales comme celle du coton. Puis, au Turkestan et au Caucase, on cultiva la vigne; depuis quelques années cette culture a fait d'immenses progrès; enfin, on se livra à la sériciculture, industrie exigeant une très grande habileté, et, même à la culture de l'arbre à thé, qui est en train de s'implanter au Caucase.

L'extraction des minerais commence par les moyens primitifs de production des métaux employés dans les mines Tchoudes avant la découverte de la Sibérie. Puis, cette industrie devient non seulement celle des mines d'or bien organisées, mais aussi l'industrie minière de l'Altaï. Ces derniers temps, c'est l'exploitation régulière des riches gisements de houille du bassin du Kouzniétsk; et, enfin, la fabrication des produits du naphte de Bakou prend une place d'honneur parmi les industries les plus avancées du monde entier.

La section des marches extra-européennes de la Russie a précisément pour but de présenter la variété des procédés employés par leurs populations pour exploiter les richesses naturelles de leurs pays; elle se propose en même temps de donner la caractéristique des divers degrés d'avancement de ces populations. Tout cela imprime infailliblement à l'exposition de cette section une couleur à la fois géographique et ethnographique.

Passons, maintenant, à un aperçu spécial des diverses parties de nos vastes marches extra-européennes, qui sont :

I. — *La Sibérie et la partie polaire de la Russie d'Europe;*

II. — *Le Turkestan, y compris Boukhara et le khanat de Khiva ;*

III. — *Le Caucase.*

I

LA SIBÉRIE

Nous comprenons dans la Sibérie :

1° La Sibérie Occidentale ou la Sibérie du bassin de l'Ob, c'est-à-dire les gouvernements de Tobolsk et de Tomsk avec les districts transouraliens des gouvernements de Perm, d'Oufa et d'Orenbourg ;

2° La Sibérie Centrale ou la Sibérie du bassin de l'Ienisséï, c'est-à-dire les gouvernements de Iénisséïsk et d'Irkoutsk ;

3° La marche de la Léna ou de Iakoutsk qui comprend l'immense territoire de la province de Iakoutsk ;

4° La marche Amouro-littorale qui comprend la lieutenance générale Priamourski et, par conséquent, les provinces de Transbaïkalie, de l'Amour et du littoral. (Primorskaia.)

5° La marche des steppes des Kirghizes, qui comprend la lieutenance générale des steppes (c'est-à-dire les provinces de Sémipalatinsk et d'Akmolinsk), la province de Tourgaï et la partie de la province de l'Oural qui s'étend au delà du fleuve Oural.

Ainsi limitée, la Sibérie s'étend sur d'immenses territoires n'ayant pas moins de 14 millions 1/2 de kilomètres carrés : 6,400,000 kilomètres carrés de ce territoire ne conviennent ni à la culture, ni à la colonisation et s'étendent dans la zone polaire. Une étendue égale de ce territoire se prête à des degrés divers à la culture et à la colonisation et fait partie de la zone méridionale de la Sibérie, sur laquelle le grand chemin de fer sibérien ne manquera pas d'exercer une salutaire influence. Enfin 1,600,000 kilomètres carrés de ce territoire forment la zone des steppes kirghizes, dont la nature, depuis les temps les plus reculés, a fait le patrimoine des peuplades nomades de l'Asie centrale.

Nous nous proposons, dans cet aperçu, de caractériser chacune des cinq parties de la Sibérie, que nous venons d'indiquer ; et on va voir que ces parties diffèrent beaucoup entre elles tant au point de vue des conditions naturelles qu'au point de vue de la culture, de la civilisation et de l'histoire.

1° Sibérie Occidentale.

La Sibérie Occidentale, y compris les districts transouraliens des gouvernements de Perm, d'Oufa et d'Orenbourg s'étend sur un territoire de deux millions et demi de kilomètres carrés qui contient plus d'un million 1/2 de kilomètres carrés de terres cultivables, par conséquent de terres propres à la vie sédentaire et à la colonisation.

La plus longue des chaînes méridiennes de montagnes de l'Ancien Monde, les monts Ourals, sur une ligne immense de 1,500 kilomètres de long, sépare la Sibérie de la Russie d'Europe ; mais, cette chaîne (dont l'altitude absolue n'est pas considérable, puisque ses sommets n'ont en moyenne que de 1,500 à 1,700 mètres d'altitude et, dans la partie moyenne de la chaîne, de 450 mètres seulement) ne constitue, ni au point de vue de la géographie physique, ni au point de vue de l'histoire naturelle, une frontière séparant nettement deux parties de l'Ancien Monde. En outre, si nous remarquons que le revers oriental sibérien des monts Ourals dont l'axe cristallin couvert de couches soulevées de formations sédimentaires paleozoïques renferme toutes les richesses minérales de l'Oural (de l'or, du platine, du cuivre, du fer, des pierres précieuses, etc.) et que sur ce revers, s'est développée une industrie minière, attirant à elle les réserves de céréales des districts agricoles voisins de la plaine sibérienne, indispensables à l'alimentation de la population ouvrière de ses établissements, nous serons amenés à conclure que l'Oural ne sépare nullement la Sibérie de la Russie d'Europe, mais qu'au contraire ces montagnes rattachent l'une à l'autre ces deux parties de l'Empire.

Une des plus vastes plaines de l'Ancien Monde, la plaine west-sibérienne, occupe la plus grande partie du territoire de la Sibérie occidentale. Cette plaine, sur toute son étendue, est couverte d'un sol alluvial et n'offre, presque nulle part, d'affleurements rocheux. En aucun de ses points cette plaine, semble-t-il, n'a plus de

120 mètres d'altitude absolue. Néanmoins la plaine west-sibérienne est admirablement arrosée par deux immenses cours d'eau, l'Ob et l'Irtyche, qui se réunissent au loin dans le nord, et par les nombreux affluents de ces deux puissants cours d'eau. Le système des eaux ob-irtychien est un des plus grands bassins du monde ; ce bassin peut être comparé non seulement aux systèmes voisins de la Sibérie, mais aussi avec ceux du fleuve Jaune, du fleuve Bleu et du Nil dans l'Ancien Monde, du Mississipi et de l'Amazone dans le Nouveau. L'étendue du bassin de l'Ob, dans les limites de la Sibérie occidentale, de la région des steppes et de l'Empire chinois, est de 3,300,000 kilomètres carrés ; la longueur du cours de ce fleuve, que l'on considère comme sa source la branche de l'Obi qu'on nomme Khatoun ou avec celle de l'Irtyche noir (Kara-Irtyche), est à peu près la même : elle a environ 5,000 kilomètres ; et la partie navigable de ce parcours, augmentée des affluents, comprend tout l'Ob, depuis son embouchure jusqu'à l'endroit où le Biya se confond avec le Khatoun, l'Irtyche, depuis son embouchure jusqu'à l'endroit où il franchit la gorge au-dessus de Oust-Kamenogorsk ; et, parmi les affluents des deux bras principaux, la Toura, la Tavda, la Tchoulym et la Tom, dans la partie inférieure de son cours. Malheureusement, le colossal réseau des fleuves de la Sibérie occidentale présente cet inconvénient, que ce système aboutit à une mer fermée par les glaces, la plus grande partie de l'année, et que les bouches de l'Obi sont presque inaccessibles à la navigation. Un autre inconvénient, c'est que les fleuves principaux de la Sibérie coupent le grand chemin de fer sibérien à angle droit ; enfin, un troisième inconvénient, c'est que, bien que la fusion des deux bras de l'Ob forme une superbe ligne de navigation sans solution de continuité, reliant les points les plus importants de Tumène à Tomsk, la ligne que décrit le cours du fleuve présente un arc de cercle immense, dont une grande partie appartient à une zone qui ne renferme plus de terres labourables. Aujourd'hui, heureusement, cette colossale voie navigable est remplacée par le chemin de fer de Sibérie qui dessert la partie cultivable de la Sibérie occidentale sur un parcours de 1,600 kilomètres.

La plaine de la Sibérie occidentale est riche en lacs ; et la plus grande partie des lacs qu'elle renferme s'étend au milieu de la partie méridionale de la contrée, sur les steppes de l'Ichim, de la Baraba et de Kouloundinsk. Parmi ces lacs il en existe dont le bassin est très vaste tel, par exemple, celui du lac Tchany, qui s'étend sur plus de 3,300 kilomètres carrés ; il existe aussi un nombre infini de petits lacs qui n'ont pas d'écoulement, et cela bien que les lacs d'eau douce alternent avec les lacs d'eau salée.

Tout l'angle sud-est de la Sibérie occidentale forme une contrée

élevée s'étendant au pied et sur le flanc de l'Altaï ; cette contrée
constitue le cercle minier de l'Altaï. Cette contrée est de dix
fois plus étendue que la Suisse. Les terres de cette région ne font
pas partie du domaine de l'État ; elles appartiennent au Cabinet
Impérial, c'est-à-dire qu'elles sont la propriété de Sa Majesté l'Em-
pereur. C'est à la fin de la première moitié du xviiie siècle que cette
contrée est devenue la propriété du Cabinet. Précédemment, elle
appartenait aux pionniers entreprenants de la colonisation altaïenne,
aux Demidov, qui les premiers y avaient créé des établissements
miniers réguliers. Un tiers des territoires du cercle minier de l'Altaï
est formé par le haut massif de l'Altaï ; les deux autres tiers forment
le pied de l'Altaï et de ses ramifications. Quant à l'Altaï, ce n'est
point une chaîne de montagnes, mais un immense massif se dressant
à l'extrémité occidentale de la chaîne des monts Sayanes qui forment
la région frontière septentrionale de la Haute Asie, vers la plaine
sibérienne. Le massif de l'Altaï, dont la largeur est de bien peu
inférieure à la longueur, est formé d'un grand nombre de chaînons
séparés par des vallées transversales et parfois même par des
vallées longitudinales. Ces chaînons ne sont pas absolument parallèles entre eux ; ils se séparent, dans la direction de l'est, comme
les lamelles d'un éventail à demi ouvert ; de sorte que les hauteurs
altaïennes prennent les directions ci-après : la chaîne de Narym a
presque la direction du parallèle et celle de Kouznietski-Alataou,
celle du méridien. Une des chaînes peu élevées intermédiaires, la
chaîne Salaïr, riche en minerais, se développe dans la direction du
nord-ouest et, près du village de Krivostchekovo, aboutit à l'Obi.
Cette circonstance a facilité la construction à cet endroit d'un pont
de chemin de fer solide et pas trop long, qui traverse un des fleuves
gigantesques de la Sibérie.

Quant aux plus hauts sommets de l'Altaï, connus sous le nom de
« bielki » (les blancs, nom qui traduit mot à mot le mot d'alp)
ces monts s'élèvent en effet bien au-dessus de la limite des neiges
éternelles ; ils s'étendent, sur une certaine longueur, dans une
direction assez parallèle et sont séparés les uns des autres par les
profondes vallées de cours d'eau montagneux. Les « bielki » sont
dominés par la chaîne connue sous le nom de Colonnes de Khatoun ;
et le pittoresque Mont Blanc de cette chaîne, le mont Biéloukha, a
3,500 mètres d'altitude.

Beaucoup d'autres chaînes de l'Altaï, connues sous le nom de
monts blancs de Saïloughem, Tchouïa, Aïgoulak, Kholsoun et
Tourgousoun, atteignent également la limite des neiges éternelles.
Certaines des hauteurs qui composent ces chaînes dépassent souvent,
en effet, 2,700 mètres d'altitude, alors que, sur le revers méridional
de l'Altaï, la ligne des neiges s'abaisse jusqu'à 2,100 mètres, et,

sur le revers méridional de ce massif, elle ne descend pas au-dessous de 2,400 mètres. Dans sa partie sud-est, l'Altaï témoigne d'une tendance à former des plateaux, c'est-à-dire des plaines plus ou moins étendues ou des steppes s'étendant dans la zone alpine, telles que celles de Tchouia et de Kouraï. Les monts blancs de l'Altaï sont formés principalement de roches cristallines : de granit, de siénite, de porphyre et de schistes métamorphiques cristallins, ainsi que de graounacke, etc. Les couches de roches sédimentaires, soulevées par les cristallines, appartiennent aux formations paléozoïques : siluriennes supérieures, dévoniennes et houillères.

Les formations secondaires, la jurassique, n'ont été rencontrées que dans les ramifications septentrionales lointaines de l'Altaï. Au joint des massifs cristallins, avec des couches sédimentaires, on trouve tous les gisements, jadis très riches, de plomb argentifère et de cuivre de l'Altaï. Des glaciers considérables descendent du mont Biéloukha de l'Altaï et alimentent les sources du Khatoun, un des deux bras constitutifs de l'Ob. Un autre bras, la Biya, constitue le canal d'écoulement du vaste et merveilleux lac alpestre de Téletsk, qui, par sa beauté, rappelle le lac des Quatre-Cantons de la Suisse. Immédiatement au-dessus de ces lacs s'élèvent les « bielki » de Téletsk, dont le sommet le plus élevé, l'Altyn-tag, atteint 2,400 mètres d'altitude. Ces « bielki », aux flancs abrupts et ravinés, baignent leurs pieds dans le lac Téletsk, qui s'étend au fond d'une vallée longue et étroite de cette partie de l'Altaï. A son tour ce lac est alimenté par les torrents qui descendent des flancs des monts Saïlughem. La Biya et la Khatoun ne se réunissent qu'au pied de l'Altaï où ces deux cours d'eau forment le majestueux Ob. Sur le revers méridional de l'Altaï, mais dans les limites de l'Empire chinois, se trouve la haute vallée de l'Irtyche, autre immense bras du système de l'Obi. Hors des limites de la Sibérie occidentale, dans la province de Sémipalatinsk, de la lieutenance générale des steppes, se trouve le réservoir où viennent s'écouler les rivières formant le haut bassin de ce fleuve, le lac Zaïsane ; tandis que les grands affluents de droite de l'Irtyche, au-dessous du Zaïsane, tels que la Boukhtarma, l'Ouba et l'Oulba, prennent leurs sources dans les bielki de l'Altaï sibérien et arrosent les plus belles vallées de ce massif. C'est dans ces vallées, ainsi que sur le versant nord-ouest de l'Altaï et sur les flancs des ramifications de l'Altaï, allant mourir au loin dans la plaine sibérienne et notamment dans les chaînes de Salaïrsk et de Kousnietski-alataou, que se trouvent disséminées les richesses minérales de la contrée : des minerais de plomb argentifère et de cuivre, des carrières de pierres de couleurs dites les fondrières de Korgone (dans la vallée de Korgone) et du sable d'or, tandis que de vastes gisements de houille et de minerais se trouvent dans ce qu'on appelle le bassin houiller de Kousnietsk, entre les chaînes du Kousnietski-alataou et de Salaïr. On comprend que la plus grande moitié du cercle montagneux de l'Altaï, en raison de son altitude absolue ainsi que de la nature du sol formé de roches et de débris rocheux, ne soit pas habitable. En revanche, tout le reste de ce territoire, qui ne forme pas moins de 170,000 kilomètres carrés de plaines admirablement arrosées, de contrées ondulées et de larges vallées, constitue un pays propre à la culture et à la colonisation.

La partie cultivable de la Sibérie occidentale peut être divisée en deux zones : l'une de ces zones, la plus méridionale peut-être, appelée la *zone agricole*, et l'autre, la plus au nord, couverte de bois, peut être appelée la *zone de la taïga* ou des hautes futaies (du mot taïga, qui veut dire haute futaie). La première de ces régions, y compris tout le cercle minier de l'Altaï, ne possède pas moins de 830,000 kilomètres carrés de terres plus ou moins cultivables ; l'autre comprendrait 730,000 kilomètres carrés du territoire de la Sibérie occidentale.

La *zone agricole* a pour trait essentiel un sol propre à la vie sédentaire et à la colonisation et presque partout des bois en quantité suffisante. Toutefois, dans cette zone même, il est des régions assez considérables qui sont impropres à la culture, à la vie sédentaire et au peuplement. Au nombre de ces dernières, nous citerons, notamment, une partie des steppes dites de la Baraba et de Kouloundinsk, où, parfois, les eaux croupissent dans des lacs sans écoulement, dont quelques-uns sont salins et où le sol lui-même, par endroits, est salé ; mais le cercle minier de l'Altaï, qui en général jouit d'une nature bénie, contient une plus grande quantité encore de terres stériles ; là, de grands territoires sont couverts de montagnes rocheuses couronnées de neige et de plateaux très élevés que le froid rend impropres à la culture.

Toutefois, les conditions climaturales de la zone agricole de la Sibérie occidentale peuvent être regardées comme favorables à l'agriculture, et cela, bien que le climat de la Sibérie, comparé à celui des latitudes correspondantes de la Russie et de l'Europe, soit plus continental. En effet, en Sibérie la température moyenne de l'année est plus basse et les hivers plus rigoureux que dans la Russie d'Europe ; par conséquent, dans cette contrée, la différence entre les mois les plus chauds et les mois les plus froids est plus grande ; enfin, en Sibérie, la hauteur de la colonne des eaux météoriques est moindre.

Dans la zone agricole de la Sibérie occidentale, la température moyenne de l'année se rapproche de zéro ($+ 0°,3$), tandis que, aux mêmes latitudes de la Russie d'Europe, la température moyenne de l'année dépasse + 3° C. La moyenne de la température de l'hiver, dans la région agricole cultivable de la Sibérie occidentale, est de — 17°, et celle du mois le plus froid est de — 18°, tandis que, dans la partie correspondante de la Russie d'Europe, la moyenne de la température de l'hiver est — 11°,5, et celle du mois le plus froid — 12°,5. En revanche, la température moyenne de l'été (+ 17°,5) et celle du mois le plus chaud (+ 19°,5) dépasse même, bien que d'un demi-degré seulement, la température des mêmes latitudes dans les contrées de la Russie d'Europe. Aussi, la différence entre les températures moyennes de l'été et celle de l'hiver est-elle, dans la zone agricole de la Sibérie occidentale, de 35°, et, dans les régions correspondantes de la Russie d'Europe, de 28° seulement. Quant à la différence entre les températures moyennes du mois le plus chaud et celle du mois le plus froid, elle est, dans la Sibérie occidentale, de 39° et dans les régions corres-- pondantes de la Russie d'Europe, de 32° seulement. Mais, si l'on compare les températures moyennes des cinq mois de la période de croissance des végétaux, du 1er mai au 1er octobre, en Sibérie, avec celles des régions correspondantes de la Russie d'Europe (qui est de 15°, dans l'une et l'autre de ces régions), on voit que ces moyennes sont exactement les mêmes. Par conséquent, la zone agricole de la Sibérie occidentale est aussi favorable à la vie sédentaire agricole que les parties de la Russie d'Europe comprises entre 55° et 58° de latitude nord. Elle l'est même davantage, car le sol de la Sibérie occidentale est plus intact que celui de la Russie d'Europe ; les pâturages sont plus luxuriants et plus spacieux ; les rivières plus abondantes en eau ; en outre, les bois ne font pas défaut.

En ce qui concerne la quantité annuelle de dépôts météoriques, à cet égard encore la zone agricole de la Sibérie a un caractère plus continental que les contrées des latitudes correspondantes de la Russie d'Europe. Cette zone reçoit annuellement 380 millimètres de dépôts météoriques (pluie et neige), tandis que les contrées correspondantes de la Russie d'Europe reçoivent jusqu'à 500 milli- mètres de dépôts ; mais la différence est bien plus sensible quant à la quantité de dépôts tombant sur la Sibérie occidentale pendant la saison d'hiver et celle que reçoit, dans la même saison, la Russie d'Europe. Dans la zone agricole de la Sibérie occidentale, il ne tombe en hiver que 50 millimètres de dépôts, tandis que, dans les régions correspondantes de la Russie d'Europe, il en tombe 80 millimètres. Cette différence est presque nulle, quant au mois d'été. Dans la zone agricole de la Sibérie occidentale, il tombe, en effet, au cours de la saison estivale, 175 millimètres de dépôts et, dans les régions correspondantes de la Russie d'Europe, 180 millimètres. Aussi, dans la zone agricole de la Sibérie, il y a beaucoup moins de neige en hiver qu'en Russie d'Europe; de sorte que, dans le sud de la zone agricole de la Sibérie, les bestiaux, écartant la neige avec le pied, trouvent, en hiver, à se nourrir aux pâturages; seuls les vents (les bouranes), qu'aucun obstacle n'arrête sur l'immense plaine, balayant les masses de neige couvrant le sol, par une température ne descendant pas au-dessous de — 10° C., accumulent, en certains lieux, d'énormes amas de neige.

La *zone de la taïga* de la Sibérie occidentale appartient à un tout autre type de région. Cette zone est caractérisée par la taïga, c'est-à-dire les forêts de haute futaie, entrecoupées de marais. Au milieu de ces forêts, sur quelques points seulement, en particulier sur de faibles hauteurs ou sur les bords solides des rivières, sont épars quelques oasis contenant des terres propres aux cultures d'une population sédentaire.

Dans la zone de la taïga, la moyenne de la température de l'année n'est plus que — 2°, tandis que, dans les régions correspondantes de la Russie d'Europe, la température moyenne de l'année dépasse + 1°. La température de l'hiver est de — 20°, et celle du mois le plus froid de — 22°; alors que, dans les régions correspondantes de la Russie d'Europe, ces températures sont respectivement de — 14° et de — 16°. En outre, la température moyenne de l'été (+ 14°) est inférieure à celle des contrées correspondantes de la Russie d'Europe qui est de + 16°; seule, la température du mois le plus chaud, (+ 18°) dépasse celle des contrées correspondantes de la Russie d'Europe qui n'est que de + 17°. Ainsi, la différence entre les températures moyennes de l'hiver et de l'été (34°) elle-même, et surtout la différence entre les températures moyennes du mois le plus froid et du mois le plus chaud, est plus considérable que dans les régions correspondantes de la Russie d'Europe, où, la première est de 30° et, la seconde, de 33°. En ce qui concerne la température moyenne de la période de végétation particulièrement importante au point de vue de l'agriculture, dans la zone que nous étudions, cette température s'abaisse jusqu'à + 12° et même au-dessous; elle est donc moins favorable que dans les régions correspondantes de la Russie d'Europe, où elle se maintient le plus souvent au-dessus de + 12° et même, dans certaines contrées, à + 13° Partout où la température de la période de végétation des plantes ne dépasse pas en moyenne + 13° C., l'agriculture, on peut le dire, atteint ses limites; on ne la rencontre plus, dès lors, qu'à l'état sporadique, de petites oasis cultivées se perdent au milieu des vastes espaces, couverts de bois et de marais, impropres à la culture. Quant aux dépôts météoriques, dans la zone forestière de la Sibérie occidentale, ils sont beaucoup plus abondants que dans la zone agricole; au cours de

l'année, ils forment une colonne de 470 millimètres, quantité peu
inférieure à celle des contrées correspondantes de la Russie d'Europe où elle s'élève à 480 millimètres. Pour les mois d'été, la colonne
des eaux météoriques de la taïga sibérienne est plus forte que dans
la Russie d'Europe ; elle s'élève à 220 millimètres contre 190 millimètres de la colonne moyenne des dépôts météoriques des contrées
correspondantes de la Russie d'Europe.

C'est par les plantes qui couvrent le sol que se manifestent de la
façon la plus sensible et la plus immédiate les conditions climaturales d'un pays. Il est très naturel que, étant donné les conditions
climatologiques que nous venons de faire connaître, la végétation
herbacée de la plaine de la Sibérie occidentale se distingue peu de
la flore des zones correspondantes de la Russie d'Europe ; cela,
d'autant plus que les montagnes peu élevées de l'Oural ne constituent pas une barrière suffisante pour empêcher la propagation des
herbes dont les graines sont librement dispersées par les vents sur
les larges plaines s'étendant des deux côtés des pieds de ces montagnes ; ces graines arrivant sur le sol de l'une et de l'autre plaine,
dans des conditions analogues ; elles y sèment et y multiplient les
mêmes espèces végétales. Le voyageur se rendant en Sibérie par
Iékatérinbourg ou Zlataoust et, traversant toute la plaine sibérienne
jusqu'à Tomsk et au delà jusqu'à l'Iénisséï, n'est pas frappé par la
différence de la végétation herbacée ; très peu d'espèces de l'Occi-
dent, seules, disparaissent remplacées parfois par leurs équivalents
orientaux ; telles, par exemple, les têtes jaune pâle du Trollius
de l'Europe (Trollius Europæus L.) qui sont remplacées par la
variété asiatique de cette espèce, couleur jaune feu (Trollius Asiati-
cus L.) On ne voit apparaître pour la première fois que très peu de
formes orientales inconnues à la Russie d'Europe ou ne franchissant
la frontière européenne russe que sur certains points, telles que, par
exemple, certaines anémones, une superbe espèce de pivoines, quelques espèces orientales d'absinthe, de gentiane, d'iris, etc. Mais le
caractère général de la flore demeure le même ; si ce n'est que les
herbes sont un peu plus juteuses et plus fraîches et les fleurs,
semble-t-il, ont des couleurs plus vives que dans la Russie d'Europe.

Il n'en est pas de même de la végétation ligneuse sur laquelle la
température moyenne de la période de végétation, qui est presque
la même de l'un et de l'autre côté de l'Oural, n'est pas seule à agir
et qui dépend de la rigueur relative des hivers et de la sécheresse
relative de cette saison de l'année. Parmi les arbres répandus dans
la Russie d'Europe, aussitôt qu'on a traversé l'Oural, on voit disparaître le chêne, le noyer, l'orme, l'ormeau, toutes les espèces de
l'érable, le frène et enfin le pommier. Dans les forêts de la zone
agricole et de la zone forestière de la Sibérie, on rencontre les

espèces à feuilles aciculaires ci-après : le sapin de Sibérie (Abies Sibirica Led.) qui, de la Sibérie, s'étend dans le nord-est de la Russie et qui, en Sibérie, atteint jusqu'au Kamtchatka ; le sapin blanc ou pectiné d'Orient ou de Sibérie (Picea Orientalis L.), qui, lui aussi, s'étend sur la partie est et nord-est de la Russie d'Europe ; le mélèze (Larix-Sibirica Led.), qui s'étend sur la partie nord-est de la Russie d'Europe, et qui, en Sibérie, atteint jusqu'au Baïkal ; le cèdre sibérien (Pinus-Cembra L.), qui dépasse à peine l'Oural du côté européen, et qui, en Sibérie, atteint jusqu'à la mer de Behring et s'étend sur la partie septentrionale de l'Amérique ; enfin, le pin ordinaire. Les ourmans et la taïga de la Sibérie sont peuplés de ces essences. Dans la taïga, ces arbres à feuilles aciculaires sont mêlés d'arbres latifoliés. On y rencontre, principalement sur la lisière de la taïga, le tremble et le bouleau ; mais la zone agricole, dont les sols ressemblent à ceux de nos terres noires, les arbres latifoliés dominent ; même sur des territoires que les Sibériens désignent sous le nom de steppes, la steppe de Baraba, de petits bois alternent avec des surfaces herbeuses ; et, dans les contrées où se sont établis à demeure fixe des colons, de petits bois séparent les champs et les jachères. Les forêts latifoliées de la plaine west-sibérienne contiennent les essences ci-après : le bouleau ordinaire, le tremble, le peuplier argenté, qu'on ne trouve que dans la partie méridionale de cette plaine, deux espèces d'aunes et de tilleuls qui d'ailleurs ne poussent que dans la partie méridionale de la zone agricole. A ces essences de haute futaie s'ajoutent des essences plus petites : le sorbier commun et celui de Sibérie, le putiet commun (Prunus Padus) et beaucoup d'espèces de saules (Salix) dont plus de 15 espèces européennes se rencontrent dans la zone des forêts et dans la zone agricole de la Sibérie. Les buissons de la Sibérie sont encore moins différents de ceux de la Russie d'Europe que ne le sont les arbres. Sur la plaine de la Sibérie occidentale, on rencontre fort peu de buissons qui ne se rencontrent pas à l'état sauvage en Russie d'Europe ; toutefois, au nombre de ces derniers, figurent notre acacia commun des jardins (Caragana-arborescens Lam.), l'aubépine sanguine (Cratægus saguinca Pall.), le cornouiller (Cornus alba L.), si bien acclimaté dans les jardins de la Russie d'Europe, et une espèce sibérienne de spirées.

La flore des montagnes de l'Altaï, qui frappe par sa luxuriance et sa variété, particulièrement sur les revers septentrionaux de ce massif, et dans les vallées où il tombe annuellement 600 millimètres d'eau, dont la moitié dans les trois mois d'été, est d'un caractère entièrement différent de celle de la plaine west-sibérienne. Dans les vallées de l'Oulba et de l'Ouba, par exemple, la rosée est si abondante, que le voyageur, suivant par une belle matinée de soleil, un sentier au milieu d'herbes dépassant la hauteur de son cheval, est aussi mouillé des gouttes que fait tomber sa monture que s'il avait essuyé une averse. En revanche, dans la partie méridionale de l'Altaï, les larges vallées exposées vers le sud sont tellement sèches qu'elles ne possèdent point d'arbres et que, bien au-dessus de ces vallées seulement, s'étend la végétation des steppes de l'Asie centrale.

Mais, sur les revers septentrionaux de l'Altaï, à partir de 900 mètres d'altitude, la couverture végétale, là aussi, devient originale et passe peu à peu à la flore alpine de l'Asie. Certes, cette flore comprend un assez grand nombre de plantes propres à la zone arctique du Vieux Monde et communes aux Alpes de l'Europe et aux Alpes de l'Asie, mais la plus grande partie des plantes de cette région présente déjà les particularités typiques des zones alpines et subalpines des montagnes altaïo-sayaniennes, d'où certaines espèces passent même dans les chaînes de l'Asie centrale, notamment dans le Thian-Shan et dans les monts Sémiretchinski et Zailiiski-Alataou qui sont reliés au Thian-Shan.

Parmi les espèces ligneuses les plus caractéristiques de la zone subalpine de l'Altaï, on distingue deux espèces de bouleaux (Betula microphylla Bge et B. tortuosa Led.) et beaucoup de buissons parmi lesquels les plus typiques, pour le système altaïo-sayanien, sont deux espèces de rhododendrons (Rh. davuricum L. et chrysanthum Pall.) et d'azalées (Osmothamnus pallidus Dc.) ; car ces espèces diffèrent des espèces alpines européennes et ne pénètrent pas dans les chaînes de l'Asie centrale où, par suite de la sécheresse du climat, on ne rencontre pas du tout ni rhododendrons, ni azalées. Les revers et les prairies alpines portent une végétation herbeuse infiniment plus originale, qui séduit par sa luxuriance et l'éclat de ses couleurs. De jolies anémones, des aconits, des Trollius aux fleurs lilas pâle (Hegemone lilacina), de merveilleuses espèces de grosses violettes appartenant aux régions alpines, quelques primevères asiatiques de couleur rose et multicolores aux couleurs luxuriantes, des gentianes et des iris et certaines plantes bulbeuses, le lis, des tulipes, et des Fritillaria, tout cela donne un éclat particulier et du coloris à l'ensemble de la flore des hautes régions de l'Altaï. Cette extraordinaire richesse et cette étonnante variété de la flore de l'Altaï s'explique par cette circonstance que, dans l'Altaï, de même que dans toute autre région montagneuse, les climats se superposent les uns aux autres sur des espaces relativement restreints ; elle s'explique aussi par les reliefs des hauteurs de l'Altaï extrêmement variables et formant des hauteurs isolées, séparées les unes des autres par des vallées transversales et longitudinales profondes, ainsi que par la présence de hauts plateaux et de basses plaines montagneuses s'étendant au pied de ces montagnes. C'est en raison de son relief, que dans cette vaste contrée montagneuse placée entre l'immense plaine de la Sibérie occidentale, relativement encore assez humide et inclinée vers l'Océan du Nord d'un côté, et les steppes sèches de l'Asie centrale non moins immenses de l'autre, se produit une lutte entre les courants atmosphériques encore humides du nord et du nord-ouest et les vents du sud qui, dans les couches inférieures de l'atmosphère, sont presque secs. Aussi, sur les revers septentrionaux de l'Altaï, les formes végétales polaires ou les formes modifiées par la végétation alpine des hautes régions, dominent-elles ; tandis que, sur le revers méridional de ce massif, on voit s'élever très haut la flore des steppes de l'Asie centrale qui, au fur à mesure qu'elle s'élève à de plus hautes altitudes, subissant des conditions particulières climaturales, se particularise et forme toute la série des espèces originales des hautes steppes. A cette flore se rapportent, par exemple, les espèces particulières d'Astragalus et d'Oxytropis des prairies altaïennes de la zone alpine.

La faune des invertébrés supérieurs, notamment les insectes et ceux d'entre eux qui, comme les coléoptères, ne jouissant pas d'une grande puissance de vol, ne peuvent se répandre sur de vastes espaces et, par suite, se trouvent plus subordonnés aux conditions locales du climat, du sol et de la végétation, sont dans la même dépendance, à l'égard des conditions climatologiques, que la flore. Mais, là aussi, comme dans le règne végétal, la faune de la plaine west-sibérienne, si ce n'est celle des montagnes de l'Altaï, qui est aussi riche, aussi variée et originale que la flore de cette contrée, diffère peu de la faune de la Russie d'Europe.

Toutefois, bien que la chaîne de l'Oural, peu élevée, ne forme en aucune façon une frontière zoologique bien déterminée, il n'en est pas moins vrai que la faune des invertébrés de la plaine west-sibérienne n'en présente pas moins des particularités. D'une part, il existe dans cette plaine certains types exclusivement propres à la taïga sibérienne et aux steppes qui, au surplus, s'étendent souvent au delà de l'Oural ; d'autre part, certaines autres formes de la Russie d'Europe font entièrement défaut en Sibérie, tel, par exemple, parmi les crustacés, les écrevisses de rivières. En ce qui concerne la faune des animaux vertébrés qui ont une plus grande extension géographique, la faune de la plaine de la Sibérie occidentale se distingue peu de celle de la Sibérie centrale où ces animaux se sont mieux conservés et font l'objet d'une chasse étendue.

La population de la partie cultivée de la Sibérie occidentale, y compris celle des districts transouraliens des gouvernements de Perm, d'Oufa et d'Orenbourg, s'élève à 5.600.000 âmes ; déduction faite de la population des districts transouraliens, elle est de

3.370.000 âmes, dont 1.200.000 âmes habitant la zone des forêts et 4.400.000 habitant la zone agricole. La zone agricole de la Sibérie occidentale possède, par conséquent, moins de 5 habitants par kilomètre carré et la zone des forêts un peu plus de 1,6 habitants également par kilomètre carré. Il y a lieu de remarquer qu'une grande partie de la population de cette contrée, presque les 96 0/0, est formée de Russes émigrés et un peu plus de 4 0/0 seulement d'aborigènes. Dans la zone cultivée de la Sibérie occidentale, il y a plus de 130.000 Bachkirs, Meschères et Teptiares (dans les districts transouraliens de Perm et d'Orenbourg), 65.000 Tatares sibériens, c'est-à-dire d'individus appartenant aux tribus turco-finoises qui formèrent au xvi° siècle, le royaume de Koutchoume ; 30.000 Kalmouks et Ouriankhai, habitants des vallées montagneuses de l'Altaï ; 2.500 Mordvas, et enfin, environ 2.000 Vogoules dans le district de Vierkhotourié, du gouvernement de Perm. Inutile de dire que, dans la Sibérie occidentale, la proportion de la population rurale par rapport à la population urbaine est encore plus faible que dans la Russie d'Europe, où cette proportion est encore très faible par rapport à celle de l'Europe occidentale et de l'Amérique. Ainsi, en Russie d'Europe, le rapport de la population urbaine à la population rurale ne dépasse pas en général 13 0/0, et, dans la Sibérie occidentale, ce rapport est inférieur à 7 0/0.

La principale occupation de la population rurale de la zone cultivée de la Sibérie occidentale est incontestablement l'agriculture, qui n'occupe pas moins des 75 0/0 des bras de ce gouvernement. 3 millions d'hectares des terres cultivées de la Sibérie occidentale sont ensemencées de céréales et si on ajoute les terres des districts transouraliens des gouvernements ouraliens, les terres ensemencées de céréales occupent en Sibérie occidentale une superficie dépassant 4 millions et demi d'hectares. Le rendement de cette surface ensemencée n'est pas moindre, annuellement et en moyenne, de 40 millions d'hectolitres, et, en y comprenant les districts transouraliens des gouvernements ouraliens, de 60 millions d'hectolitres de céréales ; il s'ensuit que la Sibérie occidentale est une des contrées les plus productives de l'Empire. Avant la construction du grand chemin de fer sibérien, cette province écoulait ses céréales dans les établissements métallurgiques de l'Oural et dans les steppes kirghizes. On sème en premier lieu du froment (42 0/0), puis de l'avoine (35 0/0) ; après quoi vient le seigle (15 0/0), et enfin l'orge (plus de 5 0/0), la pomme de terre et le sarrazin. Parmi les autres cultures, le lin et le chanvre occupent une large place. Le lin de la Sibérie occidentale donne 8 millions de kilogrammes de graines et 9 millions de kilogrammes de fibres. La culture du tabac est peu développée. On cultive du tabac de la qualité la plus inférieure dans les potagers de la zone cultivée principalement pour les besoins du planteur ; mais dans l'arrondissement minier de l'Altaï, on cultive également du tabac de qualité commune, pour la vente. En général, on ne se livre à la culture potagère que pour les besoins du ménage. Par suite de la rigueur du climat le jardinage n'existe presque pas.

En Sibérie occidentale, le système d'exploitation agricole diffère assez des systèmes usités dans la Russie d'Europe ; dans la zone cultivée, le système d'exploitation des terres n'est pas celui des trois assolements de la Russie centrale, ni le système des jachères des régions des steppes, et, dans la zone des forêts, le système d'exploitation n'est pas non plus le système ladinien, en usage dans le nord de la Russie, qui consiste à mettre le feu aux parties boisées que l'on se propose de cultiver. Le système le plus en usage, dans la zone cultivée de la Sibérie occidentale, pourrait être appelé le système des jachères alternées : le sol est défriché ou, s'il s'agit du sol de la steppe, il est défoncé et labouré ; puis, deux ou trois années de suite, le champ défriché reçoit des céréales ; après quoi il est laissé en friche une année ; alors il reçoit de nouveau des céréales ; et cette alternation continue jusqu'à ce que les rendements soient sensiblement moindres. Dès lors, le cultivateur défriche et laboure un autre champ, et le champ épuisé est laissé au repos pour de longues années jusqu'au moment où des indices bien connus du paysan ne lui annoncent que la terre reposée a recouvré sa fécondité, et qu'elle est redevenue une terre novale. On comprend que ce système n'est possible que dans un pays où le paysan possède un « nadïel » énorme comprenant de 15 à 30 hectares de terre pour chacun des membres de sa famille appartenant au sexe masculin, ce qui constitue un domaine agricole de 40 à 70 hectares de superficie pour chaque ménage. Dans les régions où les « nadïels » des paysans sont moins considérables, on remarque déjà une tendance à passer au système des trois assolements et même à celui de l'amendement des champs. Le mode de jouissance des terres, lui-même, s'est constitué dans la commune rurale sous une forme différente de celle qui est en usage dans les communes rurales de la Russie d'Europe. En Sibérie occidentale, il est assez fréquent de rencontrer encore ce mode particulier de jouissance du sol communal que l'on désigne sous le nom de jouissance arbitraire ou discrétionnaire : chaque chef d'exploitation s'empare d'autant de terres faisant partie du domaine communal qu'il en peut cultiver ; et les autres membres de la société rurale respectent cet accaparement pour autant que les terres ainsi possédées sont véritablement exploitées. Il arrive que, sur la vaste étendue des terres appartenant à une commune rurale, au milieu des parties ainsi accaparées, il vient à s'élever ce qu'on appelle des « zaïmki », c'est-à-dire des fermes et que plusieurs fermes voisines forment une nouvelle agglomération rurale. Il arrive même parfois que l'ancien village tout entier émigre dans les limites des terres lui appartenant vers un nouveau site; ainsi l'agglomération rurale dans les limites de son domaine communal se transporte d'un lieu à un autre à la recherche de terres d'une culture plus facile ou plus avantageuse. Remarquons que le paysan sibérien, qui n'a jamais connu le servage et qui a toujours joui d'une grande liberté de mouvements, constamment aux prises avec les forces sauvages et rigoureuses de la nature, est plus énergique et plus intelligent que le paysan de la région agricole de la Russie d'Europe; il sait mieux s'adapter aux conditions de lieu, de sol, de climat et trouver non seulement des procédés de culture, mais tous autres moyens d'exploitation et de mise en valeur du pays qu'il habite.

Le nombre et la répartition des animaux domestiques, dont le plus utile à l'homme, surtout à l'homme des champs, est le cheval dont il se sert, non seulement pour ses travaux agricoles, mais aussi pour les transports des personnes et des marchandises, se rattachent d'une façon immédiate à la densité, à la répartition, aux mœurs et aux travaux de la population. On conçoit que la population de la Sibérie, répartie sur un territoire vaste et peu peuplé, où l'agriculture, ne disposant pas de machines à vapeur, laisse intacts d'énormes espaces couverts d'une végétation herbacée fort riche, ait particulièrement besoin du cheval, et, les fourrages étant abondants, puisse entretenir un grand nombre de ces animaux. Aussi, alors que, dans les contrées industrielles de l'Europe où la population est très dense comme en Belgique et en Angleterre, le nombre de chevaux, par 100 habitants, ne dépasse pas ou dépasse à peine 5 chevaux; que, dans les parties les plus agricoles de la France, il atteint 8 chevaux et, dans les contrées encore plus riches en prairies et en pâturages, telles que la Hongrie, le nombre de chevaux soit de 12 par 100 habitants, en Danemark, de 17, dans la Russie d'Europe et les Etats-Unis de l'Amérique du Nord, de 22, dans la Sibérie occidentale le nombre des chevaux dépasse 70 par 100 habitants. Cette contrée dispose de la sorte de 3 chevaux pour chaque homme adulte.

Il va de soi que, dans ces conditions, les autres animaux domestiques soient dans la même proportion. En réalité il y a encore plus de grosses bêtes à cornes que de chevaux; on compte, en effet, plus de 80 têtes de bétail par 100 habitants. Enfin, on ne compte pas moins de 150 autres animaux domestiques par 100 habitants.

Dans quatre cantons de l'arrondissement minier de l'Altaï, l'élevage du cerf commence à se développer grâce aux prix élevés qu'on paye pour leurs bois dans les parties voisines de la Chine. Cet élevage existait déjà en germe dans certaines vallées sayaniennes de la Sibérie centrale. Dans l'arrondissement minier de l'Altaï on élève aujourd'hui jusqu'à mille cerfs, et cet élevage est assez avantageux.

Dans la zone polaire de la Sibérie on élève beaucoup de rennes; cet élevage atteint le chiffre de 170,000 têtes. Le chien est également, dans ces contrées, un animal fort utile comme bête d'attelage. Les aborigènes du pays élèvent aujourd'hui quelques milliers de chiens.

On s'occupe beaucoup d'apiculture dans les plaines de la Sibérie occidentale à végétation luxuriante qui s'étendent au pied de l'Altaï; l'apiculture sibérienne est probablement la plus importante de toutes les contrées de l'Empire. Dans ces plaines, le nombre de ménages se livrant à l'apiculture dépasse 20,000 et le nombre des ruches 700,000.

Les forêts étant fort abondantes, puisque dans la région des forêts elles ne couvrent pas moins des 80 0/0 du territoire et, dans la région agricole, les 50 0/0 de la superficie totale du pays, les industries du bois sont fort répandues. Ces industries consistent à préparer, partout où le besoin s'en fait sentir et où les voies de communication le permettent, des bois de construction et des bois de chauffage. Dans les grands centres de la zone des forêts, à Tobolsk, et même dans la zone agricole, à Tomsk, un mètre cube de bois de bouleau coûte environ 1 rouble et, plus près de l'Oural, à Irbit, le prix augmente de 28 0/0. L'industrie de l'éponge russe (matchalka) se rapporte à celle des bois. Cette industrie est prospère dans la zone des forêts, dans la partie nord-est de l'arrondissement de Tourinsk et dans les cantons suburbains de l'arrondissement de Tobolsk. La cueillette des noisettes du cèdre sibérien (Pinus cembra) fait également ment partie de l'industrie des bois. Il est transporté annuellement, en Russie d'Europe, par Tumène, Tourinsk et Tara, jusqu'à 5,000 kg. de ces noisettes, valant 1 million de roubles.

Les pêcheries ont une très grande importance économique dans la zone des forêts de la Sibérie occidentale. Les cours d'eau du système de l'Ob sont plus particulièrement riches en poissons remontant le cours des rivières et des fleuves, surtout l'Ob et l'Irtyche, et venant de l'océan Glacial, tels que l'esturgeon, le sterlet, le saumon de Sibérie, le moesoun, etc.

Dans cette zone la chasse n'a pas moins d'importance, surtout pour les indigènes. On y chasse avant tout l'écureuil, puis le lièvre, la zibeline, qui aujourd'hui est fort rare, l'élan, le renard, la loutre, le loup, l'ours et, parmi les oiseaux, la gelinotte, le tétras, le coq de bruyère, la perdrix, le canard et l'oie. Au point de vue du commerce, c'est l'écureuil et la gelinotte des bois qui ont le plus d'importance. La chasse étant plus spécialement l'industrie de la Sibérie centrale, nous aurons à en reparler plus loin.

Les richesses minières de la Sibérie occidentale sont très considérables ; mais ces richesses ne se trouvent que sur le revers oriental de la chaîne de l'Oural et sur les pentes nord-ouest du groupe montagneux de l'Altaï. Toutes ces richesses sont exploitées dans les nombreuses mines et transformées dans les usines métallurgiques de l'Oural et de l'Altaï. Au cours de la dernière période décennale, l'Oural a produit annuellement de 1,000 à 1,150 kilogs d'or et de 4 à 6,000 kilogs de platine. Ajoutons que la production de ce dernier métal augmente dans de grandes proportions d'année en année depuis que le platine est employé dans l'éclairage électrique. Au cours de la même période les mines de l'Oural ont produit en outre plus de 3 millions de kilogrammes de cuivre; 660 millions de fonte; 250 millions de kilos de fer; plus de 120 millions de kilogrammes d'acier; 13 1/2 millions de kilos de ferro-chromite; 5 millions de kilos de manganite. Le revers oriental sibérien de l'Oural est également fort riche en pierres précieuses.

L'arrondissement des mines de l'Altaï, qui appartient au cabinet de Sa Majesté Impériale, contient également de vastes gisements de minerai. On en connaît jusqu'à 800; 500 d'entre eux sont exploités depuis près d'un demi-siècle. Ces gisements forment deux groupes dont l'un est connu sous le nom de pays Zméïnogorsk et s'étend sur le revers nord-ouest de l'Altaï proprement dit, et l'autre, connu sous le nom de pays Salaïr, est situé sur les deux revers de la chaîne peu élevée des monts Salaïr.

Les mines de ces deux régions de l'Altaï sont des mines de plomb argentifère et de cuivre. Ces métaux se rencontrent à des profondeurs variant entre 150 et 200 mètres dans des terrains transitoires entre les argiles ferrugineuses et les pyrites. L'extraction de l'argent depuis ses débuts et jusqu'à l'abolition du servage, c'est-à-dire en 115 années, a été de 2 millions de kilogrammes sur lesquels la mine de Zméïnogorsk, à elle seule, produisit 800,000 kilogrammes, et au moment où la production fut la plus élevée, ces mines fournirent annuellement 16,340 kilogrammes d'argent. Mais, dans la suite, au cours de la période décennale 1882-1891, cette production diminua de beaucoup: elle fournit à peine annuellement en moyenne 9,000 kilogrammes; et, les dernières années, elle tomba même jusqu'à 3,000 kilogrammes de production annuelle. Quant à la quantité de plomb extraite annuellement, ces 15 dernières années, elle a été annuellement en moyenne de 280,000 kilogrammes; et, à l'heure qu'il est, cette production est presque nulle. Aujourd'hui, seule la mine Zyrianovsk avec les mines de Salaïrsk fournissent du minerai de plomb argentifère; quant aux autres on les regarde comme plus ou moins épuisées. La fonte du cuivre, en 1872, s'élevait déjà à 650,000 kilogrammes; dans la période décennale 1882-1891, elle ne fut annuellement que de 300,000 kilogrammes; et, les années suivantes, elle tomba à 250,000 kilogrammes.

Aujourd'hui, on n'exploite plus que les mines de cuivre de Sougatovsk et Tchoudak qui sont situées dans la partie méridionale de l'arrondissement, près de l'Irtyche.

Dans l'arrondissement minier de l'Altaï, l'industrie des mines d'or est très répandue. Au cours de la période décennale 1882-1891, les gisements aurifères du gouvernement de Tomsk ont produit annuellement en moyenne 1,866 kilogrammes d'or, dont 588 kilogrammes provenaient du district de Marïnsk, c'est-à-dire du versant des monts Kousnietzki-alataou, et le reste de l'arrondissement minier de l'Altaï. Ces dernières années, les gisements aurifères du gouvernement de Tomsk donnaient de 2,000 à 3,300 kilogs d'or, et, par conséquent, un revenu brut de 2 à 3 millions de roubles. Les travaux des mines d'or occupaient de 4,500 à 10,000 ouvriers, c'est-à-dire 80 0/0 des ouvriers occupés dans l'ensemble des entreprises minières du gouvernement de Tomsk. Sur la quantité totale d'or tirée des gisements, 130 kilos provenaient des mines de l'Etat, et le reste, de mines appartenant à des particuliers.

L'arrondissement minier de l'Altaï est très riche en fer et en houille. Le pays situé au pied des monts Kousnietzki, connu sous le nom de bassin houiller de Kousnietzk, possède de riches gisements houillers.

Toutefois il n'est exploité, à l'heure actuelle, que les mines de houille de Koltchougansk, canton de Kasminsk, arrondissement de Kousnietzk, dont on extrait 10 millions de kilogrammes de houille. L'usine de Gouriev traite les minerais de fer. De 1886 à 1891, au cours d'une période de six ans, cette usine a coulé en moyenne annuellement 1,740,000 kilogrammes de minerais qui ont donné 950,000 kilogrammes de fer ; elle a fabriqué plus de 80,000 kilogrammes de produits et plus de 130,000 kilogrammes d'articles de fonte. Les années suivantes, cette usine produisit plus de 160,000 kilogrammes d'articles de fonte. Il n'est point douteux que, lorsque le grand chemin de fer de Sibérie passera dans le pays, la production des fontes et des fers, dans le gouvernement de Tomsk, prendra une grande extension.

En ce qui concerne la houille, cette industrie prendra un développement non moins considérable dans toute la contrée dite le bassin houiller de Kouznietzk. Ce bassin s'étend entre les chaînes des monts Kouznietzk et Salair ; il a plus de 400 kilomètres de long sur 100 kilomètres de large. Sa superficie est égale à 45,000 kilomètres carrés. On a découvert dans le bassin de Kousnietzk des couches remarquables de charbon de terre d'excellente qualité. Les riches mines de fer des contrées avoisinant le bassin du Kouznietzk, telles que la mine de Telbés dans laquelle une première exploration a révélé un gisement de magnétite évalué à 1,225 millions de kilogrammes, et la mine de Soukharinsk, donnent encore plus d'importance au bassin houiller du Kouznietzk. Ces dix dernières années, ce bassin a été l'objet d'explorations plus détaillées qui ont révélé la présence de couches de houille fort riches le long des rivières la Komdoma et la Tom et de leurs affluents. Ainsi, dans les couches de Kinerkinsk, on a relevé 500 millions de kilogrammes de houille ; dans celles de Kaltansk, plus de 130 millions de kilogrammes ; dans les couches de la partie sud-ouest de ce bassin, près des villages Bérezovo et de Kostenkova, plus de 4 milliards de kilogrammes ; et, dans les mines de Koltchougansk, on a découvert une réserve de houille évaluée à plusieurs dizaines de milliards de kilogrammes.

De même que l'Oural, certaines parties de l'Altaï abondent en pierres de diverses couleurs. Dans l'Oural, on trouve, parmi les pierres précieuses, des émeraudes qui, cependant, ne valent pas les émeraudes du Brésil, des béryls et des aigues-marines de la plus haute qualité, des rubis qui le cèdent à ceux de Ceylon, des rubis-saphirs d'une beauté sans pareille, des phénakites, pierres qu'on ne trouve guère que dans l'Oural ; des topazes véritables, des améthystes et des chrysolithes de la plus haute couleur et qualité, des tourmalines du plus beau rose, et des ouvarovites vertes, qu'on ne trouve que dans l'Oural. Parmi les pierres opaques, l'Oural abonde en malachites de la plus haute qualité, en orlets de couleur rose et surtout en jaspes renommés dans le monde entier, par leur variété infinie. Ces jaspes, comme toutes les pierres de couleur de l'Oural et de l'Altaï, sont polis et travaillés dans les célèbres fabriques appartenant au Cabinet de Sa Majesté d'Iékaterinbourg et de Kolyvan, ainsi que par les petits industriels d'Iékaterinbourg.

Dans la Sibérie occidentale, on tire le sel du fond des lacs salins, qui sont fort nombreux dans le gouvernement de Tomsk. Ces lacs forment deux systèmes : les lacs Aléousk, dans les cantons de Karsouksk, et ceux de Liapinsk et de Borovaïa, dans les cantons de Kasmalinsk et de Kouloundinsk. Ces dix dernières années, un seul de ces lacs appartenant au groupe d'Aléousk, le plus riche en sel de tous les lacs de ce groupe, était exploité ; et il en était extrait, tous les ans, 20 millions de kilogrammes de sel. Les lacs salins du groupe de Borovaïa, le grand et le petit lac de Lomov, le lac Kotchkovaty et le lac Malinovoïa ont donné annuellement, au cours de la même période, 10 millions de kilogrammes de sel. A partir de 1890, tous les lacs salins des deux groupes dont nous venons de parler sont passés, de l'administration du Ministère des Domaines, dans l'administration du Cabinet de Sa Majesté ; mais les fermiers resteront en possession de ces lacs jusqu'à l'expiration de leur bail ; 15 millions de kilogrammes de sel, extrait des lacs de ces deux groupes, ayant été écoulés au cours de l'année 1894 au 1ᵉʳ janvier 1895, il y restait encore en réserve plus de 20,000,000 de kilogrammes de sel. Le lac de Marmychinsk, qui s'étend sur la steppe de Koulounda, à 200 kilomètres à peine au sud-ouest de Barnaoul, gouvernement de Tomsk, constitue un riche gisement de sel de Glauber. Le sel du lac Marmychinsk est partagé entre la fabrique de soude de Barnaoul, les usines de l'Altaï (où il sert de flux pour la fusion du minerai de plomb argentifère) et quelques verreries. Dans la période décennale 1882-1891, il n'a été extrait annuellement que 1,600,000 kilogrammes de sel de Glauber ; mais, ces dernières années, il en a été extrait beaucoup plus ; de sorte que, au cours de l'année 1894, l'extraction du sel de Glauber a atteint 2,300,000 kilogrammes. La réserve de sel de Glauber contenue dans les lacs de Marmychinsk est très considérable ; elle est évaluée à 1 milliard 1/4 de kilogrammes.

Parmi les usines de ces deux gouvernements qui travaillent les minéraux, certaines d'entre elles ne sont pas sans quelque importance ; ce sont notamment les usines de fonte d'argent de Gavrilov, de Sokolny et de Salaïr, qui occupent 800 ouvriers et fondent tout l'argent des mines de l'Altaï et appartiennent au Cabinet de Sa Majesté ; et l'usine de fonte du cuivre de Souzoun, appartenant également au Cabinet de Sa Majesté et qui occupe 300 ouvriers à la fonte des minerais de cuivre de l'Altaï. Puis viennent la fabrique de cloches de Tumène, qui produit pour plus de 70,000 roubles de cloches ; les usines de Gouriev et de Tchérépanovsk qui appartiennent encore au Cabinet de Sa Majesté et emploient 500 ouvriers à travailler les minerais de fer de l'Altaï. En outre, aux gouvernements de Tomsk et de Tobolsk, il existe de petites fabriques de fer appartenant à des particuliers, des forges, des fabriques de bandes et de serrureries, qui occupent 1,300 ouvriers et produisent pour 165,000 roubles de marchandises. Dans ces gouvernements, il existe également des ateliers mécaniques, principalement près de Tumène, qui produisent pour 200,000 roubles de marchandises et emploient 270 ouvriers. Le plus important de ces ateliers, l'usine mécanique et de constructions navales de Jabykinsk, appartient à la Compagnie Kourbatov et Ignatiev. Une fabrique de taille de pierres, la fabrique de Kolyvane, qui se rattache à la célèbre fabrique d'Iékaterinbourg du Cabinet de Sa Majesté et qui est établie depuis fort longtemps dans l'Altaï, polit les jaspes de Korgone et d'autres jaspes de prix.

Parmi les fabriques travaillant la terre à potier des gouvernements de Tobolsk et de Tomsk, les fabriques de faïences, de carreaux, de poteries et les tuileries se multiplient ; aujourd'hui, ces industries emploient 1,860 ouvriers et produisent pour 450,000 roubles de marchandises. Ce n'est que dans la seconde moitié du xixᵉ siècle que l'industrie du verre a pénétré en Sibérie ; aujourd'hui, les verreries des gouvernements de Tomsk et de Tobolsk emploient

400 ouvriers et produisent pour 160,000 roubles de verres. La plus importante des verreries, la fabrique de verres de Zolotarev, est à 35 verstes de Ialoutorovsk. La fabrication des allumettes s'est répandue en Sibérie d'une manière incroyable dans le dernier quart de ce siècle; cependant, le nombre des fabriques d'allumettes ne dépasse pas cinq. Ces cinq fabriques, occupant plus de 300 ouvriers, produisent 44,000 caisses d'allumettes et paient à l'Etat plus de 200,000 roubles de droits. Elles se procurent du phosphore à Perm. A la fabrique Koukhtérine, les allumettes sont fabriquées à la machine.

La plupart des fabriques travaillant des produits végétaux se rattachent à l'agriculture, quelques-unes aux industries forestières. Les deux gouvernements de Tomsk et de Tobolsk possèdent 26 distilleries, 20 brasseries et fabriques d'hydromel et 5 fabriques de spiritueux. Les distilleries les plus importantes sont celles de Pétropavlosk, district de Tara; de Théodorovsk, dictrict de Kourgane, et de Pétrovsk, district de Jaloutorovsk. Chacune de ces distilleries produit de 1,700 à 2,200 litres d'alcool avec 20 ou 25,000 kilogrammes de grains. Les moulins à vapeur fabriquant des gruaux et les moulins de farines, les fabriques d'amidon, de mélasses et de pain d'épice, produisent pour 2,250,000 roubles de marchandises et emploient 7,000 ouvriers. La plus importante des minoteries appartient à un négociant du nom de Smoline et se trouve dans la ville de Kourgane. Les huileries sont moins importantes; elles produisent pour 160,000 roubles d'huile et emploient 1,500 ouvriers. Les corderies et les câbleries produisent pour 35,000 roubles de marchandises et occupent 100 ouvriers.

Les fabriques de papiers sont encore peu communes en Sibérie. La seule fabrique de papier de la Sibérie, celle de la Société Scherbakov, est dans le district de Tumène et produit pour 340,000 roubles de papier avec un personnel de 250 ouvriers. Il y a certaines fabriques, encore en nombre insuffisant, se rattachant aux industries forestières; ce sont des scieries, des fabriques de menuiserie et d'articles en bois; des fabriques de goudron et de térébenthine. Toutes ces fabriques produisent ensemble pour 300,000 roubles de marchandises et emploient 500 ouvriers.

Dans la Sibérie occidentale, les fabriques travaillant les produits animaux ont une grande importance; ce sont des tanneries, des fabriques de pelleteries, de fourrures, de bisquains et autres qui produisent pour 1,800,000 roubles de marchandises et occupent 3,000 ouvriers. Puis viennent les fabriques de suifs, de chandelles et de savons, qui produisent pour 600,000 roubles de marchandises et occupent 400 ouvriers. La plus importante des fabriques de suif est à Kourgane; cette fabrique écoule ses produits à Kazan et à

Moscou. Dans le district de Tumène, il existe aussi une fromagerie, qui produit pour une valeur de 4 à 8,000 roubles de beurre et de fromage. Les manufactures de drap viennent seulement d'apparaître en Sibérie; il n'existe encore, dans cette contrée, que deux fabriques de drap, dont l'une appartient à M. Koriakine et l'autre à M. Andréev; ces fabriques sont situées dans les districts de Tumène et de Tourinsk et produisent pour 350,000 roubles de marchandises avec un personnel de 650 ouvriers. Enfin, des fabriques de cierges et de cire, dont l'existence révèle les progrès de l'agriculture, produisent pour 200,000 roubles de marchandises avec l'aide de 300 ouvriers. La plus importante de ces fabriques est celle de l'évêché de Tobolsk.

Dans le gouvernement de Tobolsk, les petites industries sont assez répandues. Les paysans de ce gouvernement ne se contentent pas de fabriquer pour leur usage personnel des toiles, des vêtements, de la vaisselle et des ustensiles en bois, des traîneaux, des charrues et des herses, des cordes, des filets, des tissus de tille, du goudron et des briques, ils fabriquent encore certains produits qu'ils vont vendre à la foire d'Irbite. Les forges sont nombreuses, particulièrement aux districts de Ialoutorovsk et de Tioukalinsk, gouvernement de Tobolsk, et au district de Kouznietzk, gouvernement de Tomsk; on fabrique des instruments aratoires dans les districts de Tumène, de Kourgane et d'Ichim; dans ce dernier, on fabrique même des machines pour battre le blé. Les industries de la brique et de la poterie sont particulièrement répandues dans la zone agricole. On fabrique des charrettes près de Tumène, où tous les ans on produit près de 5,000 charrettes. Dans la zone forestière de ce gouvernement, on fait des barriques, des roues, des tissus de tille, des sacs de tille, d'éponges russes (matchalka); on fabrique du goudron et même, dans le district de Kourgane, des objets tournés. Certains cantons produisent annuellement jusqu'à 80,000 barriques valant 50,000 roubles. La fabrication des vans et des cribles est répandue dans les environs de Tumène; celle des trémails, des articles tressés, des filets de pêche, dans les districts de Bérézov, de Tobolsk, de Tumène et de Tourinsk; le filage et le tissage, dans les environs de Ialoutorovsk, d'Ichim et de Tara. Dans tout le gouvernement, on s'occupe de tannerie et de pelleterie, on carde la laine, on fabrique des feutres, on prépare des bisquains et des pelisses de peaux de mouton. Dans les environs de Tobolsk et de Tourinsk, on fabrique des moufles; près de Tukalinsk, on fait des bottes et des souliers, et des selles aux environs de Kourgane. Dans le district de Tumène, on fabrique des tapis grossiers, dits tapis de Tumène. Les villages des environs de Tumène produisent annuellement jusqu'à 50,000 tapis de cette espèce qui sont vendus

100,000 roubles. Le district de Ialoutorovsk, du gouvernement de
Tobolsk, est le plus riche en petites industries. En général, la
Sibérie occidentale, avec ses vastes forêts et ses nombreux troupeaux, fournit la plus grande partie des matières premières travaillées par la petite industrie; mais, avec la diminution des forêts et
la réduction inévitable des troupeaux, la population devenant de
jour en jour plus dense, la grande industrie, d'autre part, faisant du
progrès, on doit s'attendre à voir disparaître peu à peu beaucoup
de petites industries.

La zone polaire des toundras, qui comprend les districts de
Bérézov et d'Obdorsk, gouvernement de Tobolsk, qui a toujours été
délaissée par la population sédentaire et la colonisation, diffère de
tout en tout de la zone agricole. Si on en juge par les observations
qui ont été faites sur la limite méridionale de cette zone, à Bérézov,
là la température moyenne de l'année descend jusqu'à 5° et le sol y est
éternellement gelé à une profondeur variant entre 5 et 7 déci-
mètres; la température de l'hiver, dans cette région, est au-dessous
de — 21° et celle du mois le plus froid de — 23°. En même temps, la
température de l'été ne dépasse pas |- 13°,5 et celle du mois le plus
chaud, —— 18°; de la sorte, la différence de température entre l'hiver et
l'été est de 34° et entre le mois le plus froid et le mois le plus chaud
49°. Déjà, à Bérésov, la température moyenne des cinq mois de la
période de végétation des plantes dépasse à peine 9°; aussi, dans
ces conditions, les rivières sont-elles fermées par les glaces qua-
rante jours de plus que sur la limite de la zone agricole; aucune
céréale ne peut arriver à maturité et les forêts y atteignent leur
limite.

Les animaux domestiques, sauf ceux qui sont propres à la
région des toundras, le renne du Nord, atteignent également leur
limite dans la zone sibérienne polaire des toundras. Au nord de
Bérésov, au delà du cercle populaire, l'importance de la colonne de
dépôts météoriques diminue également : à Obdorsk, cette colonne
s'élève annuellement à 218 millimètres, tandis qu'à Bérésov, elle
monte encore jusqu'à 467 millimètres. La flore de la zone
polaire des toundras diffère fort peu des formes des toundras de
la Russie d'Europe, de celle du pays des Lapons et des Samoyèdes.
Presque toutes les formes caractéristiques de cette zone, ses buissons bas et rampants, tels que, par exemple, une espèce d'arbousier
(Arctostaphilos alpina Ad.) et, parmi les buissons de génévrier, les
andromèdes (Cassiope tetragona Don., C. hyponoides Don., Phylo-
doce saxifolia Salisb., Loiseleuria procumbens Don.) et une espèce
de lédum (Ledum latifolium Ait.) appartiennent également à la flore
de la Russie d'Europe; une espèce d'azaléc (Osmothamnus fragrans

Dc.) et un saule de pôle (Salix artica L.) seulement manquent à la flore de la Russie d'Europe.

Sur l'espace de 940,000 kilomètres carrés de la zone polaire, il n'y a que 28,000 habitants, soit 3 habitants par 100 kilomètres carrés. 5 0/0 seulement de cette population est composée des Russes habitant les villes de Bérésov et de Obdorsk, le reste est formé d'indigènes polaires, les Ostiaks et Samoyèdes. La principale occupa- tion de ces indigènes est l'élevage du renne, la chasse et la pêche. Il y a, dans cette contrée, 740 rennes par 100 habitants; tant que ces animaux pourront être maintenus dans cette proportion, les races polaires ne tendront pas à disparaître. Dans la zone polaire des toundras, au delà des limites des forêts, la chasse a une impor- tance économique très secondaire. Il n'en est pas de même de la pêche qui est très pratiquée sur le cours inférieur de l'Ob; cette industrie a pour les indigènes de la Sibérie occidentale une très grande importance. Dans ce pays, les régions de pêcheries sont fort souvent vacantes et n'ont pas de propriétaires; d'autres appar- tiennent aux indigènes ou à des communes rurales; les paysans exploitent leurs pêcheries soit isolément, soit par communes; quant aux indigènes, ils n'exploitent qu'une petite partie de leurs eaux et louent le reste à fort bas prix aux paysans russes ou à de grandes entreprises de pêche qui organisent la pêche en grand et occupent de nombreuses équipes de travailleurs. Ces pêches ont lieu de préférence l'été à l'aide d'immenses filets ayant de 500 à 640 mètres de long. Les produits de ces pêches sont vendus salés ou congelés. Les petites industries de la population indigène ont une certaine couleur locale : l'indigène construit des barques, fabrique des rames, des baquets, des traîneaux, des flèches; il confectionne des paniers, des cordes de tille et d'herbes, des paniers de jonc; il apprête des peaux et taille des vêtements de fourrures.

2° Sibérie centrale.

Cette région comprend le gouvernement d'Iénisséisk et celui d'Irkoutsk et constitue la deuxième moitié de la Sibérie proprement dite, habitée surtout par des Russes. Au point de vue géographique, elle occupe la plus grande partie du bassin double Iénisséï-Angara et embrasse, en outre, la région fluviale de quelques autres fleuves polaires, telles que la Piassina, la Taïmyr et la Khatanga, plus le bassin supérieur de la Léna. Entre ses limites, la Sibérie centrale s'étend sur l'immense espace de 3,280,000 kilomètres carrés, dépassant ainsi en superficie l'Allemagne, l'Austro-Hongrie et la France réunies.

La partie méridionale de la Sibérie centrale est formée par la haute et longue chaîne septentrionale des monts Saïanes qui, sur une grande partie de son parcours, porte le nom d'Erguik-Targak-Taïga et sert de frontière entre le territoire russe et les possessions chinoises. Au sud de cette chaîne, entre elle et une autre chaîne plus importante qu'on appelle les monts Tannou-ola, chaîne qui se rattache par ces deux extrémités à des massifs du Saïane, s'étend une très large vallée, fermée des deux côtés, connue dans la plus haute antiquité sous le nom d'Erguene-Kon (Irgana-Kon); cette vallée est célèbre dans l'histoire pour avoir été, si l'on en croit la tradition, le berceau de la race turque qui serait sortie de là pour se répandre dans l'Asie. C'est dans cette vallée que se réunissent les deux grands bras fluviaux constituant l'Iénisséi proprement dite, l'Ouloukem et le Béikem, qui descendent du revers méridional du Saïane. Ces deux bras réunis forment un seul fleuve, le Kem, qui, après avoir reçu sur sa rive gauche du côté occidental la Kemtchik, prend le nom d'Iénisséi, et, se frayant un passage à travers une étroite gorge du Saïane, entre dans la Sibérie centrale. Dans les limites du gouvernement d'Iénisséisk et dans la partie occidentale du gouvernement d'Irkoutsk, les monts Saïane, sans se diviser, détachent certains rameaux allant s'évanouir, au loin vers le nord, dans la partie méridionale du gouvernement d'Iénisséisk. Les monts Saïanes sont un peu plus enchevêtrés dans la partie sud-est du gouvernement d'Irkoutsk, à commencer par le groupe le plus élevé, situé entre les vallées supérieures du Béikem et de l'Ouloukem, d'un côté, et les hautes vallées des affluents de gauche de l'Angara, de l'Oka, de la Biélaïa, et de l'Irkout, d'un autre côté. A cet endroit-là, cette chaîne semble vouloir se démembrer en chaînes parallèles entre elles et séparées par des vallées; sur certains points, ces chaînes sont rattachées l'une à l'autre par des saillies de la chaîne principale; sur d'autres points, elles sont coupées par des vallées transversales d'où s'écoulent vers la contrée montagneuse de la Sibérie centrale, un grand nombre de rivières formant les affluents de gauche de l'Angara.

Dans la chaîne principale du Saïane, à l'angle sud-ouest du gouvernement d'Irkoutsk, s'élève, bien au-dessus des neiges éternelles, la plus haute montagne du groupe de Saïane et, à son point le plus élevé, le mont Mounkou-Sardyk, sur la frontière chinoise, qui atteint 3,486 mètres d'altitude absolue. Un peu au-dessous des montagnes dénudées entourant ce sommet, s'élève, parallèle à la chaîne du Saïane, des ramifications parmi lesquelles les monts de Tounka, près d'Irkoutsk, sont les plus remarquables. Se rattachant à cette chaîne se trouvent les deux chaînes parallèles entre lesquelles, dans la large vallée qui les sépare, s'étend un des lacs les plus grands du globe, le lac Baïkal. La superficie de ce lac est égale à celle de la Hollande jointe au Luxembourg; sa largeur dépasse la longueur du lac de Genève, et sa longueur, la distance séparant Saint-Pétersbourg de Moscou. Le lac Baïkal est surtout alimenté par les rivières arrosant la province du Transbaïkal; mais l'écoulement de ce lac est assuré par un bras colossal du système de l'Iénisséi, l'Angara; ce cours d'eau se fraye d'abord un passage à travers une gorge des monts Baïkal; puis, traversant les extrémités de quelques rameaux du Saïane, le fleuve arrive aux célèbres rapides de l'Angara.

L'immense espace formant la plus grande partie de la région que nous étudions, au nord des rameaux des monts Saïanes ou plutôt au nord du parcours du grand chemin de fer de Sibérie, n'est pas, comme la Sibérie occidentale, une plaine absolue. Cette contrée, sur la rive droite de l'Iénisséi, a plutôt le caractère montagneux; c'est un plateau ondulé peu élevé, intercepté par de larges zones de plaines basses suivant les rives droites des affluents de l'Iénisséi. A cette contrée montagneuse, appartient la chaîne des monts Toungouze qui se détachent du pied du Baïkal et qui forment la ligne de partage des eaux entre la Nijni-Toungouzka et la Léna; il en est de même des rameaux de cette chaîne, les monts Pitski, entre l'Angara et la Podkamenaïa-Toungouzka, qui plus loin, au nord de Syverma, atteignent jusqu'au cours inférieur de l'Iénisséi. La limite extrême de l'altitude de toute cette contrée montagneuse est de 1,045 mètres.

Toutes les crêtes principales des monts Saïanes et de leurs rameaux sont formées de roches cristallines : de granit, de syénite et plus rarement de diorites, de porphyres et de diabases, ainsi que de gnéiss et de schistes cristallins. Mais, dans la partie orientale des monts Saïanes, ainsi que dans les chaînes peu élevées traversant la plaine est sibérienne, entre l'Angara et la Podkamenaïa-Toungouzka, on rencontre aussi de véritables roches volcaniques : des basaltes, des dolérites et même des laves de volcans depuis longtemps éteints. Des roches sédimentaires sur les flancs des monts Saïanes sont formées de grès, de schistes et de calcaires appartenant à des formations paléozoïques : siluriennes, dévoniennes et houillères; mais, plus au nord, sur les dénudations des chaînes peu élevées traversant la plaine de la Sibérie centrale, on rencontre des affleurements de formation secondaire et surtout de formation triasique.

Les richesses minérales de la Sibérie moyenne sont considérables. Sur le revers septentrional du Saïane, dans le gouvernement de l'Iénisséi, il existe des gisements de plomb argentifère et de cuivre, et, dans la région montagneuse, il y a des couches de houille, des gisements de minerai de fer d'excellentes qualités (au cercle de

Minoussinsk). De beaux gisements de magnétite se trouvent sur l'Oka, cercle de Nijnieoudinsk, gouvernement d'Irkoutsk, près de l'usine de Nicolaïev. Les gisements de beaux graphites s'étendent sur un des rameaux des monts Saïanes ; et, le long de la Sludianka, également dans les monts Saïanes, il a été trouvé des gisements de lapis-lazuli. Les couches de houille sont très communes dans la Sibérie moyenne ; il y en a dans le gouvernement d'Iénisséisk :

a) Entre Krasnoiarsk et Atchinsk ;

b) Au sud et au nord-ouest de Krasnoiarsk, le long du pied des monts Kouznietzki-alataou, et dans la contrée montagneuse avoisinant les monts Saïanes ;

c) Sur la Nijni-Toungouzka.

Au gouvernement d'Irkoutsk, il existe des affleurements de charbon de terre sur l'Oka, au-dessus du village de Ziminsk, ainsi que le long de l'Angara, près du village de Oussolié. Ces gisements ne sont pas encore exploités. De superbes lits géologiques de graphite, dans les alpes Tounkinski (sur le mont Boutogol) furent exploités, à partir de l'année 1856, pendant une série d'années, par un Français, M. Alibert ; ces gisements donnèrent d'excellente matière qui servirent à la fabrication des crayons du célèbre M. Faber. Mais, actuellement, Alibert étant parti, cette branche d'industrie est dans le marasme. Aujourd'hui, on n'extrait de graphite que pour la préparation des creusets de plombagine, destinés à la fonte de l'or dans les laboratoires d'Irkoutsk. En revanche, de riches lits de graphite ont été découverts, de 1858 à 1863, dans l'extrême nord du gouvernement d'Iénisséisk, au district de Touroukhansk par M. K. Sidoraff, sur les rivières Nijnia Toungouzka, Bakhta et Kouréika ; et, jusqu'à ce jour, ces lits de graphite sont exploités par une compagnie formée en 1891. La Sibérie centrale est également riche en sels. Elle possède des mines de sel gemme, des sources salines et des lacs salins. Malheureusement le manque de voies de communication, jusqu'à ce jour, rend l'écoulement des sels sur les marchés, extrêmement difficile. Dans le gouvernement de Iénisséisk, il existe d'abondantes sources salines sur la Birussa et sur l'Oussolka, affluent de la Tassiéva. Dans le gouvernement d'Irkoutsk il existe les sources salines fort riches de la vallée de la Léna, ainsi que dans les vallées de l'Angara et de l'Ilime. Des lits de sel gemme constituant la transition entre les sources salines et les lacs salins, se trouvent, sur l'Iénisséi, entre l'Erba et le Biély-Jouss et sur l'Abakan. Enfin dans le gouvernement d'Iénisséisk, il existe des lacs amers.

Mais la Sibérie moyenne est surtout riche en sables aurifères s'étendant non seulement sur le revers est sibérien, des monts Kouznietzki-alataou et sur les rameaux des monts Saïanes, mais encore davantage sur le vaste territoire séparant l'Angara de la Potkamenaïa-Toungouzka.

La Sibérie centrale est aussi abondamment arrosée que la Sibérie occidentale. L'immense Iénisséï qui, comme l'Obi, est formé de deux bras qui sont non moins puissants, l'Iénisséï proprement dit et l'Angara, a plus de 4,000 kilomètres de long, si on regarde comme sa source l'Ouloukem ; et, si l'on regarde comme son cours supérieur, soit la Verkhnaïa-Angara, soit la Sélenga, il a plus de 5,000 kilomètres de long. Le vaste bassin de ce fleuve s'étend sur une superficie de 3 millions de kilomètres carrés.

Comme voie de navigation, l'Iénisséï a de grands défauts. Ce fleuve coupe le grand chemin de fer de Sibérie à angle droit; il coule presque constamment vers le nord et se jette dans la mer de Kara qui est fermée par les glaces une grande partie de l'année. Cependant l'expérience des vingt dernières années a prouvé que les bouches de l'Iénisséï sont plus accessibles à la navigation maritime que celles de l'Obi; que la plus grande partie des bâtiments, pénétrant au moment de l'arrière-saison dans la mer Kara, non seulement peuvent pénétrer sans difficulté dans le golfe de l'Iénisséï mais qu'ils ont même le temps de charger et de décharger dans le port de Dixon, installé dans un liman par l'embouchure de l'Iénisséï, et de retourner en Europe avant la fermeture de la navigation.

L'Angara et l'Iénisséï se réunissent exactement comme l'Ob et l'Irtyche ; mais l'arc du cercle que décrivent ces cours d'eaux ne s'infléchit pas autant vers le nord, et passe par des contrées moins désertes. En outre l'Obi et l'Iénisséï étant reliées hydrographiquement par la Kétj et la Kossa, l'Angara pourrait former une voie navigable excellente vers le Baïkal et la Transbaïkalie si ce fleuve n'était obstrué par toute une série de rochers et de rapides qu'on est en train de faire disparaître aujourd'hui. Outre l'Angara, la Potkaménaïa et la Nijnia-Toungouzka sont deux affluents de l'Iénisséï qui se jettent dans ce fleuve au-dessous de l'Angara et qui d'ailleurs coulent à travers des contrées presque entièrement désertes sont également navigables.

L'immense territoire de la Sibérie moyenne appartient à trois zones climaturales différentes. La première de ces zones, la plus méridionale et la plus rapprochée des montagnes peut être appelée la zone *agricole*, car c'est la seule partie de la Sibérie moyenne qui soit entièrement propre à l'agriculture sédentaire ; mais il est impossible de tracer une limite déterminée entre elle et la zone impropre à l'agriculture de la contrée montagneuse saïanienne. Les quatre districts méridionaux de la province d'Iénisséisk et de la province d'Irkoutsk, sauf deux districts septentrionaux de ce gouvernement, font partie de cette zone.

Ainsi délimitée, la zone agricole de la Sibérie moyenne s'étend sur plus de 520,000 kilomètres carrés; mais, comme une partie de ce territoire, soit par son altitude, soit par la nature montagneuse, rocheuse ou marécageuse du sol est impropre à l'agriculture, il reste à peine pour la colonisation agricole, dans toute la Sibérie moyenne, 300,000 kilomètres carrés seulement.

Ce que nous venons de dire est confirmé par les renseignements climaturaux que nous avons à notre disposition. Dans les plaines de la zone agricole de la Sibérie centrale (à Irkoutsk et à Krasnoïarsk), la température moyenne, de même que dans la zone agricole de la Sibérie occidentale, se rapproche de 0°; mais la moyenne de la température de l'hiver et du mois le plus froid (— 18°, et — 20°) est inférieure à celle de la Sibérie occidentale; et la moyenne de la température de l'été et du mois le plus chaud (+ 16° et + 19°) est également inférieure à celle de la Sibérie occidentale. La température moyenne des cinq mois de végétation est de — 14°; toutefois cette moyenne permet de cultiver la terre. Les dépôts météoriques y sont également un peu moindres que dans la Sibérie occidentale; au cours de l'année la colonne est de 360,000 au lieu de 380, et en été, de 150 au lieu de 175. Seuls les dépôts de l'hiver (56 millimètres) sont un peu plus considérables que dans la Sibérie occidentale, c'est-à-dire qu'il tombe un peu plus de neige. En ce qui concerne la contrée de la zone agricole avoisinant les montagnes, les conditions climaturales sont incomparablement moins favorables.

Ainsi, à Koultouk, près du Baïkal, au pied des monts Saïanes, à l'altitude de 480 mètres, ou aux mines de Préobrajenski, sur la Biroussa, à l'altitude de 1,150 mètres, dans la vallée de cette rivière, la température moyenne de l'année est inférieure à — 3°; en hiver, la température est presque la même, mais l'été est plus froid (moyenne de la température de l'année + 12° 1/2 et du mois le plus chaud + 14°). Aussi la moyenne de la température des cinq mois de végétation est tellement basse (+ 10° 1/2) qu'elle s'oppose au développement de l'agriculture.

La *seconde zone*, de même que la zone correspondante de la Sibérie occidentale, peut être appelée la *zone de la Taïga (des bois de haute futaie)* et de la culture sporadique.

Il convient de rapporter à cette zone les deux districts septentrionaux du gouvernement d'Irkoutsk et le district d'Iénisséïsk jusqu'à 66°, c'est-à-dire jusqu'à la limite des bois de haute futaie. Le territoire sur lequel s'étend cette zone dans la Sibérie centrale est encore plus vaste que celui de la Sibérie occidentale; c'est un territoire entièrement couvert de forêts et de marais où on ne rencontre que rarement, et encore n'est-ce surtout que dans sa partie méridionale près des cours d'eau, de petites clairières et des terres où il serait possible, tant bien que mal, d'installer une population sédentaire. Les conditions climaturales de cette zone sont également moins favorables que celles de la zone correspondante de la Sibérie occidentale. La moyenne de la température de l'année y est inférieure (— 3° C. au lieu de — 2°) ; les hivers sont plus froids (température moyenne — 21° au lieu de — 20° ; température du mois le plus froid — 25° au lieu de — 23°) ; seul l'été est un peu plus chaud (+ 15° au lieu de + 14°). Par conséquent, la différence entre la température de l'été et celle de l'hiver (36° au lieu de 33°), et entre le mois le plus chaud et la température du mois le plus froid (43° au lieu de 40°) est un peu plus grande ; aussi le climat y est-il encore plus continental que dans la zone correspondante de la Sibérie occidentale. En ce qui concerne la température moyenne des cinq mois de la période de végétation, elle n'est que de + 11° ; par conséquent, elle n'est pas assez favorable pour l'extension de l'agriculture qui, dans cette zone, ne saurait être l'occupation principale des habitants et ne peut servir que d'accessoire aux industries des forêts. La zone forestière de la Sibérie moyenne est également dans des conditions plus mauvaises que la zone correspondante de la Sibérie occidentale au point de vue des dépôts météoriques annuels ; la colonne annuelle de ces dépôts ne dépasse pas, en effet, 400 millimètres (au lieu de 470), dont la moitié au surplus (200 millimètres) tombe au cours des trois mois d'été.

La *troisième zone, la zone polaire des toundras,* est infiniment plus étendue dans la Sibérie moyenne que dans la Sibérie occidentale ; cette zone s'étend, en effet, sur un territoire trois fois et demi plus vaste que dans la Sibérie occidentale, soit sur 1,444,000 kilomètres carrés ; ce territoire offre un large champ à l'étude de toutes les conditions vitales propres aux continents de la terre s'étendant au delà du cercle polaire. Comme spécimens des conditions climaturales de l'extrême nord du Vieux Monde, nous possédons les observations météorologiques faites sur un des points habités des bords de l'Iénisséï, au village Tolstynoss, situé par 70°,10 de latitude N. Là, la température moyenne de l'année est de — 13° ; la température moyenne de l'hiver, — 30° ; celle du mois le plus froid, — 34° ; la température moyenne de l'été, + 5° et celle du mois le plus chaud, + 9°. Il ne saurait être question de la période de végétation ; cette période est si courte qu'il est impossible même de songer à l'agriculture. Dans ces conditions, toute cette contrée peut être exploitée, soit pour l'élevage des rennes du nord, soit pour la chasse, soit encore pour la pêche.

La flore de la zone *agricole* de la Sibérie moyenne se distingue d'une manière essentielle de celle de la Sibérie occidentale. Déjà, au siècle dernier, le célèbre botaniste Gmélin remarqua que, après avoir traversé l'Iénisséï, la flore se modifiait sensiblement ; toutefois ceci s'explique, non par un changement brusque de climat qui n'a pas lieu, mais uniquement par cette circonstance que la contrée avoisinant les monts Saïanes, sur les points où cette contrée est traversée par la grande route de Sibérie, n'est plus une plaine comme la Sibérie occidentale, mais un plateau formé par des rameaux des monts Saïanes, plus ou moins élevés, le long desquels la flore des montagnes pénètre profondément dans la zone agricole de la Sibérie centrale.

C'est dans la zone des forêts de la Sibérie moyenne et de la Sibérie occidentale que la différence des flores est la moindre. Les essences ligneuses sont exactement les mêmes. Parmi les arbres à feuilles aciculaires, le sapin et le mélèze de Sibérie (Larix Ledebourii Endl) ne dépassent pas les limites de la zone des forêts ; mais les autres essences passent même dans la zone polaire, devenant, cela se comprend, de petite taille, rabougris, et perdant progressivement leur caractère d'arbres de haute futaie. Ainsi, le sapin de Sibérie (Pinus Sibirica Led) atteint, sur l'Iénisséï, le 67° 1/2 de latitude nord ; le cèdre de Sibérie (Pinus cembra L.), le 68° 1/2 ; le pectiné (Picea orientalis L.), le 69° 1/2 de latitude nord ; enfin, le mélèze de Daourie (Larix daourica Fisch), arrive, sur la Boganida, jusqu'au 72° 1/2 de latitude nord. En ce qui concerne la flore herbacée de la zone des forêts, elle ne se distingue guère de la flore de la zone correspondante de la Sibérie occidentale ; généralement, elle est pauvre ; car, dans les forêts touffues, l'herbe ne pousse pas du tout et le sol est couvert presque exclusivement de mousses et de lichens.

La flore de l'extrême nord de la zone polaire des toundras, particulièrement typique, est très pauvre en espèces, Middendorff n'a trouvé sur la presqu'île de Taïmyr que 124 phanérogames, parmi lesquels figuraient les buissons les plus bas des espèces polaires, des bouleaux nains, des saules polaires et de Lédum. Parmi les 124 espèces dont nous venons de parler, 30 seulement n'étaient pas du type exclusif des plantes polaires ; toutes les autres étaient endémiques pour la région polaire. Plus de la moitié de celles-ci sont communes à toutes les régions polaires de l'Ancien et du Nouveau Monde, 12 ne sont propres qu'à la zone polaire sibérienne, les autres pénètrent, de cette zone, ou en Europe seulement, ou, plus souvent, dans l'Amérique seule. En général, la faune des insectes suit les mêmes lois que la flore ; mais, dans les monts Saïanes, cette faune est un peu plus pauvre que dans l'Altaï ; et, dans la contrée avoisinant le pied des monts Saïanes, la faune des insectes est moins différente de celle des contrées avoisinant l'Altaï que la flore. Dans la zone polaire des toundras, on rencontre plusieurs formes particulières d'insectes.

Comme la zone polaire des toundras de la Sibérie centrale et celle des forêts atteignent à leur limite extrême, la question de l'expansion des animaux vertébrés en Sibérie reçoit sa solution la plus nette de l'étude de ces deux zones. Au premier coup d'œil, on pourrait s'attendre à rencontrer, dans des pays aussi déserts que des forêts et les toundras de la Sibérie où les forêts ne sont point régulièrement exploitées et la population très clairsemée, une faune extrêmement riche, — si ce n'est en espèces, comme dans les contrées du midi, — tout au moins une faune riche par le nombre des individus. Malheureusement, même dans la zone des forêts, la faune sibérienne est pauvre à l'un et à l'autre égard. Un chasseur, qui traverserait la zone des forêts sous le 60° de latitude nord, serait fort surpris de marcher des journées entières sans rencontrer de gibier. Les forêts et les bois sombres et épais de la Sibérie ne contiennent presque pas d'animaux. Les animaux de la Sibérie se tiennent de préférence à la lisière des bois, dans les clairières, sur les espaces forestiers dévastés par le feu ou simplement défrichés par l'homme, aux environs de sa demeure ; mais dans la profondeur des bois et des forêts ils font défaut.

Les lieux découverts et les points où les rivières peuvent être facilement traversés, à certaines époques de l'année, servent de lieux de rassemblement aux animaux sauvages ; et tout l'art du chasseur indigène consiste à connaître ces lieux et l'époque à laquelle ils sont fréquentés par les animaux afin de les y attendre en temps voulu. Ce mode de chasse explique pourquoi la rare population des régions forestières de la Sibérie qui ne peut épuiser leurs richesses végétales, détruit néanmoins peu à peu leurs richesses animales. Cette circonstance amène à penser qu'il serait bon d'aménager dans les forêts de vastes défrichements en domaines de chasse et de prendre des mesures pour y préserver la faune à certaines époques de l'année en créant des zones de chasse interdites afin de prévenir la destruction des animaux et d'assurer la multiplication de ceux d'entre eux qui ont du prix.

En général, il est aussi difficile de mettre la main sur les richesses de la zone des forêts et de la zone polaire des toundras, relativement fort dépourvue des dons de la nature, que de s'emparer des parcelles d'or disséminées dans des gisements de sables aurifères. On ne peut exploiter les uns et les autres que là où ils sont accumulés par le hasard de la nature ou là où l'homme les a artificiellement réunis.

Parmi les mammifères terrestres de la zone polaire des toundras et de la zone des forêts de la Sibérie, le plus polaire des animaux de cette espèce c'est l'ours blanc (Ursus maritimus L.). A proprement parler, cet animal est un habitant des îles de l'océan Glacial et arrive sur les bords de la Sibérie porté par des glaces flottantes.

C'est ainsi, par exemple, que, aux bouches de l'Iénisséï, le premier être vivant rencontré par l'expédition Nordenskiol, sur les bords de la Sibérie, à l'entrée du golfe de l'Iénisséisk, fut un ours blanc ; cet animal s'avance parfois jusqu'aux premiers lieux habités sur l'Iénisséï, jusqu'au village de Tolsty-noss ; mais il ne pénètre jamais plus avant. Après l'ours blanc, viennent les animaux polaires n'habitant guère que la zone des toundras polaires : le renard blanc (Canis lagopus L.), qu'on rencontre dans la presqu'île de Taïmyr, sous le 75° latitude nord, et le petit leming zébré et celui de l'Obi (Myodes torquatus et Myodes obensis). Il fut un temps où, avec l'homme, vivait dans cette contrée un important habitant de la zone des toundras polaires dont la race est aujourd'hui éteinte en Sibérie ; c'était un animal ressemblant au bœuf musqué (Bos moschatus), commun dans les territoires polaires de l'Amérique. L'espèce sibérienne, le Bos Pallasii, différait de l'espèce américaine ; mais, à l'heure qu'il est, cet animal n'est plus connu que par les crânes et les ossements trouvés dans les toundras de la presqu'île de Taïmyr. Enfin, il convient de regarder comme un animal caractéristique de la toundra, le lièvre du nord qui, au surplus, s'avance encore très loin vers le sud dans la zone des forêts (Lepus variabilis Pall.) et le renne du nord (Cervus tarandus L.). Ce dernier se rencontre même dans les contrées montagneuses de la Sibérie méridionale ; dans l'Oural, il descend jusqu'au 52ᵉ degré de latitude nord, dans l'Altaï jusqu'au 49ᵉ, dans le Saïane et les monts Stanovoï jusqu'au 53ᵉ, et, dans la province de l'Amour, jusqu'aux bouches de l'Oussouri (49ᵉ degré de latitude nord).

Les autres mammifères habitant la plaine sibérienne peuvent être regardés comme des animaux de la zone des forêts, bien que beaucoup d'entre eux s'avancent dans la zone des toundras polaires. Au nombre de ces derniers appartiennent le glouton (Gulo borealis Nilss), l'ours ordinaire, la zibeline, très rare (Mustella zibeliina L.), l'hermine (M. erminia L.), la martre de Sibérie (M. Sibirica Pall), la lasca (M. vulgaris Erxl.), la loutre ordinaire (Lutra vulgaris Erxl), d'ailleurs fort rare, le loup, le renard, dont la variété noire brune est propre à l'extrême-nord, le lynx, l'élan (Cervus alces L.). le palatouche (Pteromys volans L.), l'écureuil commun, l'écureuil étrié (Tamias striatus L.), et quelques petites espèces de rongeurs. Enfin, sur les chaînes de montagnes peu élevées traversant la zone polaire et la zone des forêts de la Sibérie moyenne, on rencontre des animaux appartenant à la faune montagneuse, le mouton des montagnes (Aegoceros montanus Desm.) et le musc (Moschus moschiferus L.).

Il va de soi que, dans la contrée voisine des monts Altaï-Saïanes, on rencontre communément des mammifères étrangers à la plaine de la Sibérie. Ce sont notamment : le loup alpin (Canis alpinus Pall), deux espèces de gros chats (Felis Manul et Felis irbis Müll), le zizé d'Eversman (Spermophilus Eversmanni), le lagomys (Lagomys alpina), le cerf de Sibérie (Cervus elaphus). Un phénomène géographique remarquable du lac Baïkal, c'est la présence, dans les eaux de ce lac continental, d'une espèce de phoque (Phoca baicalensis).

Parmi les animaux vertébrés les plus répandus, les trois zones de la Sibérie centrale, ainsi que celles de la Sibérie occidentale, sont assez riches en oiseaux. Au point de vue de la chasse, les plus intéressants des grands oiseaux sont le tétras (Tetrao urogallus), le cop de bruyère (Tetrao tetrix) et la gélinotte des bois (Tetrao bonasia). Les échassiers sont fort nombreux, mais ce sont le plus souvent des espèces répandues en Europe. Les oiseaux qui abondent le plus en Sibérie sont les oiseaux aquatiques qui nichent en immense quantité sur les bords de l'océan du Nord, ainsi qu'au bord des rivières et des lacs. Il y a tant de mouettes sur le Baïkal que les rochers et les écueils, qui bordent ce lac et certaines de ses îles, sont couvertes de couches de guano tellement épaisses qu'elles peuvent suffire pendant longtemps à l'assolement nécessaire aux terres dont pourront avoir besoin les générations futures.

La faune aquatique du Baïkal, et celle du bassin de l'Iénisséï, est fort riche; et le lac Baïkal a été très bien étudié aussi bien au point de vue des poissons qu'il contient qu'au point de vue des crustacés.

La population de la Sibérie moyenne, c'est-à-dire celle des gouvernements d'Iénisséisk et d'Irkoutsk, à part celle de la zone polaire des toundras, s'élève à 1,055,000 habitants des deux sexes, dont 16 0/0 sont aborigènes. La plus nombreuse des races aborigènes, les Bouriates, est une race mongole qui s'est établie dans la partie méridionale de la Sibérie à l'époque où, dans les steppes voisines de la Mongolie, au xiii⁰ siècle, s'éleva le célèbre empire de Gengis-Khau. Les premiers émigrants russes, au moment où ils occupèrent les territoires qu'ils allaient cultiver dans l'avenir, durent, au cours du xvii⁰ siècle, soutenir une lutte opiniâtre contre les Bouriates; cette lutte prit fin dans les dernières années du xviii⁰ siècle, par la soumission complète des aborigènes. Aujourd'hui, on compte 140,000 Bouriates de l'un et de l'autre sexe, n'habitant que la zone agricole de la Sibérie centrale et les limites de cette zone. Les Bouriates sont surtout pasteurs ; ils professent la religion bouddhiste, et une partie d'entre eux seulement se livrent à l'agriculture. Les régions sur lesquelles vivent les Bouriates nomades sont limitées ; en réalité ce peuple est à demi nomade et en partie un peuple sédentaire. Une partie considérable d'entre eux, environ les 20 0/0, s'est convertie au christianisme et s'est beaucoup russifiée ; les Bouriates qui habitent le plus au nord sont encore chamanistes. Il est à remarquer que, non seulement on n'observe pas que les Bouriates tendent à disparaître, l'accroissement naturel de ce peuple, au contraire, le cède peu à l'accroissement de la population russe.

La race turco-finnoise, connue sous le nom collectif de Tatars constitue le second élément indigène. Ces derniers sont au nombre de 30,000 et n'habitent que la contrée voisine des monts Saïanes dans le gouvernement d'Iénisséisk. MM. Castrène et Radlov, les éminents linguistes si bien versés dans les idiomes des peuples turco-finnois, ont étudié les langues de ces Tatars et ont prouvé leur incontestable parenté avec les idiomes finnois ; et cela, bien que la soumission de ces tribus finnoises qui, jadis, s'étendaient des monts Saïanes à travers la Sibérie occidentale, l'Oural et la plaine de la Russie européenne jusqu'aux golfes de Finlande et de Bothnie, à la peuplade turque, originaire de la vallée supérieure de l'Iénisséï (Irghana-kon) a valu à ces finnois le nom de Tatars, nom que les Russes appliquaient indifféremment à toutes les peuplades que la grande invasion des Tatars de Gengis-Khan a annexé en Russie. Au surplus, les Tatars de la Sibérie moyenne sont déjà sédentaires ; la plupart se sont convertis au christianisme et sont bien russifiés ; de sorte que leur assimilation progressive contribue beaucoup à la diminution de leur nombre qui d'ailleurs n'a jamais été bien considérable.

Les Toungouses et les Iakoutes, au nombre de 8,000 âmes, constituent le troisième élément aborigène des habitants de la zone des forêts.

La plus grande partie des habitants de la Sibérie centrale, 850,000 âmes, peuplent la zone agricole, où il y a de la sorte, 66 habitants par cent kilomètres carrés. Quant à la zone de la taïga (zone des forêts), elle n'a que 190,000 habitants, soit 14 habitants par 100 kilomètres carrés. Dans la zone polaire des toundras de la Sibérie moyenne (le pays de Touroukhan), il n'y a en tout que 11,000 habitants, par conséquent un habitant par 100 kilomètres carrés. Parmi cette population, les Russes ne figurent que pour 25 0/0 ; les aborigènes sont principalement des Ostiaks-Samoyèdes ; il y a aussi des Toungouses et des Iakoutes. La population des villes de la Sibérie moyenne ne forme que les 11 0/0 de la population entière de la contrée.

La principale occupation des habitants de la zone agricole de la

Sibérie centrale c'est l'agriculture; 800,000 hectares de terre sont ensemencés et produisent 10 millions d'hectolitres de blé qui, avec plus d'un million d'hectolitres de pommes de terre, assurent l'alimentation de la population. La population rurale ne consomme que 58 0/0 du blé récolté; les 42 0/0 restant constituent un superflu qui, avant la construction du grand chemin de fer de Sibérie, n'avait d'autre écoulement que les villes, les garnisons, les mines d'or, et, pour une part, servait à pourvoir les habitants de l'extrême nord. Dans la Sibérie centrale, on cultive aussi le seigle de printemps qui constitue le quart environ de la récolte; les autres céréales cultivées sont des céréales de printemps. Les principales de ces céréales sont des froments de printemps, des avoines et des sarrasins. Le mode de possession et de culture du sol se rapproche beaucoup de celui de la Sibérie occidentale : d'abord, les terres étant très abondantes, on s'empare des terres libres et on y établit de petites fermes, dites des « zaïmki » ; puis la population passe au système des jachères, et, enfin, aux trois assolements.

Parmi les plantes industrielles, on cultive le tabac commun, le chanvre et, en fort petite quantité, le lin. Les plantations de tabac sont assez nombreuses et assez étendues dans le gouvernement d'Irkoutsk ; dans ce gouvernement, on recueille jusqu'à 500,000 kilogrammes de tabac de la plus basse qualité (makhorka).

Dans la population rurale russe de la zone agricole de la Sibérie centrale, la culture potagère jouit d'une certaine faveur; toutefois, dans certaines contrées seulement, les légumes sont cultivés en vue de la vente. Ainsi le village d'Alexandrovsk, dans le district d'Irkoutsk, les villes de Balagansk et de Kirensk, ainsi que certains villages des cercles de Balagansk et de Kirensk cultivent les légumes en vue de la vente. Ces légumes et principalement les plus estimés d'entre eux, les melons, les pastèques et les concombres sont envoyés, du village d'Alexandrovsk à Irkoutsk ; de la ville de Balagansk et des villages du cercle de cette ville, des légumes sont transportés le long du chemin de fer de Sibérie ; et, de la ville de Kirensk et des villages du cercle de cette ville, divers légumes salés et séchés sont envoyés aux mines d'or et à Iakoutsk.

L'élevage du bétail, dans la Sibérie moyenne, est très important ; cette contrée possède 750,000 chevaux, soit 70 chevaux pour 100 habitants : elle a donc 3 chevaux par homme en âge de travailler. Comme bêtes à cornes, elle possède 800,000 têtes d'animaux, soit 76 bêtes pour 100 habitants : ce qui fait 3 vaches par famille, et constitue une proportion plus élevée que dans la Sibérie occidentale. La proportion des petits animaux domestiques, par rapport à la Sibérie occidentale, est encore plus élevée. Ces animaux sont au nombre de 1.200,000, soit 110 animaux pour 100 habitants.

En Sibérie moyenne, l'apiculture fait des progrès dans la contrée avoisinant les monts Saïanes et, notamment, dans les districts d'Atchinsk et de Minousinsk. Ces dernières années, cette contrée possédait 50,000 ruches et produisait 160,000 kilogrammes de miel et plus de 1,600 kilogrammes de cire, représentant ensemble une valeur de 100,000 roubles.

Les industries forestières, les forêts étant abondantes, sont fort prospères dans les contrées voisines des rivières flottables et des centres de consommation, des villes et des fabriques. Ainsi, dans le gouvernement d'Irkoutsk, les industries forestières sont particulièrement actives le long de l'Angara et de l'Irkoutsk, où, dans certains cantons des cercles d'Irkoutsk et de Nijnéoudinsk, elles occupent beaucoup de main-d'œuvre. Ces industries consistent à abattre les arbres et à les expédier par les fleuves sous forme de bois de construction ou de bois de chauffage; on fabrique aussi de la résine et du goudron. Une intéressante branche d'industrie forestière particulière à la Sibérie, c'est la cueillette des noix de cèdre.

La chasse, qui est le principal moyen d'existence des aborigènes vagabonds tels que les Toungouses, les Karagas et les Ostiaks-Samoyèdes et une importante ressource accessoire pour la population russe, se rattache directement aux vastes domaines forestiers de la Sibérie moyenne. Dans beaucoup de cantons russes du gouvernement d'Irkoutsk, un tiers des travailleurs adultes s'occupent de chasse. Parmi les animaux sauvages dont nous avons parlé précédemment, on chasse surtout l'écureuil; puis viennent le putois, l'hermine, le renard, la zibeline, la loutre, le glouton, la martre, le blaireau et le lièvre; et, parmi les grosses bêtes, l'ours, le loup, l'élan, le chevreuil, la chèvre et le musc; quant aux oiseaux ce sont le coq de bruyère, le tétras, la gélinotte, les oies et les canards sauvages. De l'avis des industriels, dans la Sibérie moyenne, l'industrie de la chasse est en décadence. Il est presque impossible d'évaluer avec précision ce que produit cette industrie; mais, d'après certaines données, on peut supposer que la somme totale gagnée par les chasseurs s'élève encore aujourd'hui à un chiffre variant, selon les années, entre 300 et 600,000 roubles, ce qui peut constituer en moyenne un gain de 6 à 15 roubles par chasseur.

Les pêcheries constituent une importante ressource pour la population aborigène de même que pour la population russe des bords du lac Baïkal et des grands fleuves de la Sibérie orientale. Les plus importantes des espèces de poissons pêchés dans les eaux du Baïkal et du système de l'Iénisséï sont l'omoul (sorte de saumon), le schariouse, le lavaret, le sterlet, l'esturgeon, le gardon, la lotte et le carassin. Le centre de pêche principal du gouvernement d'Irkoutsk, c'est le Baïkal, et principalement la partie du Baïkal comprise entre l'île d'Olkhone et le bord nord-ouest du lac connu sous le nom de Petite Mer. Là, ce sont surtout des aborigènes qui s'occupent de pêche. Sur l'Angara, les deux tiers des adultes de la population russe se livrent à la pêche. Dans le gouvernement d'Iénisséï, c'est surtout les aborigènes des districts d'Iénisséisk et, plus encore, ceux du district de Touroukhansk qui s'occupent de pêche. Toutefois, les russes aussi, notamment les habitants de tous les villages qui s'élèvent le long des rivières, s'occupent plus ou moins de pêche. Il est impossible d'évaluer exactement ce que rapportent les pêcheries de la Sibérie moyenne; mais il y a lieu de penser que la population n'en retire pas moins que de la chasse. Rien ne porte à croire que le poisson diminue dans les eaux du bassin de l'Iénisséisk, il est hors de doute toutefois que, certaines années, la pêche est beaucoup moins abondante que d'autres.

Les mines d'or ont une immense importance économique pour la population de la Sibérie centrale. Ces mines occupent 10,000 ouvriers et employés et donnent plus de 3,444 kilogrammes d'or, valant 4 millions de roubles. La plupart des mines d'or (260) s'étendent dans la zone des forêts; la plus petite partie (120) dans la zone agricole. Aujourd'hui, les mines d'or exploitées dans la Sibérie centrale forment 5 groupes principaux fort éloignés les uns des autres. Deux de ces groupes, le groupe du Nord et celui du Sud, sont dans le district d'Iénisséisk. Le groupe du nord s'étend le long des petits cours d'eau du système de la Potkamennaïa-Toungouska et des petites rivières l'Aktolik et la Bangacha du système du Pit; le groupe du nord est situé dans les bassins de la Grande Mouraina et du Pit et sur l'Oudéreï, cours d'eau appartenant au bassin de l'Angara. Ce sont ces deux groupes qui donnent la plus grande quantité d'or extraite de la Sibérie moyenne. Le troisième groupe par ordre d'importance, est le groupe du district de Minoussinsk qui a donné annuellement jusqu'à 500 kilogrammes d'or. Le quatrième groupe est celui de Birussinsk, dans le district de Nijniéoudinsk, gouvernement d'Irkoutsk, et de Kansk du gouvernement d'Iénisséisk qui donna jusqu'à 400 kilos d'or; mais, ces huit dernières années, le groupe de Birussinsk tombe d'année en année et, aujourd'hui, il ne donne plus que 160 kilos d'or. Le cinquième groupe, celui d'Atchinsk, situé sur le revers oriental du Kousnietski-alataou, dans le gouvernement d'Iénisséisk a donné annuellement 439 kilos d'or. Les mines du district de Krasnoïarsk qui donnent annuellement de 16 à 50 kilos d'or ont beaucoup moins d'importance.

Bien que l'industrie manufacturière de la Sibérie moyenne ne soit pas à un haut degré de prospérité, elle n'en est pas moins infiniment plus avancée que celle de la région et du littoral de l'Amour.

Parmi les usines travaillant les minéraux, les hauts fourneaux et les fabriques de fer ont de l'importance ; ces fabriques sont au nombre de trois, elles occupent 4,000 ouvriers et donnent des produits dont la valeur se chiffre par 600,000 roubles.

Les usines de Nikolaievsk et de Novonikolaievsk qui appartiennent aujourd'hui à la société par actions des usines métallurgiques et mécaniques de la Sibérie orientale, situées au district de Nijniéoudinsk, gouvernement d'Irkoutsk, sur l'Oka, à 180 kilomètres de la ville de Nijniéoudinsk, sont les plus importantes. Au cours d'une période de six ans, de 1886 à 1891, l'usine de Nicolaievsk a fondu annuellement en moyenne 3 millions de kilos de fonte, et produit 1,640,000 kilos de fer et 420,000 kilos d'articles de fer, plus 540,000 kilos d'articles de fonte. En 1890, ces deux usines ont fondu 7 millions de kilos de fonte de métal et ont produit 600,000 kilos de fer, et 3,250,000 kilos d'acier en barres, plus 1,200,000 kilos d'articles de fonte et de fer ; de sorte que la production annuelle de ces fabriques s'est chiffrée par 800,000 roubles. Cette usine possède un domaine forestier de 50,000 hectares et l'agglomération qui entoure l'usine compte 3,800 habitants. Des deux autres usines de fer, l'une se trouve dans le district de Minoussinsk, l'autre dans celui de Krasnoïarsk. L'usine d'Abakhane, au district de Minoussinsk, est dans les meilleures conditions au point de vue de l'abondance du minerai et du bois de combustible ; mais, son propriétaire ayant fait faillite, elle est exploitée par un syndicat d'ouvriers qui ne possède ni les ressources ni les moyens nécessaires pour bien administrer cette affaire. Dans ces conditions, en 1898, la production de cette usine ne s'est élevée qu'à 200,000 roubles (2 millions de kilos de fonte et 1,400,000 kilos de fer) ; ces produits étaient toutefois de très bonne qualité. Actuellement, l'usine d'Abakan appartient à M. Katkov-Kojerov.

Les usines de sel, qui produisent avec 360 ouvriers pour 200,000 roubles de marchandises, ne sont pas sans importance. Au gouvernement d'Irkoutsk, le sel est extrait de sources salines, et la production du sel a ses centres dans la saline d'Irkoutsk, située au village d'Oussolié sur l'Angara, dans celle d'Ilinsk, sur la rivière l'Ilim, affluent de l'Angara et dans l'usine de Oust-Koutsk, au district de Kirensk, sur la Léna. Cette dernière saline fournit de sel la province de Iakoutsk et les mines d'or du groupe d'Olekminsk. Au gouvernement d'Iénisséï la production du sel a lieu dans deux salines du district de Kansk, la saline de Touchakensk et celle de Troïtsk qui tirent le sel de sources salines et dans trois salines du district de Minoussinsk : les salines d'Abakansk, d'Altaïsk et de Manzinsk qui tirent le sel de puits creusés au fond des lacs salins.

Puis viennent : *a*) les fabriques de faïence et de porcelaine ; ces fabriques sont au nombre de trois dont une seule, celle de Pérévalov, a quelque importance; ensemble elles occupent 500 ouvriers et leurs productions se chiffrent par 300,000 roubles ; *b*) des verreries; les verreries sont déjà au nombre de six avec 200 ouvriers et 200,000 roubles de produits ; *c*) des briqueries, des poteries et des fours à chaux; ces établissements sont nombreux; d'après les données officielles, ils sont au moins au nombre de 130, occupant 150 ouvriers et produisant pour 150,000 roubles d'articles ; *d*) enfin, deux fabriques d'allumettes auxquelles travaillent 140 ouvriers et qui fabriquent pour 100,000 roubles d'allumettes.

Parmi les fabriques travaillant les produits végétaux, la première place appartient, cela va de soi, aux distilleries, aux fabriques de spiritueux et aux brasseries. Ces établissements sont au nombre de 35; ils occupent 1,000 ouvriers et produisent pour plus de 2 millions de roubles de boissons, les droits d'accise non compris. En 1889, il a été ouvert, au district de Minoussinsk, une fabrique de sucre de betteraves qui appartient à M. Goussiev.

Puis viennent : *a*) les minoteries, produisant pour un million de roubles de marchandises et occupant 260 ouvriers. 7 scieries, 100 ouvriers et 240,000 roubles de produits ; *b*) 54 huileries; 80 ouvriers et 55,000 roubles de produits; *c*) 18 corderies (35 ouvriers, 20,000 roub. de produits) ; *d*) une fabrique de papiers (40 ouvriers et 30,000 roub. de produits.

Enfin, parmi les fabriques transformant les produits animaux, le premier rang appartient : *a*) aux fabriques de cuir (50 fabriques occupant 350 ouvriers et produisant pour 640,000 roubles de cuir); *b*) aux suiferies et savonneries (15 fabriques occupant 100 ouvriers et produisant pour 160,000 roubles de suif ou de savon); *c*) et à une fabrique de draps (100 ouvriers et 55,000 roubles de drap).

Ainsi, l'industrie manufacturière fabrique annuellement pour plus de 6 millions de roubles de produits et occupe plus de 8,000 ouvriers; tandis que l'agriculture n'occupe pas moins de 120,000 travailleurs adultes du sexe masculin, et la chasse et la pêche, 60,000 travailleurs.

Dans les grandes villes de la Sibérie centrale, à Irkoutsk, à Krasnoïarsk et à Minoussinsk, les métiers sont assez prospères. Les petites industries de la population rurale dites « industries buissonnières » ne sont pas encore très nombreuses; ce sont surtout de petites industries se rattachant à l'agriculture : tissage de toile grossière, de lin et chanvre, et fabrication de cordes et de filets ; ou se rattachant à l'élevage du bétail : préparation de bisquains, fabrication de draps grossiers, de feutres et de bottes en feutre; ou des industries se rattachant aux forêts : fabrication de vaisselle en bois, de traîneaux, d'arcs d'attelage, dits « douga », de roues; enfin, des industries se rattachant à la chasse : préparation des peaux d'animaux et des articles en peau.

Dans la zone polaire des toundras, la vie est toute différente et la situation économique des populations est tout à fait exceptionnelle. Là, l'agriculture n'existe pas. La plus grande partie de la population russe est sédentaire et habite les bords d'Iénisséï où elle se livre à la chasse et à la pêche. Les tribus aborigènes, plus nombreuses, ont le même genre d'occupation ; mais les Ostiaks-Samoyèdes se livrent, en outre, à l'élevage du renne. Dans la zone polaire des toundras, on compte 30,000 rennes domestiques seulement ; ce qui s'explique par le nombre des éleveurs, qui est moindre que dans la Sibérie occidentale ; car dans la Sibérie centrale, il n'y a guère plus de 6,000 éleveurs de rennes ; aussi la proportion des rennes, par rapport aux habitants, n'est pas moindre qu'en Sibérie occidentale (6,000 rennes par 100 habitants).

Le chien de trait est un animal fort utile aux habitants de la zone polaire des toundras. Ce chien est de taille moyenne ; il a le museau allongé, les oreilles droites et le poil laineux de couleurs diverses, blanc, noir, tacheté, gris et fauve ; ce chien a ça de particulier, qu'il n'aboie pas ; il est très dur à la fatigue ; il est robuste et intelligent ; il se contente d'une fort petite quantité de nourriture et n'est pas difficile à nourrir, il se nourrit principalement de poissons. On attèle habituellement de 3 à 11 chiens à 1 petit traîneau ; le conducteur ne se sert ni de harnais ni de brides ; il place en tête de son attelage un chien conducteur, et pour diriger l'attelage se sert d'une gaule armée d'un bout en fer qui sert en même temps de frein. On charge l'attelage de 45 kilogrammes par chien attelé ; cet attelage marche à la vitesse de 10 à 15 kilomètres par heure. Le chien conducteur a plus de prix que les autres. On paie cet animal de 60 à 70 roubles.

Les deux vastes régions de la Sibérie que nous venons d'étudier, la Sibérie occidentale ou ob-iyrtichienne et la Sibérie centrale ou Sibérie iénisséïo-angarienne constituent la Sibérie russe proprement dite. Les trois autres régions de la Sibérie : la région de la Léna ou d'Iakoutsk, la région de l'Amour et du littoral, et la région des steppes des Kirghizes constituent des sortes de marches sibériennes encore peu pénétrées par la colonisation russe.

La région d'Iakoutsk a un caractère complètement original et différant surtout de la partie méridionale de la Sibérie moyenne et forme une division administrative à part. La province d'Iakoutsk s'étend sur la plus grande partie de la vallée de Léna et dans les bassins des fleuves de moindre importances se jettant dans l'Océan du Nord, tels que l'Olének, l'Iana, l'Indiiguirka, l'Alazea, et la Kolyma ; cet immense territoire n'a pas moins de 3,900,000 kilomètres carrés. Sur un parcours de 3,700 kilomètres environ, cette province a pour frontière sud-est et est la chaîne des monts Stanovoï ou Iablonoï qui, sur tout ce parcours, sert de ligne de partage des eaux entre les cours d'eau sortant de son versant nord-ouest et se rendant à l'Océan du Nord et ceux qui prennent leur source sur son versant sud-ouest et se jettant dans 'la mer d'Okhotsk. Les monts Stanovoï ne sont pas hauts; leur altitude varie entre 760 et 1,300 mètres d'altitude absolue; tandis que quelques pics de ces montagnes atteignent des altitudes variant entre 1,800 et 2,100 mètres. A ces altitudes et, le climat étant de caractère continental, ces pics ne sont pas couverts des neiges éternelles qu'on ne voit que dans les monts Soukari, s'étendant au delà de la Kolyma, sous un climat plus humide, le long des bords de l'océan Glacial. Aux monts Stanovoï et leurs rameaux, prennent leurs sources non seulement les nombreux affluents de droite de la Léna, de l'Olékma et de l'Aldan, mais aussi des rameaux des fleuves océaniques la Iana, l'Indiguirka et la Kolyma. Quant à la Léna, elle prend sa source dans la Sibérie moyenne, au groupe des monts baïkaliens. En général, la province d'Iakoutsk n'est pas une plaine unie; la surface de cette province est même plus ondulée que celui de la zone des forêts et des toundras de la Sibérie moyenne. Et cela sans parler de toute la partie méridionale de la province d'Iakoutsk qui, au sud du parallèle où se réunissent la Léna et l'Aldane, est assez montagneuse, et, au-dessus de ce parallèle, ne manque pas de chaîne de montagnes.

En ce qui concerne la structure géologique des montagnes de la province d'Iakoutsk, dans les monts Stanovoï dominent les roches cristallines, les granits, les syénites, les diorites, les diabases, les gneiss, les schistes cristallins, plus rarement, les porphyres; dans les monts Aldansk, ce sont les mêmes roches cristallines, plus des roches volcaniques, les basaltes et les dolérites. Sur les revers et les rameaux des Stanovoï et dans d'autres chaînes de la province d'Iakoutsk, dans la chaîne de Viluïsk, par exemple, ce qui domine ce sont des couches soulevées de roches sédimentaires appartenant en partie à des formations paléozoïques (siluriennes supérieures, devoniennes, houillières), mais plutôt aux formations secondaires, particulièrement aux triasiques et en partie aux tertiaires.

La province d'Iakoutsk ne manque pas de richesses minérales. Le long de la Viluïa, sur les rivières la Tyra, et la Konda, du district de Vierkhoïansk; et le long de l'Iondabala, du système de l'Iana, il a été trouvé du minerai de plomb argentifère; quant au fer et à la houille, il y en a beaucoup dans la province d'Iakoustk. Les plus connus des gisements de minerais de fer sont :

Les gisements de Tanguinsk, à 32 kilomètres de Iakoutsk, sur lequel, jusqu'au milieu du xviiie siècle, fonctionnait l'usine de Tanguinsk, et les gisements de Botomsk, sur la Botoma, affluent de droite de la Léna. Il y a de très beaux gisements de limonite et d'hématine dans le canton oriental de Kangalassk et dans les cantons de Menguinsk et de Baiagataïsk. Le gisement d'Anguiansk est situé sur l'Anga, fleuve qui tombe dans le lac Baïkal et, là aussi, jadis, il y avait une usine de fer, l'usine de Vilouïsk sur la Viluïa. Aujourd'hui, tous ces gisements ne sont exploités que par les Iakoutes qui produisent du fer en petite quantité dans des fourneaux domestiques. Il existe des couches de houille s'étendant le long du cours moyen de la Léna, à partir de la Botoma jusqu'au village de Bouloune, et le long de la vallée de la Viluïa et de l'Aldane, mais ces couches de houille ne sont pas encore exploitées. Au district de Verchoiansk, il existe des lits de graphite. Auprès des bouches de la Léna (lac Ladannach), il y a de l'ambre. La province d'Iakoutsk ne manque pas non plus de pierres de couleur. Les plus intéressantes de ces pierres au point de vue scientifique sont de rares minéraux du pays : des achtarandites et du grossulaires-wiluites (grenats de vert clair). Il existe de riches lits de sel de gemme, dans trois sites du cercle de Viluisk, le long des rivières Kampendéïta et de Gatch où on obtient du sel en faisant geler les eaux salines recueillies à des sources. Actuellement ces lieux sont amodiés à des aborigènes qui tirent de cette région 600,000 kilogrammes de sel. Avec ces richesses minérales, le combustible étant abondant, la zône des forêts de la province d'Iakoutsk posséderait tout ce qui est nécessaire pour une industrie prospère, s'il ne lui manquait des bras; mais la population est peu dense ; en outre, la difficulté des communications et la rigueur du climat opposent un obstacle de plus. C'est pour cette raison que, les sables aurifères de cette province, ceux du cercle d'Olekminsk, ont, seuls, une grande importance économique.

La province d'Iakoutsk est abondamment arrosée par de riches cours d'eau qui, l'été, constituent le moyen de communication commode de la contrée. Parmi ces cours d'eaux, la Léna, fleuve colossal a 4,600 kilomètres de long, et avec ses affluents, la Vitime, l'Olekma, l'Aldane (avec la Maia) et la Viluïa constituent un des plus riches réseaux fluviaux du monde entier. Le bassin de la Léna s'étend sur une espace de 2,280,000 kilomètres carrés. Malheureusement, les défauts du système de la Léna dépassent même ceux du bassin de l'Iénisséï et de l'Ob. Comme ces deux fleuves, la Léna coule au nord et se jette dans l'Océan glacial qui est inaccessible à la navigation régulière; comme l'Ob et l'Iénisséï, la Léna est formée de deux bras immenses, la Léna proprement dite et l'Aldane. Ces deux bras se réunissent plus au nord encore que les bras de l'Ob dans une contrée absolument impropre à l'agriculture sédentaire. En outre, les bouches de la Léna ne forment ni un large liman ouvert, comme celles de l'Iénisséï, sur un vaste golfe comme l'Ob ; elles constituent un immense delta s'avançant dans l'Océan glacial ; avec son labyrinthe d'îles séparées par de nombreux canaux, le delta de de la Léna est encore moins accessible du côté de la mer que les bouches de l'Iénisséï.

Au point de vue du climat, la province d'Iakoutsk possède le climat le plus continental des zones arctiques et subarctiques de l'ancien monde. Sous le rapport climatural, la marche d'Iakoutsk peut être divisée en deux zones ; l'une de ces zones répond à la région de la Taïga, des forêts de haute futaie, des industries forestières et d'agriculture sporadique de la Sibérie occidentale et de la Sibérie centrale ; l'autre région, c'est la région de la zone polaire des toundras, celle de l'élevage du renne et des voyages dans des traîneaux, traînés par des chiens. On peut comprendre dans la première région les districts d'Iakoutsk, d'Olekminsk et la plus grande partie méridionale de celui du Viluisk ; à la seconde région appartiendraient, dès lors, les districts de Verkhoïansk, de Kolymsk et les bassins de l'Olénck et de la Léna au-dessous de Gigansk, au district de Viluisk et d'Iakoutsk. La première, la zone sud-ouest embrasse 2,100,000 kilomètres carrés. Si on en juge par les quatre points d'observations disposés dans la première partie de la province d'Iakoutsk, la moyenne de la température de l'année, dans cette contrée, est d'environ —8° C. ; la moyenne de la température de l'hiver, — 33° ; celle du mois le plus froid, — 36° ; celle de l'été, +15° ; la température du mois le plus chaud, + 17°. La différence de température entre l'hiver et l'été est de 40° ; entre le mois le plus chaud et le mois le plus froid, 53°. Par conséquent, par tous ces éléments, le climat est incomparablement plus continental que dans la zone voisine des forêts de la Sibérie centrale. Dans ces conditions climaturales, le sol qui n'est pénétré par les rayons du soleil estival qu'à un demi-mètre de profondeur est toujours gelé. Mais, malgré tout, la moyenne de la température des cinq mois de la période de végétation est encore de + 11° ; même à Olekminsk et à Iakoutsk, elle est de + 12°. Quant à la température élevée de l'été, si l'insolation est forte (dans la courte période estivale), elle permet encore l'agriculture sporadique dans cette partie de la province d'Iakoutsk.

Dans la partie nord-est des toundras polaires de la province d'Iakoutsk, se trouve un des pôles de froid de l'hémisphère nord. Ainsi, à Verkhoïansk (sous 67° 34′ de latitude nord), la moyenne de la température de l'année tombe à — 17° C. ; la moyenne de la température de l'hiver, à — 47° C. ; celle du mois le plus froid, à — 49°

C. ; tandis que la moyenne de la température de l'été dépasse $+ 13°$ et celle du mois le plus chaud $+ 15°$. La différence entre l'hiver et l'été est donc de 60°, et, entre le mois le plus chaud et le mois le plus froid, de 64°. Ceci constitue le type de climat le plus continental de l'Ancien Monde. 3 degrés 1/2 plus au nord, à Oustiansk (sous 70° 53° de lat. n.), le climat est déjà plus modéré. La moyenne de la température de l'année est supérieure ; elle est — de 16° C. ; la température de l'hiver, — 37° C. ; celle du mois le plus froid, — 40° ; celle de l'été, $+ 9°$; la température du mois le plus chaud, $+ 13°$. La différence entre la température de l'hiver et celle de l'été n'est donc que de 47° et, entre le mois le plus chaud et le mois le plus froid, de 54°. .

En revanche, la moyenne de la température des cinq mois de la période de végétation qui, à Verkhoïansk, dépasse à peine $+ 8°$, à Oustiansk, est à peine supérieure à $+ 3°$, ou, ce qui revient au même, la température de $+ 8°$ dure, à Verkhoïansk, environ cinq mois et, à Oustiansk, trois mois seulement. Aux bouches de la Léna, à Sagastyr où, deux mois durant, séjourna la station météorologique de la Société Impériale Russe de Géographie, les conditions climaturales étaient encore moins favorables. Par sa température moyenne (— 17°), par sa température hivernale (— 36°) et celle du mois le plus froid (— 42°), Sagastyr se rapproche davantage d'Oustiansk ; mais la température moyenne de l'été ($+ 3°$) et celle du mois le plus chaud ($+ 5°$) met, dans cette contrée, la vie organique dans les conditions les plus défavorables, et cela d'autant plus que, à la profondeur de 0 m. 8, jamais la terre ne dégèle ; et, dans les mois d'hiver, à la même profondeur, le sol est à une température inférieure à — 20° C. On comprend que, étant données ces conditions, dans la zone polaire des toundras de la province d'Iakoutsk, aucune culture n'est possible. A Iakoutsk, dans la zone des forêts, la Léna est libre de glaces 160 jours par an, tandis qu'à Oustiansk, la Léna ne dégèle que 100 jours par an.

Au point de vue de la colonne des dépôts météoriques, le climat de la zone des forêts de la province d'Iakoutsk est moins favorable que celui de la Sibérie centrale. Dans le courant de l'année, la colonne de ces dépôts, à Iakoutsk, n'est que de 310 millimètres (au lieu de 400 dans la Sibérie moyenne) ; et l'hiver y est peu neigeux (38 millimètres au lieu de 56) ; en revanche, l'été, il y tombe presque autant de dépôts que dans la Sibérie centrale. Dans la zone polaire des toundras, la colonne des dépôts est très faible ; elle ne s'élève, pour l'année entière, qu'à 86 millimètres, dont 45 tombent pendant les mois d'été. Ces chiffres révèlent l'extrême continentalité du climat de la province d'Iakoutsk, surtout dans sa partie nord-est.

La végétation de la partie sud-ouest de la province d'Iakoutsk se distingue peu de celle de la Sibérie centrale. Là, les essences forestières sont les mêmes ; ce n'est qu'au delà des limites de la province d'Iakoutsk, sur le versant sud-ouest des monts Stanovoï, que l'on rencontre des espèces et des variétés d'arbres inconnus en Sibérie à partir de l'Oural. Généralement, la zône forestière de la province d'Iakoutsk est entièrement couverte de forêts épaisses, souvent impraticables, où dominent les mélèzes et de vastes marais au-dessus desquels s'élèvent, comme des îles, des sommets montagneux absolument dénudés, réunis en chaînes ou isolés ; ces hauteurs, étant entièrement dépourvues de bois, ont reçu le nom caractéristique de dénudés (goltzy). Dans les fourrés des forêts, la flore herbacée est très pauvre ; en revanche, dans les clairières et sur les parties dévastées par l'incendie, dans les marais, sur le bord des cours d'eau et sur le revers des hauteurs dénudées, cette flore est un peu plus riche ; elle est caractérisée par les espèces de plantes qui, descendant plus à l'est de l'Iénisséï des revers des monts Saïanes, se répandent sur toutes les chaînes montagneuses traversant la province d'Iakoutsk.

La zone polaire des toundras diffère beaucoup de celle de la taïga. La zone polaire des toundras est d'abord couverte de pousses ligneuses, basses et rampantes, alternant avec des marais découverts ; puis, au delà de 65° de latitude Nord, cette zone est entièrement formée de toundras indiscontinues. En été, la toundra n'est pas couverte de neige ; mais, à un tiers de mètre de sa surface, on trouve un sol glacé dont les couches de terre alternent avec des couches de glace pure. Dans ces couches, outre des coquilles marines subfossiles, de molusques encore vivants aujourd'hui dans l'océan Glacial, on ne rencontre pas seulement des ossements d'animaux disparus ayant habité le nord sibérien, tels que le mammouth, le rhinocéros et le bos, mais même des cadavres entiers de ces animaux. A la surface de la toundra, la végétation n'est représentée que par des mousses ; sur certains points, on aperçoit des buissons très bas et des herbes plus rares formant avec la mousse, un épais gazon ; plus souvent cette herbe pousse en touffes ou en plaques sur un sol dénudé de couleur brun sale. Cette flore de la toundra ressemble beaucoup, non seulement à la flore de la partie correspondante de la Sibérie proprement dite, mais aussi à celle du nord de l'Europe et même de l'Amérique polaire.

La faune de l'une et de l'autre zone de la province de Iakoutsk ressemble également beaucoup à la faune des zones correspondantes de la Sibérie moyenne ; mais cette faune contient un plus grand nombre d'espèces et présente même une plus grande valeur ; elle contient, en effet, des animaux à poils dont la peau est du plus grand prix, cela, vraisemblablement, parce que le relief de la province

d'Iakoutsk est plus varié et que dans les sommets et les hauteurs
dénudées, s'élevant au-dessus des bois, il existe un plus grand nombre d'espaces libres et découverts propices aux animaux sauvages
de la contrée. Parmi les habitants disparus de cette région figurent
le mammouth, espèce d'éléphant (elephas primigenius) qui habitait
déjà dans toute la zone paléarctique en même temps que l'homme ;
et qui, contrairement à la race actuelle d'éléphants, était couvert
d'une laine rousse épaisse et parfois longue. Deux espèces de rhinocéros (rhinoceros antiquitatis Blum. et Rh. Maerckii Jäg) qui étaient
très répandus dans cette région à la même époque, ne présentent
pas moins d'intérêt. On rencontre les cadavres de ces animaux dans
les mêmes conditions que ceux des mammouths. On a trouvé une
très belle tête d'un de ces rhinocéros dans la partie méridionale de
la province d'Iakoutsk et, aujourd'hui, ce spécimen est conservé au
musée de l'Académie des sciences, à laquelle elle a été offerte par
la section sibérienne de la Société Russe de Géographie.

En ce qui concerne la population de la province d'Iakoutsk, dont
les Russes se sont emparés dès le xviie siècle, le nombre et la composition de cette population montrent assez combien cette province
est peu propre à la colonisation sédentaire. Cette province a un peu
plus de 260,000 habitants de l'un et de l'autre sexe, dont 20,000 Russes
(y compris 6,000 déportés). La proportion des Russes est moindre
des 9 0/0, celle des aborigènes forme plus des 90 0/0 de l'ensemble
des habitants. La plus grande partie de ces aborigènes sont des
Iakoutes qui sont au nombre de 220,000. Ces Iakoutes sont d'origine
turque ; ils parlent un idiome turc mêlé de mots mongols et ont
remarquablement conservé leurs traits ethnographiques : aspect
extérieur, type, langue, mœurs et coutumes et même vêtements. Ils
ont été chassé vers l'extrême Nord par les Mongols lorsque ce dernier
peuple était maître de l'Asie centrale. Ayant conservé leurs mœurs
nomades, les Iakoutes, toutefois, se sont adaptés aux conditions
rigoureuses de la zone septentrionale des forêts ; et, après avoir quitté
les steppes herbeuses de l'Asie centrale pour les forêts alternant
avec des toundras, ce peuple est devenu chasseur autant qu'éleveur.
L'élevage, toutefois, est la principale ressource des Iakoutes ; puis
vient la chasse, la pêche, et, pour une très petite part, l'agriculture.
Les Russes, faibles par leur petit nombre, n'ont eu sur les indigènes
du pays d'autre influence que d'en convertir un grand nombre au
christianisme ; mais cette conversion est plutôt extérieure que réelle ;
car les Iakoutes pratiquent encore beaucoup le chamanisme et leurs
anciennes superstitions. La race iakoute n'est pas une race qu
s'éteint. Le nombre des Iakoutes croît d'une manière normale
comme celui des Russes ; ceci est incontestable et la croissance du
peuple iakoute est même supérieure à celle des habitants de

certains gouvernements septentrionaux de la Russie d'Europe. Les Toungouzes, dont le nombre dans la province d'Iakoutsk dépasse 10,000 âmes de l'un et de l'autre sexe, ont un genre de vie plus vagabond que le Iakoute. Les autres hétérogènes de la province, au nombre de plus de 4,000, appartiennent aux races polaires ; ce sont des Lamouts, des Ioukaghirs, des Tchouktches et des Koriaks. Ces peuples occupent surtout le nord-est de la partie polaire des toundras de la province.

Entre les deux zones de la province d'Iakoutsk, la population ne se répartit pas d'une manière égale ; tandis que, dans la région des forêts de hautes futaies, des industries forestières et de l'agriculture sporadique, il y a 250,000 habitants des deux sexes, soit 12 habitants par kilomètre carré, la région des toundras polaires n'abrite pas plus de 12,000 habitants, soit 7 habitants environ par 1,000 kilomètres carrés ; et ces habitants sont presque tous des hétérogènes ; car les Russes sont installés principalement dans la zone des forêts et dans les villes. Au surplus, la population des villes ne dépasse pas 9,000 habitants de l'un et de l'autre sexe, soit un peu plus de 3 0/0 seulement de l'ensemble de la population. Ajoutons que toutes les villes de cette province, sauf Iakoutsk, qui compte 6,000 habitants, ne sont que de petites agglomérations russes servant de point d'appui à la domination russe dans le pays. Dans celles de ces agglomérations qui se trouvent faire partie de la zone de la taïga, les Russes se livrent encore à l'agriculture et, en partie, à l'élevage du bétail ; mais, dans la zone polaire des toundras, par leurs genres d'occupation et d'industrie, les Russes ne se distinguent pas des indigènes. Il est à remarquer que, tandis que dans la Sibérie proprement dite, la population russe rencontrant des conditions quelque peu semblables à celles de son pays d'origine, non seulement s'est multipliée de façon à dominer de beaucoup par le nombre la population indigène, elle s'est en outre assimilée cette population ; dans la région de l'Amour et du littoral, et dans celle des steppes kirghizes, la population russe a conservé dans toute leur pureté son originalité et ses qualités nationales, tandis que dans la région d'Iakoutsk, sous la rude influence de l'inhospitalière nature, les colons russes ont perdu en partie leur nationalité. Au milieu des pires conditions d'existence pour la vie civile, sur certains points les Russes se sont laissé assimiler par les peuples indigènes et, ayant adopté leur genre de vie, ils sont descendus à leur niveau ainsi qu'on peut l'observer dans la population des villes Verkhoïansk, Oustiansk, Sachiversk, les trois Kolymsk (le Haut, le Moyen et le Bas), et les mariages mixtes ont beaucoup contribué à cette assimilation.

Nous avons déjà dit que le climat de la zone des forêts de la province d'Iakoutsk permet, sur certains points, l'agriculture. Il n'existe de terres cultivées que dans le district d'Olekminsk où des paysans russes et des Iakoutes sédentaires se livrent à l'agriculture ; aux districts d'Iakoutsk et de Viluisk, on ne cultive la terre que dans les villes et dans quelques villages russes. Il n'y a pas plus de 20,000 hectares de terre cultivée, dont 15,000 ensemencée d'orge et appartenant surtout à des Iakoutes ; puis, on sème du froment de printemps et de l'avoine ; quant au seigle de printemps, il en est très peu ensemencé. L'aire des terres cultivées augmente petit à petit ; ces dix dernières années, cette augmentation a été de 5 0/0. Au cours de la même période, le rendement des récoltes n'a pas dépassé annuellement en moyenne 260,000 hectolitres et, déduction faite des semences, 210,000 hectolitres. Depuis dix ans, dans la province d'Iakoutsk, l'agriculture s'étend et s'améliore, grâce à l'amour du travail et à l'habileté des sectaires (les castrats) qui se sont établis dans cette région. A l'heure actuelle, grâce à l'activité de ces sectaires, les récoltes de céréales sont suffisantes pour fournir aux besoins de la population de la province, sauf la consommation du personnel occupé aux mines d'or, et, étant tenu compte au surplus de cette circonstance que les aborigènes se nourrissent des produits de l'élevage du bétail, de la pêche et de la chasse. Dans la zone polaire des toundras, l'agriculture fait entièrement défaut. On cultive également assez peu de légumes dans la zone des forêts. Il est à remarquer que les progrès de l'agriculture, dans la province d'Iakoutsk, sont dus surtout à la présence des sectaires et à leur influence sur les nomades qu'ils décident, tous les jours davantage, à se livrer en plus grand nombre aux travaux des champs. Aujourd'hui, 5,000 travailleurs adultes du sexe masculin se livrent à l'agriculture dans la province d'Iakoutsk.

Le foin et les herbes, partout où les bois et les forets ne couvrent pas entièrement le sol, sont en abondance ; aussi l'élevage du bétai est-il très prospère. Pour les Iakoutes, qui constituent la grande majorité de la population, l'élevage est évidemment la principale source de leur bien-être. La province possède 11,000 chevaux ; soit, dans la zone des forêts, 40 chevaux par 100 habitants. Cette proportion est sensiblement inférieure à celle des autres parties de la Sibérie ; mais elle est incomparablement supérieure à celle de la Russie d'Europe. La principale richesse des habitants, ce sont les bêtes à cornes, dont on compte, dans toute la province, 265,000 têtes, soit 100 animaux par 100 habitants ; c'est une proportion supérieure à celle de la Sibérie proprement dite. Ceci prouve que les Iakoutes sont un peuple nomade et pasteur d'origine turque, poussé par le hasard dans la zone des forêts de la Sibérie polaire.

Cette circonstance que, dans les régions les plus septentrionales, où les bêtes à cornes atteignent la limite des régions où elles peuvent vivre, les Iakoutes se livrent à l'élevage du renne, est une preuve de plus de ce que nous venons de dire. Au surplus, l'élevage du renne occupe surtout les indigènes vagabonds, le Toungouzes, les Tchouktches, les Lamouts et les Ioukaghirs. Le renne donne aux Tchouktches surtout, presque toute leur nourriture, leurs vêtements et les objets de leur commerce. Jadis, certains Tchouktches possédaient plusieurs milliers de rennes. La polygamie elle-même des riches Tchouktches est due aux conditions dans lesquelles a lieu l'élevage du renne. Dans la zone polaire des toundras, on compte de 17 à 20,000 rennes, principalement des rennes d'attelage, soit plus de 60 rennes par 100 habitants. Il semble que, ces derniers temps, le nombre des rennes est beaucoup diminué: Les habitants de la province ne possèdent aucun menu bétail, brebis ou porcs. Il existe, dans la zone polaire des toundras, 4,000 chiens d'attelage, animal inappréciable dans cette région.

La pêche est une ressource très importante des habitants de la province d'Iakoutsk. Les immenses cours d'eau de cette province et les lacs abondent en poissons.

Dans la zone des forêts où la pêche n'est pas encore une industrie commune à tous les habitants 10,000 personnes vivent de la pêche. Dans la zone polaire des toundras, où il n'y a pas d'agriculture et où l'élevage du bétail sauf celui du renne se heurte à d'insurmontables difficultés, la pêche est la principale ressource des habitants; cette industrie occupe toute la population adulte. Le poisson est la nourriture principale des habitants et aussi celle de leurs précieux animaux domestiques, les chiens d'attelage. Malheureusement, dans cette zone, les rendements de la pêche subissent d'incroyables variations; aussi certaines années, la population souffre-t-elle de la disette et beaucoup de chiens meurent de faim. On pourra se faire une idée des variations des rendements de la pêche par le fait ci-après. En 1898, alors que dans les trois districts de la zone des forêts les rendements de la pêche étaient normaux et ne dépassaient pas 500,000 kilogs, au district de Kolymsk, ils furent de 12 fois supérieurs à ceux de 1897 et donnèrent 9 millions de kilogrammes de poisson.

Les paysans des districts d'Iakoutsk et d'Olekminsk se livrent aux industries du bois, c'est-à-dire à l'abatage des arbres qu'ils amènent par les cours d'eau flottables à Iakoutsk en 1898, ces travailleurs ont amené à Iakoutsk 446,000 mètres cubes de bois de chauffage principalement de bois de mélèze, et 3,700 poutres de bois de mélèze et de pin, le tout valant 15,000 roubles.

En revanche, la chasse est d'une grande ressource pour la population de la zone des forêts, comme pour celle de la zone polaire des toundras. Dans la province, on tue surtout l'écureuil (de 200 à 600,000 tous les ans; en 1898, il a été apporté à la foire d'Iakoutsk 900,000 de ces animaux); puis le lièvre (de 50 à 70,000); l'hermine (de 10 à 40,000; en 1898 il en a été apporté 45,000 à la foire d'Iakoutsk) le renard bleu (de 5 à 15,000; en 1898, il en a été apporté 3,800 à la foire d'Iakoutsk); le renne, l'élan, le chevreau (de 6,800 à 800,000); le renard (de 2,800 à 4,000); le hamster (plus de 1,000); le putois (jusqu'à 1,000). Enfin on tue encore l'ours (de 2,500 à 4,000) et le castor, aujourd'hui très rare. Les célèbres zybelines d'Iakoutsk sont aujourd'hui presque entièrement détruites; mais on en apporte encore à la foire d'Iakoutsk, du district de Kirensk, gouvernement d'Irkoutsk, où du pays d'Oudskoï, province du littoral (Prismorskaia); en 1898, le nombre de ces animaux a dépassé 5,000, d'une valeur totale de 220,000 roubles. Quant à la valeur des peaux apportées en 1898 à la foire d'Iakoutsk, elle dépassait 534,000 roubles. Les incendies des forêts et les abus des chasseurs sont les principales causes de la diminution des animaux de chasse. Ainsi, on saisit dans les terriers et on détruit les petits encore aveugles des renards bleus ce qui entrave beaucoup la multiplication de ces beaux animaux. De 12 à 15,000 personnes se livrent à l'industrie de la chasse dans la province d'Iakoutsk.

La recherche de l'ivoire de mammouths est un travail rémunérateur principalement dans la zone polaire des toundras; il en est de même de la dent de morse. C'est en été que les gens du pays vont à la recherche de l'ivoire de mammouths sur les bords des rivières au moment où, après les inondations, les squelettes sont mis à nus par suite des éboulements des bords abruptes formés de terre gelée; mais c'est en hiver que l'on transporte cet ivoire, lorsque les lieux où on l'a trouvé sont accessibles aux traîneaux spéciaux qui servent à ce transport. En 1898, il a été apporté à la foire d'Iakoutsk jusqu'à 32,000 kilos d'ivoire d'une valeur totale de 52,000 roubles.

L'industrie de l'or est très étendue dans la province d'Iakoutsk où plus de 100 mines forment deux groupes : le groupe d'Olekminsk et celui de Vitimsk, séparés l'un de l'autre par de faibles hauteurs constituant une ligne de partage des eaux ayant 16 kilomètres de large. L'un et l'autre de ces groupes occupent en tout 25,000 travailleurs qui extraient aujourd'hui de 1,000 à 1,150 kilos d'or tous les ans de 2 milliards de kilos de sables aurifères. L'industrie des mines d'or donne ainsi aux personnes qui exploitent les sables aurifères de la province d'Iakoutsk un revenu brut de 14 millions de roubles, dont 4 millions sont absorbés pour l'achat des vivres et des objets nécessaires pour l'exploitation et de 4 1/2 à 5 millions pour rétribuer les ouvriers. Ces chiffres témoignent de l'importance de l'industrie de l'or dans la province d'Iakoutsk.

En ce qui concerne l'industrie manufacturière, dans la province

d'Iakoutsk, cette industrie est absolument insignifiante. Sur les
100 établissements industriels en activité, il y a trois fabriques de
cuir, et 16 briqueteries; le reste sont des moulins à farine dont 3 sont
à vapeur; tout cela ne donne pas plus de 26,000 roubles de produits.
Toutes les autres industries, dont les bénéfices sont très insignifiants,
sont de petites industries. Les Iakoutes et en général les aborigènes,
à part les objets nécessaires à leur usage personnel, produisent très
peu d'articles destinés à être vendus sur les marchés du pays. Toutefois, parmi les Iakoutes, il y a des peaussiers, des chandeliers, des
briquetiers, des peigniers et des sculpteurs d'ivoire de mammouths;
mais tous ces ouvriers travaillent dans leurs habitations, aidés de
leur famille. Dans les villes, parmi les ouvriers russes, il y a des
charpentiers, des menuisiers, des forgerons, des serruriers, des
relieurs et même des orfèvres et des photographes. A Iakoutsk, il y
a une imprimerie. Les chemins de fer faisant défaut et les hivers
étant longs et rendant la navigation impossible, l'industrie des transports est fort développée. Il est transporté annuellement plus de
100 millions de kilos de marchandises aux seules mines d'or de
Olekminsk et de Vitimsk, ce qui procure aux transporteurs jusqu'à
360,000 roubles de gain. Les Iakoutes transportent à Verkhoïansk des
munitions, des farines, des gruaux, du sel, de la poudre et du plomb
et gagnent à ces transports 12,000 roubles. Des transports de même
nature ont lieu dans les districts de Kolymsk et de Viluisk.

Tout ce que nous venons de dire de la région de Iakoutsk, cette
province manquant complètement de zone agricole, qui dans la Sibérie proprement dite constitue le centre de gravité de sa population,
indique que toute cette région a peu d'importance pour la colonisation sédentaire russe et qu'elle est tout entière destinée par la
nature même à être habitée par les peuples errants qui, depuis les
temps les plus reculés, sont les aborigènes des contrées polaires, ou
par les nomades, qui, venus des steppes de l'Asie centrale, ont su se
faire au pays et s'acclimater dans la zone forestière de ce ciel rigoureux. Pour les Russes, cette province ne peut avoir de valeur qu'à
un seul point de vue; elle peut servir, comme l'Amérique Britannique
septentrionale (sauf le Canada et l'Orégon) pour les Anglais, à l'organisation de l'exploitation des richesses naturelles qu'elle renferme incontestablement, mais qui sont réparties pour ainsi dire en
couches des plus minces et parfois discontinues, sur l'immense surface de la contrée relativement la plus froide des terres habitées de
l'ancien monde. Les placers d'or, l'ivoire de mammouths, les pelleteries, les produits de la pêche sont du nombre des richesses naturelles qui sont déjà exploitées par les Russes à l'heure qu'il est.
L'exploitation des richesses minérales peut encore être développée;
l'extraction de métaux, du sel, les industries forestières et les pêche-

ries de l'Océan du Nord sont des éléments de richesse dont l'exploitation pourrait avoir pour point de départ les agglomérations de Russes établis sur la Léna, l'Iana et la Kolyma.

Au nord du littoral de la province d'Iakoutsk et de la Sibérie proprement dite, s'étend l'espace immense de l'Océan du Nord qu'on ne doit pas envisager comme une plaine unie; car, non seulement cet océan est coupé par des îles plus ou moins élevées et de dimensions parfois assez grandes, mais aussi, parce que, presque toute l'année, la surface de cet Océan est couverte de glaces. Si cet Océan n'était couvert de glaces qui opposent un obstacle infranchissable à la navigation sur ses eaux inhospitalières, si la plaine de Sibérie en approchant des bords de cet Océan ne devenait insensiblement une toundra stérile sur laquelle non seulement la végétation forestière atteint sa limite, mais où disparaît, en quelque sorte toute vie organique, si les embouchures de rivières sibériennes n'étaient glacées pendant la plus grande partie de l'année, la situation géographique de la Sibérie entière, au point de vue de ses communications océaniques et de son commerce universel, serait une des plus brillantes situations du monde entier.

Sur tout le littoral asiatique de l'Océan glacial, depuis le détroit de Iougorski-char jusqu'au cap Dejniev, à partir duquel on entre dans la mer de Behring, il n'existe nulle part de glaciers descendant dans la mer; de sorte que ce qu'on appelle les montagnes de glace, sur le littoral de la Sibérie, sont fort rares; mais, l'hiver, les immenses espaces de la mer sont couverts de glace; et il n'existe guère, dans l'Océan du Nord, en face les bords sibériens, d'éclaircies tant soit peu considérables qui soient toujours libres de glaces. Il est rare que, au cours de l'hiver, la glace atteigne une épaisseur dépassant trois mètres; mais les glaçons se heurtant les uns contre les autres, il se forme des entassements de leurs débris qui atteignent parfois deux mètres de haut et qu'on appelle des « torosses ». Lorsque les vents sont frais, il se produit d'effrayants chasse-neige qui sont parfois de véritables ouragans (bouranes). Ces tempêtes forment sur la surface couverte de neige des séries de crêtes dites des « zastrouges ». Pendant les grandes gelées, la glace se fend et, au printemps, l'eau remplissant ces fentes contribue étonnament à la fonte de la glace. Avec tout cela, sur les bords sibériens, la glace ne commence à se briser qu'au commencement de juin, et, au large, elle se maintient souvent jusqu'à la fin de juillet. Mais, pendant toute la durée de l'été, des morceaux de glace, provenant de la couche glacée de l'Océan en partie entraînée dans l'Océan par les rivières de la Sibérie, circulent sur la surface de la mer poussés par les vents ou charriés par les courants et s'amoncèlent çà et là sur la surface des eaux. La pression des eaux, poussées par le golf-stream contournant la Novaia-Zemlia, entraîne ces glaces, par les détroits de Kara et de Vaïgatch, dans la mer de Kara et contribue à rendre cette mer entièrement libre en automne. Cette heureuse circonstance permet aux navires, en automne, de pénétrer dans la mer de Kara par les détroits, d'atteindre les bouches de l'Iénisseï et de retourner en Europe dans la même saison. Mais cela aussi change d'année en année ; et les bouches de l'Iénisseï ne sont pas toujours également accessibles. Dans l'immense étendue de l'Océan, entre l'embouchure du Iénisseï et le cap Dejniev (extrémité nord-est de la Sibérie), les glaces, paraît-il, ne trouvent d'autre voie que celle des courants qui les entraînent vers les bords du Groenland et, de là, le long de cette île vers le midi. Il est probable que c'est cette voie qu'avaient suivie les glaces ayant apporté sur les bords du Groenland les objets abandonnés par l'équipage de la « Jeannette » qui périt au nord de la nouvelle Sibérie ; c'est aussi par là que passa le « Fram », de Nansen, dont le sort préoccupa longtemps le monde entier. Cependant cette voie circulaire ne garantit pas entièrement la sortie de toutes les glaces formées l'hiver sur la côte russe de l'Océan glacial ; et c'est la raison pour laquelle la route conduisant des mers de l'Europe aux bouches de la Léna et, à plus forte raison, celle qui conduit au détroit de Behring, est loin d'être assurée. Si l'expédition de Nordenschiold, la première dans l'histoire de la navigation, a pu se frayer un passage, des mers de l'Europe par le détroit de Behring, vers l'Océan pacifique, il est encore permis de ne voir là qu'un heureux accident. Ce qui le prouve c'est que le navire de Nordenschiold et de Palander, la « Véga, » ayant été retenu quelques jours en route, a du hiverner sur les bords de la presqu'île de Tchoukotsk et n'a pu doubler le cap de Dejniev que le 20 juillet de l'année suivante. Tandis que, si les circonstances avaient encore été plus heureuses, il aurait pu certainement, sans s'arrêter nulle part, contourner tout le continent sibérien dans la même année. Dejniev lui-même, qui a incontestablement découvert le premier le détroit séparant le vieux monde du nouveau s'est mis en route en 1647 et n'a doublé le cap, qui aujourd'hui porte son nom, qu'en 1648.

Le long du bord sibérien, à l'Est de la vaste île double de la Novaia Zemlia, il y a peu d'îles ; celles d'entre ces îles qui méritent le plus d'attirer l'attention, ce sont les plus éloignées des côtes de la Sibérie, tels que le groupe de la Nouvelle-Sibérie, la terre de Wrangel et la terre de Sannikov. L'archipel de la Nouvelle-Sibérie, bien connu des Russes, est formée de trois grandes îles : l'île de Kotelny, l'île de Fadéev et l'île de la nouvelle Sibérie ; toutes ces îles sont situées en plein océan au nord-est du delta de la Léna ; quelques autres îles de moindre dimension comme l'île de Liakhov sont situées plus près du Sviatoï-Noss. Plus au nord, dans l'Océan, au delà de l'archipel de la Nouvelle-Sibérie, se trouve la terre de Sannikov (1) qui n'a encore jamais été fréquentée par personne, et l'expédition américaine de la Jeannette rencontra d'autres petites îles; mais les pêcheurs russes ne fréquentent que les trois grandes îles de la Nouvelle-Sibérie. Le plus souvent, la traversée pour ces îles a lieu au printemps, avant la fonte des glaces de l'Océan; et les industriels font le voyage à l'aide de chiens ou de rennes traînant sur la mer encore glacée de légers traîneaux. Puis, après avoir passé sur ces îles un été de courte durée, les trafiquants reviennent à l'aide des mêmes moyens, en automne lorsque la glace a de nouveau pris possession de la mer. Ce qui attire les trafiquants sur les îles de la Nouvelle-Sibérie, c'est la grande abondance de l'ivoire de mammouth. Au point de vue scientifique, les îles de la Nouvelle-Sibérie ont une importance particulière, parce que ces îles offrent un vaste et curieux cimetière où repose tout un monde organique qui florissait jadis entre le 75ᵉ et le 76ᵉ degré de latitude nord. Non seulement ce monde organique comprenait de grands animaux actuellement disparus, le mammouth, deux espèces de rhinocéros, le bufle, le bœuf musqué, trois espèces de rennes et même des espèces de chevaux, nous retrouvons les traces de nombreux troncs d'arbres disparus de formation miocène (tertiaire moyenne) appartenant à des essences latifolliées propres aux zones tempérées et ne poussant plus en Sibérie, tels que l'ormeau et le noyer. L'extraordinaire abondance, sur les îles de la Nouvelle-Sibérie, de squelettes d'animaux disparus et de restes de végétaux s'explique par les propriétés du sol; ce sol est formé de toundras post-tertiaire alternant avec des couches de glace pure; ces couches de glaces sont tellement considérables, épaisses et étendues que, si la température de l'air s'élevait pendant une certaine durée au-dessus de zéro, à part l'ossature granitique de quatre montagnes qui forment l'île de la Nouvelle-Sibérie, toute l'île se transformerait en une vase limoneuse que les eaux de la mer emporteraient avec tous les restes fossiles qu'elle renferme. Aujourd'hui, la flore et la faune des îles de la Nouvelle-Sibérie est extrêmement pauvre; pendant toute la durée de l'été que les membres de l'expédition académique, le docteur Boungué et le baron Toll, passèrent en 1885 et en 1886, sur les îles de la Nouvelle-Sibérie, il y eut fort peu de jours durant lesquels il fut possible de recueillir des plantes florissantes et des insectes vivants. A un jour ou deux, clairs et relativement chauds, succédaient des jours froids et sombres et la couverture herbacée

---

(1) Au moment où nous écrivons, une expédition scientifique, sous la direction de l'explorateur bien connu de la Nouvelle-Sibérie, le baron Toll, est en train d'être équipée pour aller explorer cette terre et les espaces océaniques qui l'environnent.

disparaissait de nouveau sous une couche de neige. Sur les rochers des plus petites îles de la Nouvelle-Sibérie, les rochers de Stolbov et de Liakhov, auprès desquels passa l'expédition Nordenschiold, dans la seconde moitié d'août, le temps étant beau et la mer entièrement libre de glace, il nichait relativement peu d'oiseaux et dans la mer environnante on ne voyait aucun des gros animaux marins.

La terre de Wrangel est une île qui n'a jamais été explorée par les Russes et n'est guère connue que des pêcheurs de baleine américains. Les américains ont fait le tour de cette île par le nord et ont prouvé que ses dimensions ne dépassent pas celles des îles de la Nouvelle-Sibérie, dont, semble-t-il, la terre de Wrangel ne se distingue pas beaucoup par ses conditions physiques. La terre de Wrangel de même que celle de Sannikov attendent encore de la Russie des explorateurs ; la pêche russe de la baleine prenant de l'extension peut-être cette terre aura-t-elle un jour quelque valeur.

Mais, quelque défavorables que soient les conditions climaturales de la mer du littoral sibérien de l'Océan glacial du nord, on ne saurait avancer que le fond de cette mer soit absolument dépourvu de vie. La flore sous-marine est formée d'algues qui, sur tout le bord sibérien de l'Océan du nord, suivant l'étude très attentive qui en a été faite par l'expédition Nordenschiold, comprennent 35 espèces. Toutefois, les algues des eaux de la Sibérie sont loin d'avoir la luxuriance ni les énormes dimensions propres en général aux algues des mers polaires. En outre les algues sont presque complètement absentes des bords immédiats du continent sibérien ; elles ne prennent leur développement que loin de ces bords dans la zone sublittorale ; ce n'est que dans cette zone que l'on trouve disséminés des domaines sous-marins riches en algues.

Les eaux océaniques de la Sibérie ne manquent pas d'animaux marins. L'expédition Nordenschiold a trouvé près des bouches de la Kolyme des éponges ; près des bords de la presqu'île de Taïmyr et près du cap Tchéluskine, des étoiles marines animales d'une extraordinaire beauté et, près du lieu d'hivernage de l'expédition encore une belle espèce d'étoile marine. (Ophioglypha nodosa Lutaen). L'Océan du nord est incomparablement plus riche en espèces de mollusques et de crustacés. On rencontre de nombreuses espèces de crustacés même sur les points où la vie organique générale est pauvre, tel, par exemple, auprès du delta de la Léna. En ce qui concerne les animaux vertébrés, l'Océan du nord est assez riche en poissons de différentes espèces qui remontent les grands fleuves du bassin océanique dont l'accès n'est pas trop obstrué par des bancs de sable. Dans les fleuves de l'Océan du nord, on rencontre surtout beaucoup d'espèces de lavarets au nombre desquels le nelma, (Corregonus leucichtis), le pelèd (C. peled), le nasutus (C. nasutus) l'omoul (C.

omul) le mouksoun (C. muksun) et d'autres. Dans l'Océan du nord, il y a encore, en grande quantité, le dorsch (Gadus navaga) et l'éperlan (Asmerus éperlanus); mais l'espèce qui présente le plus d'intérêt au point de vue de la science, c'est un poisson noir découvert par l'expédition Nordenschiold, extrêmement savoureux, le Dalia délicatissima S. M., qui du reste est depuis longtemps connu aux Tchoustches et aux pêcheurs russes. En ce qui concerne les mammifères marins, ce sont naturellement les mêmes que ceux dont l'espèce est géographiquement très répandue dans toutes les mers polaires : six espèces de phoques (Phoca), le grand dauphin (Delphinus leucas) et enfin quelques espèces de baleines qui au surplus s'approchent rarement des bords bas et inaccessibles de la Sibérie; mais qui, semble-t-il, sont très répandues au nord des grandes îles de l'Océan, de la Nouvelle Sibérie et de la terre de Wrangel. Malheureusement, tous ces habitants des eaux russes de l'Océan du nord sont pêchés non par des Sibériens, mais par les entreprenants baleiniers de l'Amérique. On ne peut attendre des pêcheurs de la Sibérie l'exploitation des richesses de nos eaux de l'Océan du nord que lorsque les grands fleuves de la Sibérie possèderont des navires appropriés à la navigation polaire et que les Sibériens auront pris du goût pour cette navigation et acquis la connaissance de la mer. Ces progrès, il est permis de les espérer, seront des conséquences qu'aura dans le pays la construction du grand chemin de fer sibérien.

4° La région de l'Amour et du littoral de la Sibérie.

La région de l'Amour et du littoral (Prismorskaïa) prend aujourd'hui, pour notre pays, une importance toujours plus considérable. Cela tient autant à la situation de cette région s'étendant sur le littoral de l'océan Pacifique, sur celui des mers méditerranéennes qui en dépendent, celle du Japon, celle d'Okhotsk et celle de Behring, qu'à cette circonstance qu'elle forme la région extrême où aboutira la grande ligne du chemin de fer de Sibérie et la colonisation russe en Orient.

Au point de vue administratif, la région forme une lieutenance générale (de l'Amour-Maritime) composée de trois provinces : celle du Zabaïkal (Transbaïkalie), celle de l'Amour et celle du littoral (Prismorskaïa). Au point de vue géographique, cette région s'étend sur toute la partie russe du bassin de l'Amour, sur une petite partie du bassin du Léna (Vitime), sur tout le littoral russe de la mer du

Japon, sur tout le littoral occidental de la mer d'Okhotsk jusqu'aux monts Stanovoï, sur toute la presqu'île du Kamtchatka, et, enfin, sur toute l'extrémité nord-est du continent asiatique, y compris la région fluviale de l'Anadyr et la presqu'île de Tchoukovski. La province de l'Amour-Maritime occupe de la sorte un territoire énorme de 2,875,000 kilomètres carrés. A l'égard des conditions naturelles, cette province se divise en quatre contrées se distinguant très sensiblement les unes des autres : la Transbaïkalie, le bassin de l'Amour, le pays de l'Oussouri et du littoral et le Kamtchatka-Okhotsk.

La première de ces contrées, la Transbaïkalie, répond à la division admininistrative du même nom. Cette contrée embrasse 600,000 kilomètres carrés; elle est traversée, dans le sens de sa largeur, par les monts Stanovoï qui forment au milieu du pays la ligne de partage des eaux coulant du versant nord-ouest de ces monts vers le lac Baïkal (la Sélenga), la Bargouzine et l'Angara supérieure et vers la Vitime, affluent de droite de la Léna; et, du versant sud-est, vers la Chilka, une des rivières du bassin supérieur du système de l'Amour. Dans un des rameaux de Stanovoï, qui n'atteint pas les limites des neiges éternelles et sépare les vallées longitudinales de l'Ingoda et de l'Onone, bras fluviaux constituant la Chilka, s'élève la plus haute montagne de toute la contrée, le Tchokondo, qui a 2,500 mètres d'altitude au-dessus du niveau de l'Océan. Le sommet de cette montagne s'élève jusqu'à la zone alpine et montre quelques taches blanches des neiges éternelles. Sauf la zone des steppes, qui suit la frontière chinoise entre l'Onone et l'Argoune, bras méridional constitutif de l'Amour, toute la contrée de Zabaïkal est plus ou moins montagneuse. Les montagnes de Zabaïkal ont comme direction dominante la direction du sud-ouest au nord-est. Toutes ces montagnes ont une altitude absolue peu considérable; l'altitude des collines de la chaîne du Iablonnoï, entre Verkhnéoudinsk et Tchita, dépasse à peine 1,000 metres et les points les plus élevés de cette chaîne n'ont pas plus de 1,200 mètres d'altitude. Dans le rameau de Khamar-Dabansk, il existe des montagnes qui atteignent 2,000 mètres. La plupart des chaînes de montagnes contiennent des affleurements de roches cristallines, de granits, de gneiss et de nicaschistes. Parfois, on rencontre des diaboses et même de véritables roches volcaniques, des trachites et des basaltes. Les roches sédimentaires, dans leurs couches cristallines soulevées, mettent au jour la présence de formations paléozoïques (particulièrement siluriennes et houillères) et aussi secondaires (jurassiques) et tertiaires. La formation géologique de la contrée du Zabaïkal étant aussi variée, les richesses minérales que renferme cette contrée sont très considérables. On y trouve,

non seulement des sables aurifères, des minerais d'argent plombifère et de cuivre, mais aussi le zinc (seul endroit où l'on rencontre
ce métal en Russie), le mercure, le soufre, la houille et des gisements de pierres de couleur, d'aigues-marines et de topazes. Cette
contrée ne manque pas de minerais de fer; elle abonde en sources
minérales dont la température et la composition sont fort variées. Il
y en a d'alcalines, d'acalines salines de Glauber, de sulfureuses, de
calcaires et de chimiquement neutres. Le pays peut être regardé
comme bien arrosé, et cela bien que le climat y soit de caractère
continental. La Sélenga et ses affluents, le Tchikoï, le Khilok et
l'Ouda, ainsi que les rivières du cours supérieur de l'Amour : l'Ingoda, l'Onone, la Chilka et l'Argoune, arrosent de superbes vallées
et, en partie, des plaines très favorables à l'agriculture et à la vie
sédentaire. Les vallées de l'extrême nord, du district de Bargouzine,
ne sont pas moins abondantes en eaux d'irrigations; mais, en raison
de la rigueur du climat, elles sont moins habitables; ce sont la
vallée du Vitime, celle de l'affluent de ce cours d'eau, la Tsypa, la
vallée du Bargouzine et celle de l'Angara supérieur. La Transbaïkalie possède également des plaines; mais ces plaines ne sont pas
extrêmement vastes, telles, par exemple, le plateau s'étendant le
long de l'Ouda, connu sous le nom de steppes de Khorinsk et de
Bratsk, et, sur la frontière méridionale tracée entre la Russie et la
Chine, la zone des steppes de Taréï, de Koudara et d'Argoune. On
peut avancer d'une manière générale que plus du tiers du territoire de la Transbaïkalie, soit 250,000 kilomètres carrés, peut être
classé parmi les terres propres à la culture et à la colonisation
sédentaire.

Les conditions climatoriales de la Transbaïkalie se distinguent
beaucoup de celles des autres parties de la région que nous étudions. Le climat y est encore plus continental. La moyenne de température de l'année (— 2° 3/4 C.) se rapproche de la température
moyenne, non de la zone agricole, mais de la zone des forêts de la
Sibérie moyenne. Par la température moyenne de l'hiver (— 27°),
et celle du mois le plus froid (— 30°), le climat de la Transbaïkalie
est plus rigoureux même que celui de la zone des forêts de la Sibérie
moyenne; mais, par la température de son été (+ 17°) et celle du
mois le plus chaud (+ 19°), la partie méridionale de la Transbaïkalie
présente des conditions meilleures mêmes que celles de la zone
agricole de la Sibérie centrale. De sorte que cette différence entre
la température de l'été et celle de l'hiver (43°) et la température du
mois le plus froid et du mois le plus chaud (49°) révèlent un caractère continental de climat plus accentué dans la Transbaïkalie que
que dans la Sibérie centrale. En ce qui concerne la température
de la période de végétation des plantes, bien que n'étant que de

$+$ 13°,5, et, par conséquent, un peu inférieure à celle de la zone agricole de la Sibérie moyenne, les céréales mûrissent bien ; cela malgré que le sol y soit éternellement gelé. Ceci est dû à une insolation très forte, provenant non seulement de ce que la Transbaïkalie est plus au midi, mais aussi de ce que l'atmosphère est plus dégagée, de nuages et plus diaphane que dans les contrées agricoles de la Sibérie proprement dite.

En ce qui concerne la quantité de dépôts météoriques, le climat de Zabaïkal a également un caractère incomparablement plus continental que celui de la zone agricole de la Sibérie proprement dite. Dans le cours de l'année entière, la quantité de dépôts dépasse 390 millimètres ; elle est, par conséquent, presque la même que dans les zones agricoles de la vraie Sibérie ; mais, en hiver, il ne tombe presque pas de neige (7 millimètres pour toute la durée de l'hiver). Heureusement, les dépôts de l'été (plus de 220 millimètres) sont considérablement plus abondants que ceux de la Sibérie proprement dite. L'ensemble de ces conditions explique pourquoi le Zabaïkal peut encore être regardé comme le principal grenier de la région de l'Amour.

La flore du Zabaïkal reflète les traits les plus délicats des particularités de son climat. Dans la moitié de la contrée qui est située entre le versant nord-ouest des monts Iablonny et le lac Baïkal, la flore a encore entièrement le caractère de la flore montagneuse de l'extrémité orientale du système Altaïo-Sayane. Il y pousse beaucoup d'herbes alpestres exclusivement propres au système Altaïo-Sayane, mais, de l'autre côté des monts Iablonny, la flore se modifie très sensiblement ; on commence à rencontrer les plantes de l'extrême orient de la zone tempérée du continent asiatique. Ainsi, parmi les essences ligneuses, on y rencontre des arbres appartenant à des espèces inconnues en Sibérie depuis les monts Oural, telles que, par exemple, le chêne (Quercus mongolica Fisch.), l'orme (Ulmus camprestis L. var. pumila L.), le noyer (Corylus hetero phylla Fisch.) et le pommier sauvage (Pyrus baccata L.). Il convient de remarquer que, parmi les premiers buissons qu'on rencontre dans le Zabaïkal, un petit nombre seulement appartiennent à la flore de l'Amour. La plupart sont particuliers à la flore dite daourienne. En ce qui concerne la flore herbacée, sur les 112 espèces qu'on commence à rencontrer pour la première fois au delà du lac Baïkal, 46 seulement passent sur l'Amour ; les autres appartiennent à la flore de la région, dite flore daourienne, qui forme la transition entre la flore de la Sibérie et celle de la Mongolie, contrée où passent en effet beaucoup d'espèces végétales.

La faune des invertébrés présente des modifications correspondant aux surprenantes modifications de la végétation. Beaucoup de formes animales de la Transbaïkalie sont entièrement inconnues en Sibérie ; telles sont, par exemple, parmi les animaux articulés, les écrevisses de rivière qu'on rencontre dans les affluents supérieurs du système de l'Amour en espèces différant, cela s'entend, de celles de l'Europe (Astacus amurensis). Le voisinage de la mer se fait sentir également par l'apparition de formes d'insectes marquant la transition entre les insectes continentaux et les insectes du littoral. En ce qui concerne la faune des vertébrés, ces animaux se répandant sur des territoires plus étendus, les formes du Zabaïkal, on le conçoit, ressemblent beaucoup plus à celles de la Sibérie que la faune des invertébrés. Aux animaux communs à toute la zone des forêts de la vraie Sibérie, viennent s'ajouter certaines formes montagneuses du système Altaïo-Sayane, des formes des steppes de la Mongolie et, enfin, les fauves habitant le territoire de l'Amour et la Mandchourie. La faune des oiseaux, qui se répand naturellement sur des territoires encore plus considérables, comprend, dans cette région, les formes du Nord et celles du Midi. En ce qui concerne les serpents et les autres reptiles, si rares dans la Sibérie septentrionale, dans le Zabaïkal, ces espèces sont relativement assez communes. On y rencontre, outre d'inoffensives couleuvres, des serpents très venimeux : le Triconocephalus intermedius et le Tr. Blomhoffii Boje. Enfin, après avoir traversé les monts Iablonny dans le système de l'Amour, la faune des poissons présente des formes entièrement différentes.

Les conditions climaturales étant relativement assez favorables et la colonisation du Zabaïkal déjà ancienne, puisqu'elle date de la fin du xviie siècle (en 1692, il y avait déjà en Zabaïkal 7,000 Russes ; en 1740, 20,000 ; en 1760, 40,000 habitants russes), cette contrée possède déjà aujourd'hui 664,000 habitants, soit 11 habitants par kilomètre carré ; moins de 6 0/0 de cette population habite les villes. Avant l'occupation du territoire par les Russes, cette contrée était habitée par des peuples aborigènes : au nord, par des Toungouses, qui vaquaient à travers les territoires boisés, et, au sud, par des Bouriates, peuple nomade venu de la Mongolie et se livrant à l'élevage des bestiaux. Actuellement, le Zabaïkal abrite environ 26,000 Toungouses ; mais ce peuple s'est sensiblement rapproché des Bouriates ou des Russes, et le plus grand nombre a cessé de mener la vie vagabonde des peuples chasseurs. Les Bouriates sont au nombre de 170,000. Les Bouriates du Zabaïkal sont la nation aborigène de la Sibérie qui a atteint le plus haut degré de culture et qui jouit du plus de bien-être. Ses superbes datsanes (temples) s'élèvent sur les points autour desquels commence à se grouper la vie sédentaire de ceux des Bouriates qui, peu à peu, renoncent à la vie nomade. Le reste des habitants du Zabaïkal (sauf 6,500 Israélites) sont des Russes arrivés dans la contrée depuis longtemps ou nouvellement établis. De sorte que cette contrée, dont les 70 0/0 de la population sont Russes, ne forme pas seulement un pays entièrement russe, mais constitue, en outre, le centre de gravité de la domination russe dans toute la région de l'Amour et du littoral. Une partie des Toungouses et une petite quantité d'Orotchones, habitant, au nombre de 2,000, la partie sud-est, mènent encore la vie vagabonde des peuples chasseurs. Quant aux Bouriates qui mènent la vie nomade dans des territoires très étroits et qui passent peu à peu à un genre de vie demi-sédentaire, mais qui conservent encore leurs croyances religieuses et leurs traits nationaux beaucoup plus que dans le gouvernement d'Irkoutsk, ils se livrent principalement à l'élevage du bétail et ne cultivent la terre que pour se procurer des ressources accessoires. Chez les Russes, au contraire, l'agriculture est l'occupation principale ; quant à l'élevage du bétail, c'est une ressource très importante, sans être la principale, de la population russe de la contrée.

Les conditions climatoriales ne sont pas seules à contribuer à une puissante extension de l'agriculture et de l'élevage dans cette contrée, sauf toutefois dans la partie septentrionale, au district de Bargouzinsk et dans une partie du dictrict de Sélenguinsk ; d'autres conditions favorables ont part à cette extension : la fertilité du sol en partie formé de terres noires, l'abondance des pâturages et la bonne qualité des herbages. Le Zabaïkal, où l'agriculture s'en tient à la méthode des jachères et même des friches, possède 300,000 hectares de terres ensemencées (quant à la qualité de terres labourables propres à l'agriculture dont la population du pays a la jouissance, elle est évaluée à 1 million 1/2 d'hectares). La récolte annuelle des céréales varie entre 1 3/4 et 4 millions d'hectolitres, dont une moitié de seigle de printemps et l'autre moitié de froment, d'avoine, de sarrazin, de pommes de terre et d'orge. Le rendement moyen d'un hectare de terre est évalué, pour le froment et le seigle, à 1,000 kilogrammes ; le rendement bon est de 1,000 kilogrammes et au-dessus. La récolte étant bonne, il n'est pas rare d'obtenir des rendements allant de 2,000 à 2,500 kilogrammes par hectare et la qualité des grains est très grande. Ainsi, les conditions de l'agriculture sont plus favorables dans le Zabaïkal que dans les contrées les plus fertiles de la partie sud-est de la Russie d'Europe (que dans le gouvernement de Samara, par exemple). Les céréales récoltées dans la région n'assurent pas seulement la subsistance du cultivateur ; elles suffisent à l'alimentation de toute la population de la contrée. Précédemment, le superflu de la récolte servait à l'alimentation des troupes et des habitants de la contrée de l'Amour ; mais, aujourd'hui, l'agriculture ayant pris de l'extension dans cette dernière contrée, l'Amour peut se passer des céréales du Zabaïkal. Une partie des blés qui ne peuvent être consommés est employée à la production des alcools ou expédiée sur les mines d'or d'Iakoutsk, mais le Zabaïkal ne produit aucune autre denrée d'exportation. Aussi, les années de bonne récolte, les prix des céréales sont-ils très bas ; ils sont, par exemple, de 20 à 25 kopecks les 16 kilogrammes de seigle de printemps ; en revanche, dans les années de sécheresse et de mauvaise récolte, ces prix s'élèvent jusqu'à 2 roubles et davantage les 16 kilogrammes. Les Bouriates du district de Sélenguinsk emploient l'irrigation artificielle dans la culture de leurs champs.

Dans cette contrée, l'élevage est encore plus important et plus développé, par rapport à l'agriculture, que dans les autres contrées de la Sibérie. La population chevaline étant au total de 650,000 animaux est dans la proportion de 100 chevaux par 100 habitants, et cette propprtion est supérieure même à celle de la Sibérie centrale. Le nombre des grosses bêtes à cornes est encore plus important : il s'élève à 1,300,000 ; il est donc de 200 bœufs ou vaches par 100 habitants. Enfin, il existe plus de 1,500,000 têtes de menu bétail, soit 250 bêtes par 100 habitants ; ceci s'explique par l'étendue de l'élevage des brebis qui rencontre, dans la contrée, les conditions les plus favorables : des prés bien arrosés par les eaux fluviales, sans être marécageux, de vastes pâturages, abondant en herbes succulentes, entourent les villages et, chez les Bouriates, des lieux d'hivernage où il n'est pas rare de rencontrer des prairies fécondées à l'aide d'engrais. On remarquera que, dans cette contrée, il existe un assez grand nombre d'animaux domestiques que l'on ne trouve guère réunis dans aucune autre région du monde : des chameaux, animaux que les Bouriates des dictricts de Tchitinsk et d'Akchinsk élèvent au nombre de 10,000, et, d'autre part, des rennes, animaux que les Toungouses des districts de Bargouzinsk et de Tchitinsk élèvent au nombre de 2,400. Toutes ces circonstances font que le Zabaïkal, au point de vue tout au moins de l'importance de l'élevage par rapport au nombre d'habitants, occupe la première place de l'Empire.

Cette contrée présente de grandes ressources à l'égard des industries forestières, puisque les forêts couvrent les 25 0/0 de tout son territoire et constituent un domaine n'ayant pas moins de 5,550,000 hectares, mais on conçoit que, le bois n'ayant aucun débouché hors de la contrée, si ce n'est l'exportation de quelques produits dans la province de l'Amour, l'industrie forestière du Zabaïkal n'ait guère à pourvoir qu'à la consommation de la région. En revanche, l'industrie de la chasse est fort répandue. C'est la principale, si ce n'est l'unique ressource des Toungouses et des Orotchones vagabonds ; et, pour les Russes, la chasse est une ressource accessoire importante, car les pelleteries, particulièrement les peaux d'écureuils et les bois de daims, trouvent des débouchés avantageux. Quant à la pêche, elle a également une grande importance économique pour la contrée. Les populations habitant les bords du Baïkal et les bords des cours d'eau qui se jettent dans ce lac, ainsi que les rives des lacs considérables : Ieravinsk, Chaklinsk, Goussinoe et les rives des cours d'eau du bassin de l'Amour, retirent des bénéfices considérables de leurs pêcheries. Il est pêché, dans les districts de Bargousinsk et de Selenguinsk, tous les ans, 7 millions de saumons seulement, qui représentent une valeur de plus de 500,000 roubles. Les phoques du Baïkal sont également un objet de pêche.

Mais la plus grande richesse du Zabaïkal, c'est l'industrie de l'or qui occupe 6,000 ouvriers et produit annuellement pour 4 à 5 millions de roubles d'or.

Les placers de l'administration du cabinet de Sa Majesté du cercle minier de Nertchinsk s'étendent sur le vaste territoire de quatre districts administratifs du Zabaïkal ; mais ces placers, aujourd'hui, ne sont exploités que dans les districts d'Akchinsk (sur les rives d'Onoune, de l'Ingoda et de la Nertcha) et de Nertchinsk (sur les rives de l'Ouroume, du Gazimoure, de la Nertcha et de la Chilka). En dix années, de 1886 à 1891, il a été extrait annuellement en moyenne de ces placers 3,300 kilogrammes d'or, par 5,000 mineurs. En 1894, l'ensemble des placers du Zabaïkal ont donné 3,900 kilogrammes d'or, valant plus de 5 millions 1/2 de roubles, dont 2,500 kilogrammes sont sortis des placers du cabinet de Sa Majesté.

En ce qui concerne l'industrie des usines et des fabriques, c'est-à-dire l'industrie manufacturière dans le sens étroit du mot, cette industrie n'est pas développée, puisqu'elle occupe moins de 1,500 ouvriers ; tandis que l'agriculture n'occupe pas moins de 80,000 ouvriers adultes.

Dans l'industrie manufacturière, la première place n'en appartient pas moins aux usines travaillant les matières minérales.

Au cercle de Nertchinsk, l'exploitation des mines d'argent date des premières années du xviii⁰ siècle. De 1763 à 1786, cette industrie ne fut jamais plus prospère. Dans cette période, l'usine de Nertchinsk fondait annuellement plus de 10,000 kilogrammes d'argent. Au cours de la première moitié de notre siècle, la production du cercle minier de Nertchinsk, à certains moments, atteignit annuellement 5,000 kilogrammes d'argent ; mais en 1847, cette production était déjà tombée à 3.000 kilogrammes d'argent. Cependant l'organisation économique de l'usine de Nertchinsk de cette époque, qui avait pour base l'exploitation peu intelligente de la main-d'œuvre obligatoire des ouvriers et des paysans immatriculés à l'usine, fut fortement ébranlée lorsque le général-gouverneur de la Sibérie orientale, N. N. Mouraviev, se vit forcé, par la nécessité d'occuper rapidement et de peupler le pays de l'Amour, de demander que les serfs de l'usine fussent transformés en troupes kozàkes et transférés en partie sur les bords de l'Amour. Le dernier coup fut porté à la production de l'argent par l'émancipation des serfs et l'abolition du travail obligatoire qui eut lieu en 1863. Les mines de Nertchinsk perdirent leur point d'appui ; elles furent en partie inondées ; leur production diminua et finit par s'arrêter entièrement. La renaissance de la production de l'argent fut retardée par la découverte, dans les pays de Nertchinsk, de riches placers de sables aurifères dont l'exploitation, beaucoup plus avantageuse que celle des mines d'argent, ne cesse de distraire un grand nombre d'ouvriers des travaux des usines. Quoi qu'il en soit, ces dix dernières années, la production des minerais d'argent plombifère, dans le pays de Nertchinsk, commence à se relever. Actuellement, 10 mines d'argent sont en exploitation sur les 90 qui existent dans le pays ; et les usines de fonte de l'argent produisent annuellement 800 kilogrammes de métal avec un personnel de 400 à 500 ouvriers. La valeur de ce produit est estimée de 160 à 220,000 roubles. Dans la contrée de Nertchinsk, la réserve des minerais d'argent est loin d'être épuisée ; et, la situation économique du pays venant à s'améliorer, la production peut reprendre avec une impulsion et une énergie nouvelle. On peut en dire autant de la production de l'étain, du mercure et du soufre dont l'exploitation est arrêtée par suite de l'état économique et nullement parce que les gisements ne sont pas sûrs. Les gisements de cuivre de la contrée n'ont jamais été explorés, ni par conséquent exploités. Il en est de même de la houille qui ne fait pas défaut dans cette région. Les gisements de minerais de fer sont abondants et nombreux ; mais, seuls, ceux de Baliaguinsk, district de Verkhnéoudinsk, sont exploités. Dans cette région, sur la petite rivière de Baliaga, qui se jette dans le Khilok, à 500 kilomètres de Tchita, se trouve l'usine de Pétrovsk qui possède un domaine forestier de 90,000 hectares d'étendue. En six années de 1886 à 1890, cette usine a fondu annuellement en moyenne 620,000 kilogrammes de fer cru et a fabriqué 360,000 kilogrammes de fer et d'articles de fer avec un personnel de 200 à 300 ouvriers. En 1896, la valeur des produits de cette usine était estimée 380,000 roubles. Il est hors de doute que, dans le Zabaïkal, l'industrie du fer possède toutes les conditions désirables d'un grand développement. Les autres usines du Zabaïkal traitant les minéraux sont des fabriques de sel, de soude et de verre ; sans parler de la production des ciments, des briques et de la poterie qui est assez considérable. La Société des ciments de l'Amour, située sur les bords de la Chilka, près de la station du chemin de fer de Baïane, est la plus importante fabrique de ciment de la contrée.

Parmi les fabriques travaillant les produits végétaux, — sans compter les moulins, dont onze minoteries à vapeurs produisent annuellement pour 115,000 roubles de farines, — la première place revient aux distilleries, aux brasseries et aux fabriques d'eaux-de-vie (ces dernières sont au nombre de 8) qui distillent plus de 8 millions de kilogrammes de grains et produisent pour 720,000 roubles de boissons avec un personnel de 200 ouvriers. Enfin, parmi les fabriques traitant les produits animaux, au premier rang viennent les fabriques de peaux, les fabriques de chandelles de suif, et les savonneries qui occupent 400 ouvriers et produisent pour 480,000 roubles de marchandise. Parmi ces établissements, la fabriques de stéarine d'Osokine, à Kiakhta, est l'unique fabrique de cette nature de toute la Sibérie.

La petite industrie, dite « industrie buissonnière », n'est pas très répandue dans le Zabaïkal ; toutefois, ces dernières années, de nouveaux métiers sont venus s'établir, telles, par exemple, des selleries ; de sorte que, dès à présent, les ouvriers buissonniers envoient déjà à Tchita jusqu'à 200 selles achetées par les régiments de kozaks.

Au point de vue commercial, le commerce de transit des marchandises venant de Chine par Kiahkta a toujours eu une grande importance dans le Zabaïkal et donna de grands bénéfices et de forts gains à la population ; mais il n'est pas douteux que le grand chemin de fer sibérien aura encore plus d'importance pour cette contrée ; cette voie en construction, dans les limites du Zabaïkal passera de la station Mysovaïa, sur le lac Baïkal, par Verkhnéoudinsk, l'usine Pétrovsk, Tchita jusqu'à la station de Sibérie où elle prendra la direction de la ville mandchoue de Khaïlar avec un embranchement partant de la station de Kaïdanov et aboutissant à Strétensk, sur la Chilka. La longueur totale de la grande voie sibérienne, dans le Zabaïkal, est de 1,010 verstes.

Le pays de l'Amour forme la deuxième partie de la région de l'Amour-Maritime. Par toutes ses particularités physiques, ce pays est d'un type entièrement différent de celui du Zabaïkal. Nous comprenons sous le nom de « pays de l'Amour » toute la partie russe du bassin de l'Amour qui s'étend sur plus de 450,000 kilomètres carrés.

Les monts Stanovoï, sur un long parcours forment la frontière nord de ce pays ; car, d'une manière générale cette chaine de montagnes sépare les provinces sibériennes d'Iakoutsk et de l'Amour. A part cette chaine dont les revers descendent dans le pays de l'Amour en pentes plus douces que vers la province d'Iakoutsk, une partie considérable de la contrée est montagneuse et couverte par des rameaux du Stanovoï et des chaines, qui, telles que le Petit-

Khingane (autrement dit la chaîne de la Bouréïa), ont presque la direction du méridien. Le Petit-Khingane, dont l'altitude moyenne est de 460 mètres, dans la vallée supérieure de la Boréïa, possède quelques sommets qui atteignent 1,800 mètres d'altitude. La crête du Khingane et surtout les sommets de ces montagnes sont formés de terrains dénudés ; mais, sur les flancs, on voit des amas de pierres, des roches qui, dominant sur les crêtes, sont de nature cristalline et sont formées en moyenne partie des granits dont on rencontre des affleurements sur les bords de l'Amour où, quand on se rapproche du lit du fleuve, les montagnes ne s'élèvent nulle part au-dessus de 300 mètres au-dessus du niveau du fleuve. Sur les flancs des monts des Stanovoï et du Petit-Khingane et de leurs rameaux, on rencontre roches sédimentaires de formations paléozoïques (particulièrement dévoniennes); sur les flancs méridionaux de la chaîne des monts Stanovoï, dans la partie inférieure du cours de l'Oldoï, de la Zéïa et du cours supérieure de la Bouréïa, ces roches sont de formations secondaires (jurassiques), et, le long de l'Amour, de la Zéïa et de la Bouréïa, elles sont de formations tertiaires.

L'irrigation de la contrée est encore plus abondante que dans le Zabaïkal. L'artère fluviale la plus importante, l'Amour, est un des trois fleuves colossaux de l'Asie qui se jettent dans l'Océan Pacifique. Ce fleuve, à compter du cours supérieur de l'Argoune et du Keroulène, a 4,900 kilomètres. Après avoir décrit un colossal arc de cercle vers le sud où il atteint le 48ᵉ degré de latitude nord et enferme dans cet arc, toute la contrée russe de l'Amour, l'Amour se dirige vers le nord-est ; et, sous le 51ᵉ degré de latitude nord, il se rapproche tellement de l'extrémité nord de la mer du Japon que le lac Kizi, qui n'est qu'un élargissement latéral du fleuve Amour s'étendant sur la rive droite, n'est séparé du golfe de Tartarie que par un isthme de 13 kilomètres de large ; mais les débordements du lac Kizi opposant un léger obstacle à la sortie du fleuve dans la mer, l'Amour dévie vers le nord et, à la hauteur du 53ᵉ degré de latitude nord, il prend définitivement la direction de la mer et va se jeter dans la partie du golfe de Tartarie qui appartient, non à la mer du Japon, mais à la mer froide et inhospitalière d'Okhotsk. Plus à gauche, les affluents de l'Amour, la Zeïa avec la Selimdja, la Bouréïa et l'Amgoune sont, après l'Amour, les principales artères fluviales de la contrée. Ce n'est que dans les parties inférieures de leurs cours que ces cours d'eau s'étendent dans des vallées d'une certaine largeur ; plus près des monts Stanovoï et du Petit-Khingane, la contrée est montagneuse. Pour la contrée que nous étudions, l'Amour a une immense importance ; car ce fleuve est l'artère vitale de cette région et, pour quant à présent, la seule voie de communication du pays. La navigation de l'Amour se trouve principalement entre les mains de « la Compa-

gnie du Commerce et de la Navigation de l'Amour » qui fonctionne
depuis 1894 ; cette société possède une flotte comprenant 94 bateaux
à vapeur, dont le tonnage dépasse 33 millions de kilogrammes,
qui naviguent sur l'Amour, la Chilka et l'Oussouri.

Le climat du territoire de l'Amour, surtout dans la partie septentrionale du pays, est encore assez continental ; mais cette
contrée appartenant à la région des moussons, elle est plus humide
que la Sibérie proprement dite. A Blagovetchensk, la température
moyenne de l'année est de — 0,7° C. ; la température moyenne de
l'hiver, de — 23° ; celle de l'été, + 19° ; celle du mois le plus
froid, — 26° ; la température du mois le plus chaud, + 21°. La différence de température entre l'hiver et l'été est, par conséquent, de
42°, et, entre le mois le plus chaud et le mois le plus froid, de 47° ;
ces différences sont presque égales à celles du Zabaïkal.

Mais la moyenne de la température de la période de végétation
(+ 15, 9°) est encore plus favorable que dans le Zabaïkal et permet
même la culture de la vigne, d'un cep du pays (Vitis amurensis) qui
n'est, au surplus, qu'une variété de la vigne commune. En revanche,
plus on s'éloigne vers le nord de la partie méridionale de l'arc de
cercle que décrit l'Amour, plus le climat devient froid ; et cette augmentation du froid ne correspond pas à la latitude. Ainsi, aux mines
de Sophie, situées dans la vallée supérieure de la Numan, affluent
de la Bouréïa, la moyenne de la température de l'année étant de
— 7°, y est beaucoup plus basse qu'à Beresov, où elle est de — 4°,5
et même qu'à Olekminsk (— 7°,1). L'hiver, extrêmement rigoureux
(— 31°,4) ne le cède qu'à l'hiver d'Iakoutsk (— 46°) ; et l'été (+ 10°3)
est plus froid qu'à Iakoutsk.

En ce qui concerne la température des cinq mois de la période de
végétation (+ 10°,3), cette température ne permet plus le développement de l'agriculture permanente.

Au point de vue de la quantité de dépôts météoriques que reçoit
Blagovetchensk (500 millimètres, dont 322 tombent pendant les
trois mois d'été), la contrée de l'Amour est plus humide que le
Zabaïkal (396 millimètres, dont 254 pendant les mois d'été) et que la
zone agricole de la Sibérie proprement dite (360 et 380 millimètres) ;
elle est même plus humide que les zones des forêts de la Sibérie
(400 millimètres et 470 millimètres).

La surabondance d'humidité dans la contrée de l'Amour agit défa-
vorablement sur l'agriculture ; et cette influence fâcheuse est encore
accentuée par le caractère de la couverture herbeuse du sol. Tous
les pays situés aux pieds des chaînes montagneuses et de leurs
rameaux sont couvertes de hautes herbes, et les flancs des montagnes, de bois qui retiennent l'humidité à un tel point que le sol ne
sèche jamais ; aussi le sol est-il pour la plupart couvert de marais et

de bois sans fin au-dessus desquels ne s'élèvent que des sommets dénudés dont les flancs sont couverts de graviers. Les céréales que l'on sème sur les défrichements poussent en paille ; la plante atteint une hauteur incroyable, mais elle donne souvent un grain maigre et parfois ne mûrit jamais complètement, sauf dans certaines régions s'étendant en partie le long de l'Amour, au-dessus de la partie de la vallée qui est couverte par les débordements, et, en partie, près du cours inférieur de la Zéïa. Actuellement, il n'existe plus que peu de terrains ainsi propres à l'agriculture ; et, sur les 600,000 kilomètres carrés que comprend cette région, il n'y en a pas plus de 120,000 que l'on puisse regarder comme convenant à la colonisation agricole.

Heureusement, l'expérience a prouvé qu'il est possible de lutter contre la surabondance d'humidité qui, dans le pays de l'Amour, se trouvant encore aujourd'hui dans l'état où était la Germanie du temps de Tacite, s'oppose à la culture et à la colonisation. Les colons de l'Amour mettent le feu aux roseaux qui couvrent de vastes espaces et, peu à peu, le sol se dégage de son humidité et devient fertile. Dans les trente-huit années qui se sont écoulées depuis les explorations géo-botaniques des académiciens Maximovitch (1854) et Korjinski (1892), les conditions climatoriales du pays se sont déjà beaucoup améliorées ; mais, certes, il s'écoulera bien du temps encore avant que la colonisation russe, qui ne peut profiter aujourd'hui que de la cinquième partie du pays, fasse pas à pas sur l'âpre nature la conquête de la moitié de la contrée et y apporte la culture et la civilisation. En attendant les 4/5 de la province restent inaccessibles à la civilisation et ne peuvent être exploités que d'une manière sporadique et primitive grâce à leur richesse en sables aurifères.

La couverture végétale du pays de l'Amour est luxuriante, originale et très différente de la flore des autres parties de la Sibérie. Les plantes ligneuses elles-mêmes présentent de frappantes dissemblances, non seulement avec celles de la Sibérie, mais encore avec celles du Zabaïkal. Aux espèces à feuilles aciculaires de la Sibérie, viennent s'ajouter le cèdre de Mandchourie (Pinus mandshurica Rupr.), le pin ajanéen (Picea ajanensis Fisch.), et l'if (Taxus baccata L.) propre aux montagnes du Caucase. Nulle part ailleurs, en Sibérie, on ne rencontre l'if ; la présence de cet arbre sur le cours supérieur de l'Amour révèle le voisinage de la mer. La flore des arbres et des buissons à feuilles latifolliées est beaucoup plus variée, cette flore va à la rencontre de l'influence bienfaisante de l'océan Pacifique. On y rencontre une espèce de tilleul qui présente deux formes originales de l'Orient : le Tilia cordata Mill. et T. mandshurica Rupr. et Max. L'érable qui manque à toute la Sibérie a, dans cette contrée, quatre représentants dont l'Acer mono. Max. est l'espèce locale caractéristique ; l'Acer ginnala Max. est une espèce proche parente de l'Acer tataricum L. de l'Europe Orientale et de l'Acer Semenowii Reg. du Sémi etchaé ; l'Acer tegmentosum Maxim ressemble à l'espèce américaine de l'Acer pensylvanicum L ; enfin l'Acer spicatum Lam. est incontestablement une espèce américaine. Le pommier que l'on rencontre déjà dans le Zabaïkal sous la forme d'une espèce donnant de très petits fruits (Pyrus baccata) est représenté dans l'Amour par une espèce nouvelle splendide (Pyrus ussuriensis Max.), et le prunier par deux espèces le Prunus Maackii Rupr. et P. Maximowiczii Rupr. L'ornement des forêts de l'Amour ce sont deux variétés locales du noyer : le Juglans mandshurica Max. et le J. stenocarpa Max., ainsi qu'une espèce locale de frêne qui est étrangère à toute la Sibérie, le Fraxinus mandshurica Rupr. Aux espèces européennes et zabaïkaliennes d'ormes s'ajoute l'espèce locale de l'Ulmus montana Winckl. Au coudre ordinaire Corylus heterophylla Fisch, se joint une nouvelle espèce, le Corylus mandshurica Max. Enfin parmi les bouleaux, on rencontre de nouveau une espèce du Kamchatka (Betula Ermaniri Cham.) et une espèce arborescente locale (B. costata Traut.). Une troisième espèce locale de bouleau, le B. Middendorfii Trautv., est un buisson. Le Dimorphantus mandshuricus Rupr. est un charmant petit arbre de l'Amour dont le sommet a la forme d'un palmier qui s'écarte complètement du caractère des arbres sibériens : il appartient à la famille des Araliaceae qui se plaisent dans les climats humides et ne se rencontre jamais en Sibérie. Le Phellondendron amurense Rupr. est un arbre à liège de ce pays qui n'est pas moins original et appartient à la famille des Zanthoxyleae, qu'on ne rencontre nulle part en Russie.

Les buissons de l'Amour sont encore plus originaux que les arbres et ne présentent pas moins de 24 espèces nouvelles au voyageur qui vient de Sibérie. Au nombre de ces buissons se rapportent entre autres trois espèces grimpantes qui servent de lianes dans les forêts de la contrée : la vigne du pays, la vigne sauvage (Cissus brevipedunculata Max.) et une jolie plante grimpante aux fleurs odorantes rose pâle et à fruits rouges (Maximovitchia chinensis Rupr.). Parmi les autres buissons méritant d'arrêter l'attention, deux espèces de berberis ; l'une chinoise (Berberis sinensis. Desf.), l'autre locale (B. amurensis Rupr.), une espèce locale de prunier (Prunus glandulifolia Rupr.). Au nombre des buissons qui constituent le merveilleux ornement des forêts, un original Actinidia colomicta, couvert d'épaisses et grandes fleurs, qui n'a pas encore conquis une situation rigoureusement déterminée dans la botanique systématique ; deux espèces locales de jasmin de jardin (Philadelphus tenifolius Rupr. et Ph. Schrenkii Rupr.), et la plante chinoise, le Deutzia parviflora Bge, qui est déjà répandue dans la culture ; une espèce de lilas aux fleurs blanchâtres assez menues répandues sur la lisière des bois le Syringa amurensis Rupr., etc.

Parmi les herbes de l'Amour, il n'en est pas moins de 100 espèces exclusivement propres au pays. Les autres sont communes à l'Amour et à la Chine, au Japon, au Kamtchatka et même à l'Amérique, mais surtout au Baïkal et à la Sibérie.

La faune des animaux invertébrés et particulièrement celle des insectes, qui dépend des mêmes conditions climatoriales que les plantes, est aussi originale que la flore. 60 0/0 au moins des espèces d'insectes de l'Amour sont étrangères à l'Europe, bien que le caractère général de la faune de cette contrée soit paléarctique, c'est-à-dire propre à toutes les zônes subpolaires et tempérées de l'Ancien Monde.

En ce qui concerne les animaux vertébrés, aux mammifères de la zone des forêts de la Sibérie s'ajoutent non seulement les animaux dont nous avons parlé en étudiant la faune du Zabaïkal, mais d'autres encore. Au nombre de ceux-ci se trouvent le cerf (Cervus elaphus L.) dont les bois sont estimés à si haut prix par les Chinois, le tigre (Felis tigris L.), l'irbis (Felis irbis Pall.), le loup des montagnes (Canis alpinus Pall.) et l'ours du Tibet (Ursus tibetanus). Les poissons de l'Amour présentent le plus haut intérêt, car l'Amour et ses affluents sont extraordinairement riches en poissons. Parmi les esturgeons, des espèces de grands esturgeons du pays aux proportions énormes (Huso orientalis Pall. et amurensis Pall.) dont le poids atteint parfois de 450 à 750 kilogrammes. L'esturgeon Sturiochrenskii Br., espèce appartenant également aux pays se distingue de notre espèce russe mais le sterlet appartient à la même espèce que celui de la mer Caspienne (Acipenser ruthenus L.). Deux espèces de saumons remontant encore aujourd'hui en inombrables quantités le cours de l'Amour et de l'Oussouri ont une importance particulière pour le pays ; ce sont la faucille (Trutta protensa Pall.) et le lagocéphale (Trutta lagocephalus Pall.). Parmi les autres poissons communs à la Sibérie, la thymale (Salmo fluviatilis Pall.), le lenok (S. Corregonoides Pall.), l'éperlan (S. eperlanus) ; la carpe (Cyprinus caprio), et la lotte (Lota vulgaris Cus.). Certaines espèces telles que le poisson amour (Pristidion Semenovii Dyd.) se sont trouvées communes aux eaux douces de la Chine ; mais d'autres espèces telles que le glanis daourien (Silurus anotus Pall.) et une espèce locale de brochet (Esox lucidus Dyb.), atteignant une taille énorme, ne se rencontre que dans le bassin de l'Amour.

La population du pays de l'Amour comprend 120,000 habitants de l'un et de l'autre sexe, dont 3,000 indigènes vagabonds ; la plupart de ces indigènes (Orotchones, Mangounes, Birars, etc.) appartiennent aux races Toungouses ; la minorité seulement d'entre eux n'ayant, au point de vue ethnographique, rien de commun avec les Toungouses, appartiennent aux races ghiliakes et, au surplus, sont plus répandus sur le cours inférieur de l'Amour. Les Ghiliaks sont surtout pêcheurs et marins, tandis que les races mandchouriennes de Potengouses qui de temps immémorial se livrent à l'élévage du bétail, ont adopté la forme polaire de cet élevage et s'occupent avec un zèle égal de l'élevage des rennes ainsi que de la chasse et de la pêche. Au pays de l'Amour, les Mandjous sédentaires et agriculteurs sont beaucoup plus nombreux que les Ghiliaks, race faible et, on peut le dire, en voie d'extinction. Ces Mandjous aujourd'hui au nombre de 10,000, ont occupé, dès avant la prise de possession du pays par les Russes, un excellent territoire de colonisation sur la rive gauche de l'Amour en face de la ville chinoise d'Aïgoune ; suivant les clauses des traités d'Aïgoune et de Pékin, ils ont obtenu le droit de demeurer sur le territoire russe et d'occuper les terres qui leur appartenaient tout en restant sujets chinois ; ces Mandjous se livrent principalement à l'agriculture. A cette population hétérogène sédentaire s'ajoute environ 2,000 Coréens qui sont établis dans le pays.

Malgré tout, les émigrés russes forment les 88 0/0 de la population de la contrée. Ces émigrés habitent dans des villages d'importance variable tout le long du cours de l'Amour, sauf sur celles des rives de ce fleuve où de continuelles inondations mettent obstacle à la vie sédentaire et à la culture ; ils occupent aussi la vaste et superbe contrée de colonisation s'étendant sur les deux rives du cours inférieur de la Zéïa et de ces affluents. Un autre territoire de colonisation pénètre progressivement dans l'intérieur de la contrée le long de la Bouréïa et des petits affluents de l'Amour voisins ; ce territoire pourra occuper, dans l'avenir, tout l'espace compris entre le cours de l'Amour et le plateau de Vande qui s'étend suivant une corde de l'arc de cercle formé par l'Amour, entre l'embouchure de la Bouréïa et Khabarovsk. A Blagovetchensk, ville unique de la province de l'Amour, habitent 32,000 âmes, soit les 27 0/0 de l'ensemble de la population de la province.

L'industrie principale de la population sédentaire de l'Amour, c'est-à-dire l'industrie qui occupe le plus grand nombre des bras n'en est pas moins l'agriculture. La population rurale laboure 66,000 hectares de terres et produit assez de céréales pour fournir à la consommation de la population de la contrée (50 millions de kilogrammes), à la population de la ville, à celle des mines d'or et aux troupes cantonnées dans la province. On cultive principalement le froment qui occupe 33 0/0 des terres ensemencées, l'avoine (37 0/0) le petit seigle de printemps (12 0/0) et la pomme de terre (10 0/0) de la totalité des terres ensemensées. Les 8 0/0 de terres labourées restant reçoivent les autres céréales : sarrazin, orge, millet et maïs.

Parmi les céréales plus répandues dans l'Amour que dans le Zabaïkal, les différentes variétés de millet ont une certaine importance, notamment la « bouda » (Setaria italica) que cultive beaucoup les Mandjous et les Coréens. La culture du tabac, qui fait des progrès, est dans des conditions favorables; mais, les cultivateurs ignorant l'art de traiter la feuille, le tabac de l'Amour est encore de basse qualité. Le chanvre est encore plus répandu dans les champs du pays où il atteint plus de deux mètres de haut; mais cette matière textile n'est pas employée à la fabrication des tissus; elle ne sert qu'à la production des cordes et des filets de pêche.

L'élevage se trouve dans des conditions bien moins avantageuses que dans le Zabaïkal : la taïga et les épais roseaux, qui couvrent le pays, s'opposant à l'évaporation des eaux accumulées par l'incroyable abondance des pluies estivales ne laissent pas les terres libres nécessaires aux paturages et aux prés; en outre, le manque des bras nécessaires pour soigner les animaux, rend à la population impossible la lutte contre le terrible ennemi de l'élevage, la peste, le fléau sibérien, et les animaux de proie qui exterminent sans pitié les troupeaux laissés aux pâturages sans gardiens. L'élevage du mouton surtout, auquel s'attachent plus particulièrement les maux dont nous venons de parler, rencontre des obstacles difficiles à surmonter. Aussi l'élevage ne peut-il encore entièrement suffire aux besoins de la contrée; la demande est satisfaite par l'importation du dehors principalement par celle du Zabaïkal et de la Mandjourie. Toutefois, le nombre des chevaux atteint 50,000; celui du gros bétail, 45,000 têtes, soit, respectivement 40 et 35 animaux par 100 habitants. Il n'existe que 6,000 têtes de menu bétail. En revanche, les conditions climatoriales favorisent l'élevage du porc, et la contrée contient jusqu'à 15,000 individus de la race porcine.

Dans cette contrée, on commence depuis peu à se livrer à l'agriculture; les conditions sont en effet particulièrement favorables, puisque l'été est de longue durée, les herbes florissantes et les buissons à fleurs en abondance, surtout les tilleuls qui sont nombreux dans les forêts.

Les richesses forestières de cette région sont très considérables; à telles enseignes que l'Etat possède encore dans le pays plus de 30 millions d'hectares de forêt, soit 52 0/0 de la superficie totale de la région. Si les forêts de l'Amour n'étaient parfois dévastées par les incendies, volontaires ou accidentels, les essences étant variées, ces forêts représenteraient de grandes richesses qui pourraient même être l'objet d'un commerce d'exportation, mais l'administration traite, avec raison, très prudemment les questions d'exploitation des forêts et s'applique à conserver et à défendre les forêts de cette contrée comme une réserve précieuse assurant l'avenir du pays.

Cependant les industries forestières ne donnent annuellement pas moins de 300,000 roubles; ces industries consistent principalement à transporter à Blagovetschensk et à Khabarovsk des bois de chauffage et de construction, à fabriquer du charbon, et à distiller du goudron et du charbon.

L'industrie de la chasse n'est pas moins répandue dans province de l'Amour que dans le Zabaïkal; c'est presque l'unique ressource des aborigènes vagabonds du pays et n'est pas un accessoire de peu d'importance pour les cantons de Kozaks. Les Kozaks, parmi les animaux dont la chair est comestible, chassent le chevreuil et le cerf (Cervus elaphus), dont la chair est succulente; et ces chasseurs vendent en Chine les bois jeunes de ces animaux, les bois de printemps dont il est rare de pouvoir s'emparer, et qui leur sont payés de 50 à 200 roubles la paire. On mange aussi la chair de l'élan (Cervus alces), celle du chevreuil (Cervus capreolus), celle de la kabarge (Moschus moschiferus) et du lièvre. Certaines années, on voit passer en innombrable quantité à travers le pays de l'Amour des chevreuils venant du Nord et se dirigeant vers la Mandjourie. Outre sa chair, la karbaga donne une laine chaude et des crottes qui sont également vendues en Chine. L'ours, le tigre, le loup, le renard, le putois et l'écureuil sont chassés pour leurs peaux. Les animaux aux fourrures les plus précieuses, tels que la zybeline et le renard, ne sont guère chassés et pris que par les indigènes. On estime à 150,000 roubles le prix des fourrures des animaux tués annuellement par les chasseurs; les deux tiers de cette somme reviennent aux chasseurs indigènes. Des Russes se livrent à la chasse aux oiseaux. En ce qui concerne la pêche, tout le bassin de l'Amour étant extraordinairement abondant en poissons, la pêche est une ressource très importante de la contrée. Les plus précieux des poissons du bassin de l'Amour sont l'esturgeon ordinaire, le grand esturgeon et le zoubatka. Les deux premières espèces, outre une chair de haut prix, donnent du caviar, de la « viaziga » (dos séchés d'esturgeon) et de la colle, et, la dernière, par son énorme abondance, constitue un aliment du plus bas prix pour la population nécessiteuse. La population retire plus de 125,000 roubles des produits de la pêche.

Mais l'industrie la plus précieuse de la contrée est celle de l'or. On jugera de l'importance de cette industrie par ce fait que, non seulement elle couvre ses frais de production qui sont énormes et fait vivre près de 10,000 ouvriers occupés à l'extraction du métal et procure indirectement des ressources à toute la population de la contrée, elle produit encore des bénéfices permettant de couvrir, et au delà, le prix des produits importés dans le pays pour les besoins de la population, dont la valeur s'élève à 8,000,000 de roubles.

Ces dix dernières années, la quantité d'or extraite annuellement des placers a été en moyenne de 7,000 kilogrammes, valant 7,640,000 roubles. Mais, si on ajoute à cette somme l'or qui échappe à l'enregistrement et au Trésor, la quantité d'or extraite des mines de la contrée dépassera la valeur de 10,000,000 de roubles. Les mines d'or occupent jusqu'à 15,500 personnes ; et la quantité de céréales consommée par cette population de travailleurs a été de 4,000,000 de kilogrammes.

En ce qui concerne l'industrie manufacturière, au pays de l'Amour, cette industrie n'a pas encore pris beaucoup d'extension ; cependant elle occupe 600 ouvriers et fabrique pour 1,300,000 roubles de produits.

Parmi les usines travaillant les produits minéraux, si on laisse de côté 70 briqueteries et une grande quantité de forges, il n'existe dans la contrée qu'une fonderie de fer et une fonderie de cuivre (à Blagoveschensk) qui traitent les vieux métaux et fabriquent pour 70,000 roubles de produits. Parmi les fabriques traitant les produits végétaux, les plus importantes sont les moulins à vapeur (500,000 roubles de produits). Puis viennent une distillerie et deux brasseries qui produisent pour 500,000 roubles de boissons. Les usines traitant les produits animaux ont moins d'importance. Cette catégorie d'établissements comprend six fabriques de cuir, et trois fabriques de savon qui, ensemble, produisent pour 130,000 roubles de marchandises.

Dans cette contrée, la petite industrie, dite industrie buissonnière, ne fait que de naître et n'a encore pris nulle part une importance particulière. Pendant les loisirs que leur laissent les travaux des champs, les paysans fabriquent de la toile, du feutre, des bottes en feutre, dites valenki, des dougas, des chaussures, des traîneaux, et autres articles de même nature.

Dans la vaste région de l'Amour et du Littoral, le troisième type est représenté par la contrée de l'*Oussouri et du Littoral*, territoire qui occupe toute la partie méridionale de la province Littoral (Primorsais), c'est-à-dire les districts de l'Oussouri méridional, de l'Oussouri, de Khabarovsk. En ajoutant à la contrée de l'Oussouri et du Littoral l'île de Sakhaline, qui se trouve en face, on a un territoire de 630,000 kilomètres carrés d'étendue. Les monts Sikhété-Aline, formant une longue chaîne de hauteurs peu élevées et extrêmement boisées s'étendant dans une direction plus ou moins parallèle au littoral de la mer du Japon, séparent du bassin de l'Oussouri une bande de terre trop étroite pour qu'il s'y forme des rivières de quelque importance, si ce n'est dans sa partie méridionale, tournée vers le Sud, qui possède même des golfes pénétrant profondément dans le continent, et où coulent de bons cours d'eau, un peu plus considérables que ceux du littoral, tel, par exemple, que le Souïfoune. Dans cette partie du littoral, toute l'échancrure tournée vers le Sud a reçu le nom de golfe de Pierre-le-Grand. Dans la presqu'île séparant les golfes de l'Amour et de l'Oussouri qui s'enfoncent très loin dans le continent, au sud du 43ᵉ degré de latitude nord, est située la ville de Vladivostok, d'où part aujourd'hui le chemin de fer ; la voie ferrée traverse toute la longueur du pays de l'Oussouri et aboutit à Khabarosk, ville située au-dessous du point où l'Oussouri se réunit à l'Amour sur la rive gauche de ce dernier fleuve, et où réside le général gouverneur des trois provinces constituant la région de l'Amour et du Littoral. Aujourd'hui, on construit un chemin de fer, partant du Zabaïkal, traversant la Mandjourie, et aboutissant à Vladivostok et à Port-Arthur.

L'altitude des monts Sikhété-Aline est insignifiante ; elle est, dans les défilés, de 400 à 730 mètres ; et les sommets les plus élevés qui aient été mesurés, le mont Verbloud (Khountami) atteint 1,100 mètres. Dans la chaîne des monts Sikhété-Aline, on rencontre même des affleurements de roches cristallines (du granit) et, dans leur partie septentrionale, celle qui rejette vers le Nord le cours inférieur de l'Amour et l'éloigne du golfe de Castries, les roches plutoniennes, le trachite et le basalte, sont communes. Dans ces montagnes, sur les points où les roches cristallines touchent aux roches sédimentaires, on trouve des gisements d'argent plombifère ; et, à 20 verstes du golfe de Sainte-Olga, on trouve aussi de riches gisements de minerais de fer.

Le versant oriental des monts Sikhété-Aline, par ses rameaux, tombe parfois en pentes abruptes dans la mer ; mais, parfois, entre la montagne et la mer, il existe un certain espace permettant aux petites rivières coulant au fond des courtes vallées parallèles de se jeter dans la mer ; à l'embouchure de ces rivières, on trouve parfois des golfes et des baies très commodes, tels, par exemple, les golfes de Sainte-Olga et de Saint-Vladimir, dans la partie sud du pays, et celui de Castries, dans la partie nord. Sur le large territoire séparant les monts Sikhété-Aline du cours de l'Oussouri coulent des affluents importants de ce fleuve. A l'angle sud-ouest de la contrée, les possessions russes embrassent le vaste lac de Khanka. Tout cet espace comprend des territoires de colonisation de la contrée, restreints toutefois par l'abondance des marais et des forêts et l'extraordinaire humidité du climat.

Malgré son peu d'altitude, la chaîne côtière des mont Sikhété-Aline forme une ligne de partage climatérique très importante. La zone du littoral s'étendant sur le versant oriental des monts Sikhété-Aline, enveloppée la plus grande partie de l'année d'impénétrables brouillards, se distingue beaucoup de la large zone des bords de l'Oussouri dont le climat est beaucoup plus continental et dont les conditions plus favorables s'étendent jusque sur le littoral tourné vers le sud du golfe de Pierre-le-Grand. Cette différence se manifeste de la manière la plus frappante quand on compare les climats de deux pays peu éloignés l'un de l'autre : celui de la ville de Vladivostok, située au fond du golfe de Pierre-le-Grand, et celui du golfe de Sainte-Olga, qui s'étend à la distance de 200 kilomètres au delà du cap de Povorotny séparant le littoral méridional du pays du littoral sud-est dont le climat est brumeux et humide. La moyenne de la température de l'année, dans ces deux régions qui ne sont séparées l'une de l'autre que par un demi-degré de latitude, est la même, $+ 4,5°$; mais au golfe de Sainte-Olga, la moyenne de la température de l'hiver est de $— 10°$ C. ; celle du mois le plus froid de $— 13°$; celle de l'été, $+ 18°$, et celle du mois le plus chaud, de $+ 20°$. Par conséquent, la différence entre la température moyenne de l'été et de celle de l'hiver est de 28°, et entre le mois le plus chaud et le mois le plus froid, la différence est de 33°; tandis que, à Vladivostok, la moyenne de la température de l'hiver est de $— 12°$, celle du mois le plus froid, de $— 16°$, celle du mois le plus chaud, de $+ 21°$; et, par conséquent, la différence entre la température moyenne de l'été et celle de l'hiver est de 30°; entre le mois le plus froid et le mois le plus chaud cette différence est de 37°; de sorte que le climat de Vladivostok est plus continental que maritime. A Khabarovsk, la moyenne de la température est déjà incomparablement plus basse (0°); mais malgré la rudesse du climat les autres conditions sont plus favorables (température de l'hiver : $— 21°$; de l'été $+ 19°$; du mois le plus froid, $— 25°$; du mois le plus chaud, $+ 21°$). Dailleurs, la différence entre la température de l'hiver et celle de l'été (40°) et entre le mois le plus froid et le mois le plus chaud (46°), prouve que le climat de Khabarovsk est plus continental. Le climat de Nikolaievsk étant plus rude, puisque la température moyenne de l'année, y est de $— 2°,4$, celle de l'hiver $— 21°,5$, et la moyenne de l'été $+ 15°$, son climat est moins continental ; car la différence entre la température moyenne de l'hiver et celle de l'été est de 36°, tandis que celle entre le mois le plus chaud et le mois le plus froid est de 40°. En ce qui concerne la moyenne de la température de la période de végétation, elle est à Vladivostok de 16°, à Kabarovsk de 16°, et au golfe de Sainte-Olga de 15°; ces moyennes sont, certes, favorables à l'agriculture; et à Nicolaievsk (12°) elle n'est déjà plus entièrement favorable, bien que l'agriculture y soit encore possible.

La différence de la quantité de dépôts météoriques, sur les divers points de la province du Littoral, est particulièrement frappante. Le golfe de Sainte-Olga, où, au cours de l'année, la colonne de dépôts est de 1,024 mill. dont 425 en été, offre un contraste bien frappant avec Vladivostok où la colonne des dépôts n'est que de 336 millim. dont 158 tombent en été. Khabarovsk, où il tombe à 603 millim. de dépôts, dont 364 en été, et Nikolaievsk où la colonne des dépôts météoriques est de 512, dont 184 tombent en été, occupent le milieu entre ces deux extrêmes. Sur le versant occidental des monts Sikhété-Aline, dans la large zone en grande partie couverte de bois et de forêts qui s'étend entre la chaîne du littoral et l'Oussouri, le climat est beaucoup plus humide qu'à Vladivostok ; il est pluvieux surtout en été. L'humidité du climat et du sol qui ne sèche jamais, la végétation étant fort épaisse, oblige les agriculteurs du pays à ne semer de céréales que sur des couches séparées par des intervalles pénétrables à l'air afin de prévenir la pourriture des racines. Malgré cela, on a trouvé que, dans certaines parties du pays, le sol est tellement humide qu'il se développe sur les épis de petits parasites cryptogamiques ; de sorte que le pain pétri avec la farine provenant de blés atteints de cette maladie est dit " enivrant ", c'est-à-dire que les personnes qui mangent du pain fait avec cette farine éprouvent un malaise rappelant celui qu'occasionne l'ivresse.

L'île de Sakhaline, qui, ces derniers temps, a été connue dans le monde entier comme lieu de déportation pénitentiaire, se trouve, par sa situation géographique même, dans des conditions entièrement différentes et bien moins favorables. Cette île, qui est séparée du pays de l'Oussouri par la partie nord de la mer du Japon, dite le détroit de Tatarie, s'étend exactement dans la direction du méridien sur huit degrés de latitude, entre le 54ᵉ et le 46ᵉ degré ; par son extrémité septentrionale, le cap de Sainte-Elisabeth, elle pénètre dans la mer d'Okhotsk et, par son extrémité sud, qui a la forme d'un fer à cheval et embrasse le golfe d'Aniva, elle se rapproche du Japon, dont elle est séparée par le détroit de Lapérouse. Un peu au nord du golfe de Castries, le détroit séparant Sakhaline du pays de l'Oussouri est tellement étroit et ses eaux sont si basses que les grands navires ne peuvent y pénétrer ; aussi, ce détroit réunit moins les bouches de l'Amour à la mer du Japon qu'il ne les en sépare. L'ossature de l'île de Sakhaline est formée par une chaîne de montagnes abruptes, assez élevées, composées de roches volcaniques, de basalte, par exemple, soulevant des couches sédimentaires de formation crétacée, formation peu commune en Sibérie, qui, dans cette île, est riche en fossiles, comme par exemple des ammonites de grande taille, en Inoceramus, etc., ou à la formation tertiaire moyenne (miocène), dans laquelle on rencontre beaucoup de fragments de plantes, comme par exemple des feuilles de hêtre (Fagus), de noyer (Inglans) et de Salisburia, plantes qui actuellement ne croissent plus sur l'île de Sakhaline. Au nord du 52° parallèle, la chaîne de Sakhaline, qui, dans ses points les plus élevés, atteint 600 mètres d'altitude au-dessus du niveau de la mer, s'abaissant brusquement par son flanc oriental dans la mer d'Okhotsk et, par son versant occidental, du côté du détroit de Tatarie, laisse entre le pied de ses hauteurs et les eaux de la mer une bande de littoral basse et marécageuse. Au sud du 52ᵉ degré, cette chaîne est ramifiée en deux chaînes par une vallée longitudinale au fond de laquelle, descendant du nœud qui réunit les deux chaînes, coulent dans la direction du méridien, en sens inverse, les deux cours d'eau principaux de l'île, le *Tyme* et le *Poronaï*. L'extrémité de la chaîne orientale qui, au mont Tiara, atteint 900 mètres d'altitude, déviant un peu vers le sud-est de la direction du méridien, au delà de l'embouchure du *Poronaï*, ferme le large golfe de Terpenié. La chaîne occidentale, jusqu'à l'extrémité méridionale de l'île, tombe en pentes abruptes dans la mer du Japon et s'élève au-dessus de cette mer à l'altitude de 900 et même de 1,200 mètres; de ce côté, la côte n'offre aucun port commode; mais, près de Doué, elle met à découvert de beaux gisements de charbon de terre, ainsi que des sources de naphte découvertes récemment; ces richesses, jointes aux bonnes pêcheries du golfe d'Aniva, dont le fond abonde en plantes aquatiques, qui sont exportées en Chine sous le nom de chaux marine, promettent un certain avenir économique à cette île, en général peu hospitalière.

Les données que nous allons produire montrent combien sont peu favorables les conditions climaturales de l'île de Sakhaline, — qui cependant n'est pas située très au nord, — par suite du courant venant de la mer glaciale d'Okhotsk, qui la baigne sur son bord oriental et charrie de grandes masses de glaces. Au chef-lieu de l'île, qui est situé environ sous le 51ᵉ degré de latitude nord sur la rive occidentale, rive la plus chaude, la moyenne de la température de l'année est de $+ 0°,5$; celle de l'hiver, $- 15°$, celle de l'été, $+ 4°$; la température du mois le plus froid, $- 16°$, celle du mois le plus chaud, $+ 16° 1/2$, donnent respectivement une différence de 29 et de 31°, et la température moyenne de la période de végétation, qui n'atteint pas $+ 12°$, n'est plus suffisante pour l'agriculture permanente. Au poste de Mouraviev, à l'extrémité sud-est de l'île, le climat est un peu meilleur. Sur ce point, il est vrai, la moyenne de la température est plus élevée ($+ 2°$); l'hiver moins rigoureux ($- 11°$), (et le mois le plus froid, $- 12°$); en revanche, l'été est plus froid ($+ 13°$), (et le mois le plus chaud, $+ 16°$), et la température moyenne de la période de végétation, comme à Doué, permet la culture des blés. A l'égard de l'extrémité sud-ouest de l'île, ceci s'explique par cette circonstance que le bord oriental de l'île de Sakhaline, le long duquel coulent vers le sud les courants glacés, est, en été, considérablement plus froid que le bord occidental. En ce qui concerne les dépôts météoriques, sur le bord occidental de l'île, ces dépôts sont bien moins importants que dans le golfe de Sainte-Olga ; dans le courant de l'année, ils ne forment qu'une colonne ne dépassant pas 510 millimètres, dont 184 sont fournis par la pluie de l'été ; et l'automne est aussi pluvieux que l'été. Toutefois, le long du bord du golfe d'Aniva, et dans certaines vallées de l'île, il y a des points où les conditions climaturales étant plus favorables, l'agriculture est possible dans une certaine mesure. A part ces points, qui sont peu nombreux, l'île de Sakhaline est impropre à la colonisation agricole. Il en est de même du tiers septentrional du Sikhété-Aline, entre le lac de Kizi et celui de Nicolaievsk. De sorte que, dans toute la sous-région de l'Oussouri et du littoral, si l'on écarte les contrées marécageuses et trop humides, qui rendent la colonisation difficile, même dans le bassin de l'Oussouri, on ne trouvera probablement pas plus de 170,000 kilomètres carrés de territoire propre à la colonisation.

Dans le pays de l'Oussouri, la végétation ne diffère pas beaucoup de celle de l'Amour. La plus grande partie des plantes caractérisant la flore de l'Amour passent dans l'Oussouri. Toutefois, il convient de remarquer que, dans la flore de l'Oussouri-Littoral, la proportion de plantes européennes est plus grande que dans l'Amour (47 0/0 au lieu de 38 0/0) ; ceci prouve déjà que le climat y est moins continental. Les essences ligneuses y sont les mêmes que dans la contrée de l'Amour. On n'y rencontre qu'un arbre nouveau : une espèce de charme (carpinus cordata Bl.), plus deux buissons : le Cissus homulifolia Bg, qu'on rencontre en Chine, et l'espèce européenne de Berberis. Il s'y rencontre dix-sept espèces d'herbes qui ne se trouvent nulle part ailleurs, et, au nombre de celles-ci, la célèbre genseng (panax ginseng Reg.), dont la racine, comme plante médicinale, est très appréciée par les Chinois, qui achètent cette racine au poids de l'or.

On peut dire de la faune des invertébrés, et particulièrement des insectes, ce que nous venons de dire de la flore. La plus grande partie des espèces du pays sont communes à l'Amour ; mais, quand on se rapproche de la mer du Japon, on commence à rencontrer les formes japonaises et les formes européennes deviennent plus communes. En général, la flore comme la faune de la sous-région de l'Oussouri-Littoral, de même que la flore et la faune de toute la région, ont le caractère paléarctique, c'est-à-dire le caractère de la flore et de la faune de la zone septentrionale de l'Ancien-Monde ; qui, dans la région de l'Amour-Littoral, atteint les bords de l'océan Pacifique ; tandis que dans la zone plus méridionale voisine, la flore et la faune paléarctiques, franchissant toute la partie montagneuse de l'Asie centrale, y compris le Tibet, est loin d'atteindre l'océan

Pacifique et fait place, dans les chaudes vallées de l'Empire du milieu, à la flore ou à la faune exotiques ou subtropicales.

Dans la sous-région de l'Oussouri-Littoral, les animaux vertébrés sont les mêmes que dans l'Amour, sauf une variété de cerfs tachetés (cervus axis), quelques rongeurs et les poissons de mer de la mer du Japon, que l'on rencontre dans ses golfes, tels que les sardines et les anchois, en quantités innombrables dans certaines saisons de l'année.

Actuellement, la population du pays de l'Oussouri-Littoral atteint déjà 218,000 âmes. Les aborigènes, Mangounes, Goldes et Orotchones, appartiennent aux races toungouss vagabondes. Les Ghiliaks et les Aïnos, également vagabonds, se distinguent beaucoup des premiers : ce sont les races typiques des bords de l'océan Oriental. Les aborigènes vagabonds sont en tout au nombre de 8,000. Les habitants sédentaires sont tous des émigrés arrivés dans le pays relativement depuis peu : au nombre de ceux-ci, se trouvent 13,000 Chinois, habitant de préférence des fermes (fanzes), 17,500 Coréens, qui habitent des villages et qui sont entrés pour la plupart dans l'allégeance russe, et plus de 3,000 Japonais. Le reste de la population, c'est-à-dire 86 0/0, est russe. Ainsi, cette contrée, comme les provinces Zabaïkal et de l'Amour, peut être regardée comme entièrement russe. 22 0/0 de la population habite des villes ; et, dans ce pays, deux villes, la ville de Vladivostok et celle de Khabarovsk, ont le caractère de véritables agglomérations urbaines.

De même que dans la province de l'Amour, l'agriculture, qui n'occupe pas moins de 25,000 travailleurs adultes du sexe masculin, est la principale occupation des habitants de la sous-région de l'Oussouri-Littoral ; dans cette contrée, l'agriculture est presque dans les mêmes conditions que dans l'Amour ; actuellement le pays, produisant plus de 30 millions de kilogrammes de céréales, se suffit entièrement. Plus de 50,000 hectares de terre sont ensemencés. L'élevage se ressent des mêmes inconvénients que dans l'Amour ; aussi n'y a-t-il que 24 têtes de gros bétail et 16 chevaux par 100 habitants (55,000 bœufs ou vaches et 35,000 chevaux). L'élève du mouton ne peut presque pas s'y développer ; mais les conditions du pays sont très favorables à l'élevage du porc, de sorte que les animaux de race porcine sont au nombre de 32,000. L'Oussouri-Littoral reçoit de la Mandjourie les bœufs que ne peut fournir en quantité suffisante l'élevage du pays. L'apiculture, les conditions étant favorables, se développe avec succès ; 300 ménages possèdent ensemble 12,000 ruches.

Les richesses forestières du pays sont incomparablement plus importantes que celles de l'Amour ; et cela se comprend, puisque, à part certaines contrées marécageuses et les défrichements de la population agricole, tout le pays est couvert de forêts. L'exploitation de ces richesses se fait dans les mêmes conditions que dans l'Amour. Sur les 230 à 240,000 roubles que rapportent au Trésor les forêts de l'Amour-Littoral, 75 0/0 de cette somme ont été produits par la sous-région de l'Oussouri-Littoral. Au surplus, il n'est consommé de bois que par les habitants du pays, et cela en quantité extrêmement insignifiante; à titre d'essai, les bois sont actuellement un objet d'exportation.

Dans l'Oussouri-Littoral, la chasse a la même importance que dans 'Amour. Pour ces deux contrées, la chasse la plus fructueuse est celle du chevreuil, animal qui, à l'entrée de l'hiver, vient du nord en quantité innombrable. Un des animaux de chasse particulier au pays, c'est le cerf tacheté, dont les bois (pantes) ont une valeur commerciale encore plus élevée que ceux du cerf royal. Le prix de ces bois atteint jusqu'à 400 roubles la paire. Heureusement, l'ancien gouverneur général de l'Amour, M. Doukhavskoï, a déjà pris des mesures de préservation contre la destruction des bêtes de valeur du pays de l'Amour.

Le poisson étant extrêmement abondant dans le cours inférieur de l'Amour et de l'Oussouri, et la mer du Japon voisine, dans le pays de l'Oussouri maritime, la pêche a dix fois plus d'importance que dans l'Amour. A cela, pour la province maritime, il convient d'ajouter les autres industries maritimes : l'exploitation du chou de mer, la pêche des écrevisses, des crabes et des trépangues. Le chou de mer est l'objet d'un important commerce d'exportation avec la Chine; il est exporté annuellement de 6 1/2 à 8 1/4 millions de kilogrammes de choux de mer; et cette exportation procure en moyenne au Trésor 24,000 roubles de recette annuelle.

L'industrie de l'or fait de grands progrès dans le pays. On extrait déjà du district d'Oudskoï plus de 1,306 kilogrammes d'or, et cette industrie occupe 1,300 ouvriers. Aucun autre métal n'est exploité; mais on extrait du charbon de terre des gisements de l'île de Sakhaline. Dans la période de cinq ans, 1890-1894, il a été extrait annuellement en moyenne, de ces gisements, 16,000 kilogrammes de charbon. Dans les mines chinoises de sel, ce minéral est produit d'après les procédés les plus primitifs. L'industrie des fabriques et des manufactures est encore moins développée que dans la contrée de l'Amour; l'ensemble des établissements industriels, le plus souvent peu importants, qui occupent ensemble 2,000 ouvriers, fabriquent pour plus d'un million de roubles de produits. Les villes de Vladivostok et de Khabarovsk possèdent de petites fonderies de fer. Depuis 1893, il a été fondé une fabrique d'allumettes. Parmi les usines traitant les produits végétaux, les moulins à vapeur de cette contrée produisent deux fois moins que ceux de l'Amour; mais les distilleries ne le cèdent pas à celles de cette contrée. Enfin, comme usines traitant les produits animaux, il n'existe, dans le pays, que des fabriques de cuir.

L'Oussouri-Littoral occupe une situation commerciale très avantageuse entre la mer du Japon, la Corée et la Mandjourie. Le port de Vladivostok reçoit annuellement 2 millions de kilogrammes de frêt. Par la frontière terrestre, il est introduit dans l'Oussouri pour un million de roubles de marchandises, dont la moitié bétail, huile et divers produits agricoles. L'exploitation s'élève à 1 million 100,000 roubles de marchandises, sortant en majeure partie de manufactures russes ; cette exportation comprend encore du poisson, du chou de mer, du sel, des peaux, etc. Enfin, le chemin de fer reliant aujourd'hui Vladivostok à Khabarovsk, qui a 800 kilomètres de long, donne beaucoup d'animation au pays et à la colonisation russe.

La quatrième partie de la région de l'Amour et du littoral, que l'on peut appeler le pays Okhotsko-Kamtchatka, présente un caractère tout différent. Cette partie nord-est de la région que nous étudions embrasse, au delà du bassin de l'Ouda, tous les bassins des rivières se jetant dans la mer d'Okhotsh et dans la mer de Behring. Ce territoire s'étend sur 12,160,000 kilomètres carrés. Au point de vue géographique, le pays Okhotsk-Kamtchatka comprend le littoral nord-ouest de la mer d'Okhotsk, ce littoral assez étroit des districts d'Okhotsk et de Guigiguinsk, la presqu'île Kamchatka (district de Pétropavlovsk), la terre de Tchoukotsk (cercle d'Anadyr) et les îles de la mer de Behring. Dans la première partie de ce territoire, les monts Stanovoï, qui ont un peu plus de 900 mètres d'altitude moyenne, séparent la province maritime de la province Iaknoutsk ; et ces monts détachent d'importants rameaux qui couvrent plus ou moins la zone du littoral ; le bord de la mer est généralement élevé, et, sur certains points, particulièrement dans le bassin de l'Okhota, ces bords sont abruptes. Le large littoral Nord de la mer d'Okhotsk et de Pengninsk pénétrant loin vers le Nord-Est, dans les profondeurs du continent, par les conditions climaturales, constituent la contrée la plus défavorable au peuplement. Le littoral nord-ouest de la mer d'Okhotsk est extrêmement varié comme composition géognotique. Le long de ce littoral on rencontre également des roches cristallines : granits, diorites, porphyres et même labrador, et des roches volcaniques, trachites et basaltes, comme par exemple dans les montagnes Marékansk, près d'Okhotsk, sur la presqu'île de Segneka et ailleurs.

La presqu'île du Kamtchatka, qui s'étend au Sud presque jusqu'au 50ᵉ degré de latitude nord, présente un grand intérêt scientifique, mais offre fort peu d'intérêt au point de vue économique.

L'ossature de cette presqu'île est formée par la chaîne centrale du Kamtchatka dont la moitié méridionale est formée de schistes cristallins ainsi que de graphite, de siénite et de porphyre et, la partie septentrionale, de grès tertiaire et de roches volcaniques. A l'intersection de ces deux moitiés, s'élève à 5,130 mètres d'altitude, dépassant le mont Ararat, le volcan éteint d'Itchinsk qui a la forme d'un cône. Parallèlement à la chaîne centrale, mais plus près de la rive orientale du Kamtchatka, s'élève toute une série de volcans éteints ou en activité qui semblent former la couronne de flamme de cette presqu'île. Près du golfe d'Avatchinsk, sur le bord duquel est située Pétropavlovsk, ville principale du Kamtchatka, cette couronne de feu est formée des volcans de Povorotny, de Viloutchinsk, de Strelotchny, d'Avatchinsk et de Joupanovsk. Le plus élevé de ces volcans, le mont Strelotchny ou Koriatsk, est un cône admirable de 3,700 mètres d'altitude aux flancs ravinés ; le Joupanovsk et l'Avatchinsk sont des volcans toujours en activité. L'Avatchak a eu des éruptions particulièrement terribles en 1825, en 1848 (lorsque le cône de cette montagne s'est effrondré) et en 1855. Plus loin vers le Nord, les volcans se groupent autour du lac Kronotsky. Encore plus au Nord, en vue du golfe, de Kamtchatsk, sont groupés des volcans encore en activité aujourd'hui dont le Kloutchevskoï, le plus haut des volcans en activité de l'Ancien Monde, dépasse, en altitude, le Mont-Blanc (4,820 mètres). Les autres volcans en activité, de ce groupe, ont encore des altitudes colossales. Le Kamtchatka compte 12 volcans en activité et 26 volcans éteints.

La plus grande partie de la terre de Tchoukhotsk est occupée par le bassin de l'Anadyr. Mais la presqu'île de Tchoukhostk proprement dite, qu'on devrait en toute justice appeler la presqu'île Djeniev, et qui forme l'extrêmité nord-est de l'Asie séparée de l'Amérique par le détroit de Behring (qui a véritablement été découvert par Djeniev), est montagneuse et toute déchiquetée de fjords.

Dans le voisinage du Kamtchatka, au milieu de la mer de Behring, se trouvent les îles assez élevées du Commandeur formées en partie de roches volcaniques, qui sont connues dans le monde entier par la pêche de loutres marines et en général par leurs pêcheries.

Les conditions climaturales de tout le pays Okhotsk-Kamtchatka sont extrêmement défavorables. La mer d'Okhotsk, bien qu'elle soit loin de pénétrer aussi haut vers le Nord que la mer Baltique, a tout le caractère d'une mer polaire, et les baleines la fréquentent volontiers. Dans les ports d'Oudskoï et d'Aïane, les plus méridionaux de la mer d'Okhotsk, la température moyenne de l'année est d'environ — 4° ; malgré la proximité de la mer, la température moyenne de l'hiver est, à Aïane de — 20°, à Oudskoï, le climat étant plus continental, de — 28°. L'été est frais : à Aïane + 11°, à Oudskoï, + 13° 1/2. Déjà, à Oudskoï, la température moyenne des cinq mois de la période de végétation étant d'environ — 12°, l'agriculture est extrêmement difficile ; et, à Aïane cette température étant de — 8, l'agriculture est impossible. A Okhotsk, la température moyenne de l'année est encore plus basse (— 5°) ; celle de l'hiver plus froide qu'à Aïane (— 19° 1/2) ; celle de l'été est la même qu'à Aïane (+ 11°). La température moyenne des cinq mois de la période de végétation (+ 8°) est également la même ; et cette température est incompatible avec l'agriculture. La ville de Pétropavlovsk, dans le Kamtchatka, sur la mer de Behring, est dans des conditions un peu différentes, car cette ville jouit d'un climat entièrement maritime. Là, la moyenne de la température de l'année (+ 2°) est plus élevée que sur la mer d'Okhotsk ; l'hiver est beaucoup plus tempéré (— 8°) ; l'été est presque le même qu'à Outdskoï (+ 13°) ; mais la température moyenne des cinq mois de la période de végétation, (+ 10°, 6) est moins favorable à l'agriculture qu'à Oudskoï. En ce qui concerne l'humidité du climat et les dépôts météoriques de l'année, le pays Okhotsk-Kamtchatka présente deux situations contraires. Une grande partie du midi de la mer d'Okhotsk et l'extrémité sud du Kamtchatka sont éternellement enveloppées de brouillards, inondées de pluie ou couvertes de neige ; de sorte qu'à Aïane, la colonne des dépôts s'élève à 1,113 millimètres ; et à Pétropavlovsk, elle atteint jusqu'à 1,240 millimètres ; à Aïane ce sont les pluies d'été qui dominent (626 milim.) et les dépôts de l'automne (452 milim.) ; à Pétropavlovsk, c'est au contraire en été qu'il tombe le moins de dépôts. Sur le bord septentrional de la mer d'Okhotsk, de la ville d'Okhotsk à la ville de Tiguilsk, dans la partie nord du Kamtchatka, et à la terre de Tchoukhotsk, au contraire, il tombe très peu de dépôts ; à Okhotsk, la colonne annuelle n'est que de 190 millimètres et, l'hiver, la neige n'apparaît presque jamais (en hiver il ne tombe que 9 millimètres de dépôts). Le climat de la mer d'Okhotsk est encore caractérisé par les moussons, c'est-à-dire par des vents qui, en été, soufflent du large et, en hiver, de la terre. En hiver, la mousson passe à travers les monts Stanovoï avec une impétuosité telle que les hommes et les bêtes de somme ne peuvent marcher contre le vent. Les navires se rendant d'Okhotsk au Kamtchatka dans l'arrière-saison profitent de ce vent. En été, au contraire, des vents violents soufflent du large sur les bords de la mer d'Okhotsk ; ces vents apportent du froid, d'impénétrables brouillards et le « bous » (petite pluie froide et brumeuse). Ces moussons s'expliquent par cette circonstance qu'en été le continent est beaucoup plus échauffé que la mer et beaucoup plus froid en hiver.

La flore de toute la contrée Okhotsk-Kamtchatka est pauvre en espèce et n'est pas fort variée ; mais la couverture herbeuse sur toute la partie humide de la contrée, sur le littoral occidental de la mer d'Okhotsk et dans le Kamtchatka méridional, est luxuriante. Les forêts du Kamtchatka méridional sont formés de deux essences à feuilles aciculaires seulement : le sapin de Sibérie (Abies siberica Led.) et le cèdre sibérien (Pinus cembra L.) et d'un petit nombre d'essences à feuilles batifoliées : le bouleau, l'aune, le peuplier, le sorbier (Pyrus sambucifolia Ch.), et le saule auxquelles viennent s'ajouter beaucoup de buissons appartenant au genre clématies (Atrogenes ochotensis pall.), l'églantier (deux espèces sibériennes), le chèvrefeuille des bois (Lonicera nigra L.), des bouleaux nains (Bhetula Ermanni Ch.) et des saules, sans compter les plus petits buissons appartenant à la famille des (Ericaceœ).

En ce qui concerne les herbes, leurs espèces, étant fort peu nombreuses, elles poussent luxuriantes, dépassant de beaucoup la taille d'un homme. Malheureusement, au nombre de ces herbes se trouve une espèce d'ortie aux feuilles découpées (Urtica cannabina L.), qui, ces onze dernières années, s'est tellement multipliée que, sur de vastes territoires, elle a étouffé toute autre végétation et sera fatale au Kamtchatka tant que cette plante fibreuse n'aura pas trouvé quelque utilisation pratique.

La végétation du littoral occidental de la mer d'Okhotsk a beaucoup de ressemblance avec celle du Kamtchatka ; dans la partie méridionale du littoral pénètrent quelques plantes du pays de l'Oussoux, telles que le Picea ajanensis. En ce qui concerne le littoral septentrional de la mer d'Okhotsk, le plateau entièrement dépourvu de bois occupant le nord du Kamtchatka et, enfin, la terre de Tchoakhotsk, la flore de ces pays ressemble encore davantage à la flore de la zone polaire du territoire de Iakoutsk, qui est dans des conditions climaturales encore plus semblables.

La faune terrestre du pays Okhotsk Kamtchatka se distingue peu de celle de la Sibérie ; mais la faune marine a une tout autre importance pour le pays, ne fût-ce que par la raison que nulle part la faune marine des mers polaires ne pénètre si en avant vers le sud que dans les mers de Behring et d'Okhotsk, où, avec les courants et les glaçons, pénètrent également en grande quantité les animaux et les poissons de l'Océan du Nord.

La mer d'Okhotsk, qui occupe un vaste espace entre le littoral du continent asiatique et la presqu'île du Kamtchatka, est fermée au sud-est par les îles Kouriles qui laissent jusqu'à 20 passages commodes pour passer de l'océan Pacifique dans cette mer, se trouve dans des conditions climaturales tout à fait exceptionnelles. Malgré sa situation géographique au milieu d'une zone tempérée (entre le 44° et le 60° de latitude nord), cette mer, de même que le golfe de

Hudson en Amérique, est du type des mers polaires. La plus grande profondeur de la mer d'Okhotsk à son milieu ne dépasse pas, semble-t-il, de 1,400 à 1,500 pieds. Alors que, vers la fin de l'été (en juillet et en août), la température de ses eaux à la surface s'élève jusqu'à $+$ 7° et même jusqu'à $+$ 10°, à la profondeur de 100 pieds la température des eaux tombe au-dessous de zéro et à plus de 700 pieds de profondeur les eaux de cette mer sont à la température de $-$ 1°,5. Au-dessous de 1,350 pieds, les eaux étant plus salées, leur température s'élève de nouveau quelque peu atteignant $+$ 2°,4 et les eaux gardent cette température jusqu'au fond. Au surplus, en hiver, la mer d'Okhotsk ne gèle que sur les bords; le milieu de cette mer est presque toujours libre. Quoi qu'il en soit, on peut dire que la mer d'Okhotsk est une mer des toundras (marécages gelés), les collines de son littoral septentrional laissent échapper vers le sud ce qu'on appelle des « nakipny », c'est-à-dire des masses de glaces qui flottent presque tout l'été sur les eaux de cette mer. En été, ces glaces flottantes s'accumulent particulièrement dans la partie sud de cette mer, sur le littoral qui s'étend le long de la côte orientale de Sakhaline et aussi aux îles de Chantarsk et même dans les limons de l'Amour. Au golfe d'Oudskoï, la glace ne disparaît qu'en juillet et, dans le golfe de Tougoursk, elle se maintient jusqu'en août. Sur le littoral oriental Kamtchatkien de la mer d'Okhotsk, les courants marins suivent en général la direction du nord et, avant d'arriver à l'extrémité nord-est, ils tournent vers l'ouest puis, la ligne du littoral changeant de direction, ils suivent vers le sud-ouest et le sud et, enfin, vers le sud-est; après être sorti de la mer d'Okhotsk, le courant passe à côté du bord oriental de Sakhaline et continue à se diriger vers le sud. Ce sont précisément ces courants qui remplissent de glaces flottantes toute l'extrémité sud-ouest de la mer d'Okhotsk, rendant parfois difficile l'entrée de l'océan Pacifique.

Dans ces conditions, la flore sous-marine comme la faune des invertébrés de la mer d'Okhotsk est extrêmement riche, non seulement par comparaison avec la flore et la faune du littoral de l'océan du Nord, mais même par rapport à celle de la mer de Behring. Il a été trouvé dans la mer d'Okhotsk, 52 espèces d'algues, et ces plantes ressemblent beaucoup plus aux algues de l'océan du Nord qu'à celles de l'océan Pacifique; en outre, la mer d'Okhostk possède un grand nombre d'espèces d'algues qui lui sont exclusivement propres. La mer d'Okhotsk est également fort riche en mollusques. Quant aux poissons de cette mer ils ont encore été peu étudiés; toutefois ils sont fort abondants. On y rencontre en innombrable quantité la keta (Salmo lagocephalus) et la malma (C. callaris). Avec son caractère de mer polaire et la richesse de sa flore et de sa faune, on conçoit que la mer d'Okhotsk soit, depuis les temps les plus reculés, le lieu préféré des grands mammifères marins qui s'y rendent de l'océan du Nord. Au nombre de ces animaux on compte non seulement six espèces de phoque et deux espèces de dauphins (Phocaena orca et Delphinapteros leucas), mais aussi trois espèces de baleines. La pêche à la baleine a commencé à s'y développer vers 1840; et à partir de 1847 les baleiniers américains ne laissèrent pas en repos une seule année les baleines de la mer d'Okhotsk; au témoignage des armateurs américains, en quatorze années (1847-1861), leurs baleiniers ont emporté pour 14 millions de dollars de graisse et de fanons qui constituaient la pêche de 200 navires baleiniers américains envoyés annuellement dans cette mer. Accessoirement ces navires tiraient des bénéfices considérables de la pêche de la morue.

La mer de Behring qui, depuis la cession aux Etats-Unis d'Amérique des territoires que la Russie possédait dans le Nouveau Monde, est possédée en commun par la Russie et les Etats-Unis, se trouve dans des conditions un peu différentes. Cette mer est limitée au sud, c'est-à-dire du côté de l'océan Pacifique, par le chapelet des îles Aléoutiennes et, au Nord, communique avec l'océan Glacial par le détroit du Behring. Située à une latitude plus élevée (entre le 52ᵉ et le 64ᵉ degré de latitude) et séparée de l'océan Pacifique par une rangée d'îles isolées l'une de l'autre par des détroits, la mer de Behring n'a déjà plus, comme la mer d'Okhotsk, le type des mers méditerranéennes, c'est une mer océanique ouverte des deux côtés dont le climat lui-même est encore plus maritime, dans toutes les saisons de l'année, que celui de la mer d'Okhotsk. Il suffit de dire que, dans la partie méridionale de cette mer, la température moyenne de l'année étant de $+ 3°$, celle du mois le plus froid est un peu au-dessous de zéro et celle du mois le plus chaud de $+ 7°$, pour comprendre la raison pour laquelle les îles de la [mer de Behring manquent de végétation ligneuse. Sur ces îles, aucune culture agricole n'est possible et leurs bords ne sont pas accessibles à la colonisation agricole. La mer de Behring est donc vouée pour toujours à la seule exploitation de ses richesses marines. La flore sous-marine de la mer de Behring est plus pauvre que celle de la mer d'Okhotsk; toutefois, on ne saurait dire qu'elle soit pauvre, car quoi qu'il en soit, elle est incomparablement plus riche que la flore sibérienne du littoral de l'océan Glacial.

Grâce à cette circonstance et à la richesse de la mer de Behring en mollusques, en crustacés et en poissons, cette mer, comme la mer d'Okhotsk, est un admirable champ pour les animaux marins qui, jadis, fréquentaient ses bords en innombrables quantités et peuplaient surtout ses îles. Le plus intéressant de ces visiteurs, jusqu'au commencement de notre siècle, fut un animal de proportions énormes (il avait 10 mètres de long et pesait 500 quintaux), connu sous le nom de vache marine (Rytina gigas); il a été décrit pour la première fois par un compagnon distingué de Behring, le naturaliste russe Steller; aujourd'hui, il est complètement disparu, comme disparut, dans les temps préhistoriques, le mammouth et comme ont disparu, de nos jours, ces grands oiseaux des îles des océans Pacifique et Indien, le droute et le moa. Les dernières vaches marines furent tuées sur l'île de Behring, une des îles les plus remarquables du monde tant au point de vue géographique qu'au point de vue de l'histoire naturelle, vers 1780 ; toutefois, à en croire les renseignements recueillis par Nordenskiold, les créoles de l'île de Behring ont vu des vaches marines pour la dernière fois, en 1855. Un autre des visiteurs des îles de la mer de Behring, qu'on appelle le lion marin (Eumetopias Stelleri Less.), est déjà aujourd'hui fort rare et ne se rencontre qu'isolé. En revanche, la mer de Behring, et particulièrement les îles de cette mer, sont encore riches en loutres marines (Ottaria ursina), connues par leurs fourrures (sealskin) et dont on prend annuellement de 10 à 50,000. Un autre visiteur très apprécié de la mer de Behring, c'est l'animal dit le castor marin (Enhydris lutris) ; au point de vue zoologique, cet animal n'a rien de commun avec le castor (Biber), ni la loutre (Lutra); c'est un animal ressemblant au morse (Trichecus rosmarus). Parmi les autres mammifères marins, on rencontre dans la mer de Behring les mêmes espèces que dans la mer d'Okhotsk, certaines espèces de poissons, tels que le hareng, la morue et le lavaret. Enfin sur le littoral et les îles de la mer de Behring, on rencontre des animaux à fourrures, tels que le castor de rivière, la loutre, le renard blanc, le renard, la zybeline, et le rat musqué.

On comprend que les conditions du pays okhotsko-kamtchatkien étant extrêmement défavorables moins en raison de sa situation géographique que par suite de son climat qui fait de cette région une contrée hyperboréenne, sa population soit absolument insignifiante. Les 30,000 habitants qu'il possède constituent moins d'un habitant par 1,000 kilomètres carrés. 80 0/0 de cette population est formée de peuples aborigènes ; ce sont des peuples vagabonds : les Tchouktches, les Koriaks, les Lamoutes, les Kamtchadales, les Aléoutes, des Toungouses chasseurs de rennes et même des Iakoutes, c'est-à-dire des peuples vivant surtout de chasse, de pêche, d'industries marines et de l'élevage du renne. Dans la contrée, il y a plus de 7,000 Russes, dont la moitié habitent des villes abritant en tout les 4 0/0 de la population ; d'autres Russes habitent des villages où, d'ailleurs, ils ne s'occupent pas d'agriculture. Au surplus, l'agriculture est si peu développée, qu'il n'existe peut-être pas dans le pays

600 hectares de terres labourées ; les champs sont ensemencés principalement d'orge, de pommes de terre, de chanvre et de raves ; on rencontre aussi quelques potagers. L'élevage, sauf celui du renne, est peu développé. Le nombre de rennes atteint probablement 200,000 et celui des chiens d'attelage 35,000. En général, tout le pays okhotsk-kamtchatkien, de même que la région d'Iakoutsk voisine, est peu propre à la colonisation sédentaire agricole. La principale occupation des habitants du pays okhotsk-kamtchakien, celle qui procure à la population, particulièrement aux aborigènes, leur principale ressource, c'est, certes, la pêche qui ne donne pas moins de 6,000,000 de poissons de toutes espèces.

La pêche la plus importante est celle de la baleine. Cette pêche, qui procure dans nos eaux (mer d'Okhotsk et mer de Behring) de si grands bénéfices aux étrangers, particulièrement aux Américains (de 1 à 1 1/2 million de roubles par an), n'est encore qu'à ses débuts. L'industrie de la pêche à la baleine fut créée parmi les nôtres en 1887, par le capitaine en retraite Dydymov avec l'appui du grand-duc Alexandre Michaïlovitch ; mais l'essor de cette industrie fut arrêté par la mort tragique de Dydymov, en 1892, et entreprise à nouveau, en 1894, par un officier de marine, comte Kaiserling, et, plus tard, par la Cie Lindholm. Kaiserling a acheté en Norvège deux bateaux à vapeur et deux bricks à voiles et a fondé dans la baie de Vostok une fabrique pour le traitement de la graisse de baleine.

Pendant vingt ans, de 1871 à 1891, la pêche des loutres marines (sealsin) fut donnée à bail à la Compagnie moitié américaine de l'Aliasca ; ce n'est qu'en 1891 que cette amodiation a passé à la Cie Russe d'Industrie du scalsin qui, depuis qu'elle fonctionne, prend annuellement en moyenne de 14 à 30,000 loutres marines, tandis que, jusque-là, la Cie Russo-Américaine, dans les vingt premières années de notre siècle, en prenait annuellement 54,000, dans la deuxième période de vingt ans 23,000 et dans la troisième 17,000 par an. Dans la période des vingt années 1871-1890, la Cie Alaskienne a pris annuellement 38,000 loutres marines et, les dernières années, la pêche de cette Compagnie eut un caractère déprédatif. A part les loutres marines, la Compagnie russe chasse sur le littoral du Kamtchatka, de la mer de Behring, les animaux à fourrure. Malheureusement, dans la mer de Behring, la quantité de castors marins diminue rapidement, parce que le haut prix du castor du Kamtchatka (de 300 à 400 roubles) encourage trop la poursuite déprédative et la destruction de ce précieux animal. Pour les mêmes raisons, les flibustiers anglais et américains, poursuivant sans merci le morse, l'industrie à laquelle donne lieu cet animal est en décadence. En ce qui concerne les industries terrestres, les 75 0/0 de la population étant formés d'indigènes vagabonds, les principales industries sont la chasse et la pêche. Chez les indigènes de cette contrée, la chasse a le même caractère que dans la province d'Yakoutsk.

Nous comprenons dans la région des steppes kirghizes la vaste plaine, qui sépare la Sibérie proprement dite du Turkestan ; cette région forme, au point de vue administratif, les deux provinces de la lieutenance générale des steppes (Akmolinsk et Sémipalatinsk) et les deux divisions administratives non comprises dans la lieutenance générale des steppes, la province de Tourgaï et la province de l'Oural ; cette dernière pénètre en Europe par les terres des Kozaks de l'Oural qui s'étendent sur les deux rives du fleuve Oural.

La région des steppes kirghizes a 1,850,000 kilomètres d'étendue, sur lesquels 60,000 kilomètres carrés s'étendent sur la rive européenne de l'Oural. La steppe des Kirghizes se distingue de la plaine de la Sibérie occidentale, à laquelle d'ailleurs n'appartient par sa nature que la partie irtychienne de la région des steppes kirghizes, par cette circonstance que la plus grande partie de la steppe kirghize, sauf la province de l'Oural au sud-ouest de cette steppe et toute sa zone méridionale faisant incontestablement partie de la plaine aralo-caspienne, n'est pas entièrement formée de plaines ni de plats pays.

Un rameau de l'Altaï pénètre en effet dans l'extrémité orientale de la région des steppes kirghizes entre la Boukhtarma et le lac de Zaïsane, près du lac alpin de Merkakoul ; et, là, ce rameau atteint encore en altitude la limite des neiges ; plus loin, vers l'est, ce rameau est connu sous le nom de chaîne de Narinski. Au delà du point où l'Irtyche traverse les ramifications de l'Altaï, une autre chaîne de montagnes, les monts Kalbinsk, s'étendent sur le même parallèle. Au sud du lac Zaïsane, la haute chaîne de Tarbagataou pénètre, elle aussi, dans la région que nous allons étudier ; la continuation surbaissée de cette chaîne porte le nom de Tchinguis-taou. Et, dans la partie occidentale de la marche des steppes des Kirghizes, sur la limite des provinces de l'Oural et du Tourgaïsk, l'extrémité sud des monts Ourals pénètre dans la région qui nous occupe ; cette extrémité des monts Ourals est connue sous le nom de monts Mongodjar. Ces montagnes forment deux chaînes rocheuses parallèles séparées l'une de l'autre par une série de vallées profondes et réunies par des nœuds montagneux. Au nord, la chaîne des monts Mongodjar se termine par le mont Kara-taou ; au sud, par le mont Djaman-taou ; et, au centre, cette chaîne atteint sa plus haute altitude au mont Aïruk.

En outre, la région des steppes kirghizes, dans toute son immense étendue, entre le Mongodjar et les ramifications de l'Altaï et du Tarbagataï, est traversée par des groupes montagneux et des crêtes peu élevées, il est vrai, mais se profilant très nettement, sans avoir

sur aucun point plus de 1,200 mètres d'altitude absolue. Tous ces groupes et crêtes de montagnes sont formés principalement de roches cristallines, de granit, de diorites, de diabase, de porphyre, etc. Des monts granitiques s'élèvent au milieu de la steppe sous forme de crêtes aux reliefs très accentués ; quant aux monts de porphyre, ils forment principalement des groupes aux cimes arrondies en forme de coupoles et aux reliefs très adoucis.

*
* *

Toutes ces hauteurs donnent à la contrée un relief très variable. Ainsi que nous l'avons dit, des plaines s'étendent dans la zone irty-chienne de la région des steppes kirghizes, zone qui, par son carac-tère, fait partie de la plaine de la Sibérie occidentale, ainsi que sur la partie occidentale de cette région appartenant au bassin caspique de l'Oural et de l'Emba, et enfin dans la zone sud des quatre pro-vinces de la région dont nous parlons, zone faisant incontestable-ment partie également de la plaine aralo-caspienne. Là, s'étendent de véritables déserts inhabitables et dépourvus d'eau formée en partie de « koums », c'est-à-dire de sables, avec leurs « barkhanes », et, en partie, plateaux argileux calcaires semblables à celui de l'Oust-Ourt, qui sépare la mer Caspienne de la mer d'Aral et à la steppe de la Faim (Bek-pak-dalà), qui s'étend au nord de la Tchou et qui est entièrement dépourvue d'eau et complètement déserte.

Cette province a le caractère d'une steppe principalement par la raison qu'elle est extrêmement mal arrosée et qu'elle manque de végétation arborescente dans la plus grande partie de son étendue ; on n'y rencontre d'arbres que sur une zone étroite le long du grand chemin de fer de Sibérie, à partir de Pétropavlovsk jusqu'à Oursk, et, au delà, sur la rive droite de l'Irtyche, jusqu'à la frontière chi-noise. Dans l'intérieur de la steppe, on ne rencontre d'arbres qu'à l'état sporadique aux districts septentrionaux des provinces de Tourgaï, d'Akmolinsk et de Sémipalatinsk.

Seules, les zones frontières de cette province, les zones nord-est et ouest, sont arrosées sur un long parcours par des rivières fort importantes : la zone nord-est, par l'Irtyche, et la zone occidentale par l'Oural. Parmi les autres rivières importantes de la région, l'Ichime et la Tobol, appartiennent au système de l'Irtyche ; l'Ilek, au système de l'Oural ; l'Emba est un fleuve qui se jette dans la mer Caspienne ; les autres cours d'eau, l'Irghiz, le Tourgaï, la Nouva, la Sary-sou et le Tchou ont le caractère de cours d'eau des steppes au courant lent, dont les eaux se perdent dans les marais ou s'éva-porent dans l'air sec des déserts de sable ou des déserts salins ; ces rivières n'appartiennent ainsi à aucun bassin océanique ou intérieur et se jettent, si l'on peut s'exprimer ainsi, dans l'Océan de l'air.

Comme traits caractéristiques de la région des steppes kirghizes, il convient de noter les nombreux et parfois vastes bassins lacustres. Sans parler des plus vastes bassins de la plaine aralo-caspienne, du bassin de la mer Caspienne, auquel la région dont nous parlons touche par sa partie nord-est et du bassin de la mer Aral, que cette région embrasse en partie, la région des steppes kirghizes est en outre riche en bassins lacustres intérieurs. Le plus grand de ces derniers, le lac Balkhach, appartient à cette région par toute sa partie nord-ouest dans laquelle, comme la mer Aral, il dresse ses bords argileux-calcaires au-dessus de ses eaux en falaises abruptes. La plus grande partie des autres lacs ont des bords unis et bas sur lesquels leurs eaux s'étendent si basses que la végétation d'inextricables roseaux de ces rivages, le niveau de leurs eaux variant souvent, rendent extrêmement vagues la ligne de leurs contours et cachent leurs bassins au point qu'en été on pourrait douter de leur existence ; la présence de ces lacs ne s'affirme que l'hiver, lorsque leurs eaux étant glacées il n'est pas difficile de pénétrer à travers les roseaux desséchés au milieu des eaux profondes qui n'en sont pas couvertes et de se livrer à la mensuration de leur étendue et de leur profondeur. Tels sont, par exemple, les lacs de Tchalkar, de Denghize et beaucoup d'autres qui, comme tous les lacs n'ayant pas d'écoulement, contiennent une eau saumâtre non potable. Les lacs d'eau douce de l'angle nord-est de la région qui nous occupe, sont dans des conditions différentes, parce qu'ils ont un écoulement par des rivières appartenant au système de l'Irtyche. Au nombre de ces derniers, appartient le lac Zaïsane, célèbre par ses richesses poissonnières ; ce lac occupe le fond d'une vaste dépression entre l'Altaï et le Tarbagataou ; puis le superbe et pittoresque lac alpin de Markakoul qui s'écoule dans l'Irtyche supérieur ou Irtyche noir. Dans la partie septentrionale de la région des steppes kirghizes, on observe que les lacs s'assèchent progressivement ; toutefois, il est encore impossible de se prononcer sur la question de savoir si ce phénomène a un caractère permanent ou si cet assèchement n'est que périodique.

La composition géognostique de la région des steppes kirghizes est très diverse. Les affleurements de roches solides étant abondantes à la surface du sol au nombre desquelles les roches cristallines éruptives soulèvent et déchirent des couches sédimentaires de formation paléozoïque, secondaire et tertiaire, les richesses minérales de toute la moitié septentrionale de la marche des Kirghizes sont fort considérables. Ce sont des sables d'or, des minerais d'argent, plombifères, de cuivre, de fer, de manganèse et des couches de houille ; ces gisements ont pris une importance particulière depuis que le grand chemin de fer sibérien aborde la région des steppes des Kirghizes. On rencontre des sables aurifères dans les monts Koktchétavsk, province d'Akmolinsk et les monts Kolbinsk, province de Sémipalatinsk. Des gisements de minerai d'argent plombifère sont communs aux districts d'Akmolinsk et d'Atbassarsk, province d'Akmolinsk et aux districts de Karkaralinsk, de Pavlodar et de Zaïsane, province de Sémipalatinsk. Les deux provinces que nous venons de nommer contiennent de nombreux gisements de cuivre ; mais les minerais de ce métal sont particulièrement abondants au district d'Akmolinsk. Les minerais de fer ne sont pas moins abondants dans la zone septentrionale de la région kirghize ; mais c'est surtout le district de Karkaralinsk qui renferme le plus de minerai de fer ; là, à 40 verstes de Karkaraly, la montagne de fer de Kene-tubé est, en quelque sorte, recouverte, sur un de ses côtés, d'une cuirasse de fer. Des gisements de manganèse se rencontrent près de la ville de Sémipalatinsk, dans le groupe des monts Arkalyk. Mais le plus grand intérêt se rattache aux gisements de houille qu'on rencontre dans toute la zone septentrionale des provinces d'Akmolinsk et de Sémipalatinsk. Les plus remarquables de ces gisements sont les puissantes couches du site qui porte le nom d'Ekibastous (à 110 kilomètres de l'Irtyche) ; ce gisement a 12 kilomètres de long et de 3 à 4 kilomètres de large ; citons encore les couches de Bek-tubé situées à 38 kilomètres au nord de Karakaly. Enfin, les lacs salins étant nombreux, la région des steppes kirghizes est également fort riche en sel.

Le climat de la région des steppes kirghizes est, cela se comprend, sensiblement plus chaud que celui de la zone agricole voisine de la Sibérie occidentale ; toutefois, ce climat est encore plus continental que ce dernier. La température moyenne de l'année dans les villes d'Akmolinsk et de Sémipalatinsk situées sous le 51ᵉ et le 50ᵉ degré 1/2 de latitude nord, varie entre $+ 2°$ et $2° 1/2$ centigrades ; cette température moyenne est donc de $2°$ supérieure à celle de la Sibérie occidentale. La température de l'hiver est de $- 16°$; celle du mois le plus froid, étant de $- 18° 1/2$, est presque la même que celle de la zone agricole de la Sibérie occidentale. Mais, la moyenne de la température de l'été atteignant $+ 20°$ et celle du mois le plus chaud $+ 22°$, ces moyennes sont plus élevées que celles de la Sibérie occidentale. La différence entre la température de l'hiver et celle de l'été étant de $36°$, de même que la différence entre la température du mois le plus chaud et celle du mois le plus froid, qui est de $40°$, cette différence est plus considérable que dans la Sibérie occidentale. La moyenne de la température des cinq mois de la période de végétation ($+ 18°$) dépasse sensiblement celle de la Sibérie occidentalc. En revanche, la quantité annuelle de dépôts météoriques, dans la province d'Akmolinsk, n'est que de 229 millimètres, dont 116 tombent pendant les trois mois d'été ; et, dans la province de Sémipalatinsk, la colonne des dépôts est de 186 millimètres, dont 80 seulement tombent en été. La quantité de dépôts météoriques est encore moindre dans la partie méridionale de la steppe. On peut s'en rendre compte par les observations qui ont eu lieu à Tourgaï. Là, la colonne annuelle des dépôts est de 122 millimètres, dont 16 millimètres seulement tombent en été. En ce qui concerne la steppe de la Faim (Bek-Pak-Dala), désert qui s'étend sur la frontière méridionale de cette steppe, le long de la Tchou, en été, il ne tombe absolument pas de pluie. Il est évident que l'irrigation faisant complètement défaut, car les eaux de la Tchou ne sont pas très abondantes, cette zone n'est qu'un désert sans vie.

En ce qui concerne la végétation, la végétation de cette contrée se rapproche du type de la flore de la plaine aralo-caspienne. Dans la région des steppes kirghizes, cette végétation, comparée à la flore de la Russie d'Europe et même à celle de la Sibérie et des steppes de ces contrées, est originale au plus haut degré. La flore de la région kirghize reflète exactement les conditions climaturales de la contrée : les chaleurs de l'été, la rigueur des hivers et l'absence d'humidité. Ainsi que nous l'avons dit, à part la zone boisée s'étendant le long de la limite de la Sibérie occidentale, la steppe kirghize contient fort peu de forêts. La plus grande partie des forêts qu'on rencontre de temps à autre au milieu de cette steppe, sont formées d'essences feuillues, de bouleaux, de trembles, de peupliers et de différentes espèces de saules. Toutefois, on rencontre des pins aux districts de Koktchétavsk et d'Akmolinsk, province d'Akmolinsk et dans la chaîne des monts Kolbinsk, province de Sémipalatinsk. Ce sont des forêts de pins qui constituent les domaines forestiers des districts de Sémipalatinsk et de Pavlodar situés sur la rive droite de l'Irtyche. A l'extrêmité de l'angle nord-est de la région que nous étudions, on rencontre même le mélèze, le sapin blanc et le cèdre.

Dans les parties de la steppe kirghize, où la végétation ligneuse est entièrement absente, on ne rencontre d'arbres que le long des rivières. A cette catégorie d'arbres appartiennent : une espèce particulière de frêne (Fraxinus potamophylla Herd.) et quatre espèces de peupliers (Populus laurifolia Led., P. nigra L., P. euphratica Ol. et P. pruinosa Schr.), ainsi que trois espèces européennes de saules (Salix fragilis L., purpurea L., viminalis L.). Les buissons bas de cette contrée, souvent épineux, souvent aussi couverts d'un feuillage gris ou argenté et assez souvent aussi ayant une difformité originale, tel que le saksaoul (Haloxylon ammododendron), caractérisent bien davantage la flore de cette steppe.

Les herbes de cette steppe sont encore plus caractéristiques. Parmi ces herbes, il n'y a que 40 0/0 d'espèces européennes, et encore la plupart de ces dernières, telles que les deux espèces de kawyle (Stipa pennata et capillata L.), appartiennent aux formes des steppes de la Russie d'Europe, où, telle qu'une plante originale des déserts de sable, de famille exotique, des Balanophoreæ (Cynomorium coccineum L.) se rencontre dans les contrées sablonneuses du littoral méditerranéen. Ensuite, à part les plantes communes à toute la plaine aralo-caspienne, les savants russes qui ont étudié la flore de la marche kirghize y ont découvert jusqu'à 150 espèces nouvelles caractérisant cette flore ; au nombre de ces dernières, 30 espèces d'astragales (Astragalus) et 10 variétés de kali (Salsolaceæ). Celle des herbes de la steppe qui sont les plus dignes d'attention sont celles dont les nomades se servent dans leur vie domestique et particulièrement celles qu'ils emploient à la nourriture des bestiaux, aux différentes saisons de l'année. Au nombre de ces dernières, à part la stipe plumeuse, signalons les absinthes (espèces d'Artemisiæ), le kipietz, le tchi (Lasiagrostis splendens), un roseau qui, dans cette contrée, atteint une taille incroyable et le Cérotocarpus.

Dans la région des steppes kirghizes, la faune des animaux invertébrés est aussi originale que la flore. Elle diffère d'une manière tout aussi frappante de celle de la Sibérie occidentale et de la Russie d'Europe ; en revanche, il est incontestable qu'elle appartient à un type différant fort peu de la faune des déserts et des steppes de la plaine aralo-caspienne. La faune des mammifères est plus riche que dans la Sibérie occidentale. Ainsi, au milieu des roseaux de la zone méridionale de la région des steppes kirghizes habitent le tigre, l'irbis (Félis irbis), le sanglier; dans les steppes, le voulan (Equus hemonius) et l'antilope (Antilope subgutturosa) ; et, dans le nord, aux districts de Karkaralinsk et d'Akmolinsk, par exemple, le cerf (Cervus elaphus) et le chevreuil (Capreolus vulgaris). La faune des oiseaux est encore plus variée et plus riche ; elle est formée en partie d'espèces venant des contrées éloignées du Nord, hiverner dans ces régions et nicher surtout près des eaux. La faune des insectes qui forment le transition entre la faune de la plaine westsibérienne et celle de la plaine aralo-caspienne, n'est pas moins intéressante ; elle contient des faunes en assez grand nombre n'appartenant qu'à la steppe.

La population de la région des steppes des Kirghizes s'élève à 2,500,000 âmes, dont 24 0/0 seulement sont de race russe et 76 0/0 ne comprennent presque que des Kirghizes nomades. 80 0/0 seulement de cette population habitent les villes ; le reste de la population s'adonne en partie à l'agriculture ; mais la plus grande partie des habitants de cette contrée sont des pasteurs nomades.

Les Kirghizes, ou Kirghizes-Kaïsaks, parlent un idiome turc ; ils professent l'islamisme ; ils pratiquent la polygamie patriarcale, mais n'ont pas de harems ; ils habitent la steppe ; enfin, ils ont conservé beaucoup de coutumes et de croyances de leur ancien culte chamaniste. Une confédération Kirghize-Kaïsake s'était formée dans la contrée que nous étudions à une époque qui ne remonte pas au delà du xv⁰ siècle ; cette confédération englobait des tribus nomades de l'Asie centrale des races diverses et portant différents noms ; toutefois, la plupart des tribus confédérées appartenaient à la race turque. Cette confédération, qui atteignit son plus haut degré de puissance aux xv⁰ et xvi⁰ siècles, tomba en décadence au commencement du xvii⁰ siècle et, dès cette époque, chercha son salut dans sa soumission à la Russie. Depuis 1731, époque à laquelle la petite horde des Kirghizes, la plus rapprochée de la Russie, entra dans l'allégeance russe et surtout après la chute du royaume de Djoungaresk détruit par les Chinois en 1769, toutes les tribus de la steppe, l'une après l'autre, se soumirent à la Russie. Cette soumission fut provoquée par cette circonstance que les tribus kirghizes se sentirent prises entre l'enclume et le marteau ; d'une part, en effet, elles avaient à se défendre contre les incursions de leurs turbulents voisins du sud et de l'est, et, d'autre part, elles étaient pressées, du nord et de l'ouest, par les tribus entrées dans l'allégeance russe et marchant sous la protection de cette puissance vers les terres restées en la possession des Kirghizes, demeurés indépendants.

Tout cela avait lieu en dehors de la longue ligne fortifiée ouralo-sibiro-irtychienne établie par le gouvernement russe dans le but de défendre contre les incursions les Kirghizes nomades et la marche russe peuplée par les pionniers Kozaks, d'Orenbourg et de la Sibérie. Cette ligne fortifiée partait des bouches de l'Oural, remontait ce fleuve, puis pénétrait par la frontière méridionale de la Sibérie vers l'Irtyche, gagnait Petropavlovsk et Omsk et enfin remontait l'Irtyche jusqu'à Oust-Kaménogorsk. Puis, à partir du second quart du xix⁰ siècle, le gouvernement russe poussa ses avant-postes vers les profondeurs de la steppe kirghize.

Lorsque, vers la moitié du xix⁰ siècle, la colonisation russe, descendant vers le sud le long de la frontière chinoise, atteignit dans la province actuelle de Sémiretchié le pied de la chaîne avancée des monts Tian-Shan, où elle créa Vierny, la plus florissante colonie de l'Asie centrale, la nécessité d'isoler la région kirghize et de la défendre contre l'influence et les incursions des États touraniens de l'Asie centrale se fit vivement sentir. Le gouvernement russe prit donc la résolution de transporter la frontière méridionale de l'Empire sur la limite méridionale du territoire des steppes kirghizes et de fermer cette frontière par les postes avancés qu'il avait alors dans l'Asie centrale, la ville de Vierny, au pied des monts Zaïliiski-Alataou, et le fort Pérovski, sur le Syr-Daria. La frontière russe ainsi déplacée mit la Russie en contact avec les Etats touraniens, et, des conflits s'étant élevés, l'annexion de tout le Turkestan devint un fait accompli. La province des steppes kirghizes fut pacifiée et mise pour toujours à l'abri des déprédations et des incursions des hétérogènes.

La province des steppes kirghizes, bien que semblant destinée par la nature même à la vie des nomades, n'en contient pas moins un assez grand nombre de zones et d'oasis, non dépourvues d'eau et entièrement propres à l'agriculture et à la vie sédentaire. C'est précisément dans ces oasis, situées dans l'intérieur de la contrée et particulièrement dans les provinces de Tourgaï et d'Akmolinsk que, ces dix dernières années surtout, s'est dirigée la colonisation russe. A l'heure qu'il est, la population russe de cette région y occupe les larges zones ci-après : du côté droit de l'Oural, les terres des troupes cosaques de l'Oural; sur la rive gauche du Tobol, elle s'étend jusqu'aux bouches de l'Ouï; le long de la limite du gouvernement de Tobolsk, elle est établie depuis le Tobol, vers Pétropavlovsk, jusqu'à Omsk; enfin d'Omsk, sur la rive droite de l'Irtyche, les villages russes sont échelonnés jusqu'au lac Zaïsane. La population de ces zones frontières est composée principalement de Kosaks de l'Oural et de la Sibérie, habitants anciens de la province, et des habitants des villes assez importantes qui se sont formées dans cette zone russe (Gouriev, 9,300 habitants ; Ouralsk, 37,000 ; Koustanaï, 14,000 ; Pétropavlosk, 20,000 ; Omsk, 37,000 ; Sémipalatinsk, 26,000 ; Oust-Kamenogorsk, 9,000). En outre, ces deux dernières années, un grand nombre de paysans russes, plus de 200,000, ont émigré et émigrent encore vers l'intérieur de la steppe kirghize, où ils s'établissent sur les terres propres à l'agriculture et à la vie sédentaire.

L'*agriculture* n'est la principale occupation que des paysans russes, et, en partie, celle des Kosaks de la Sibérie; les autres habitants de la région des steppes kirghizes ne se livrent point à l'agriculture comme occupation principale; et, pour les Kirghizes nomades, l'agriculture ne constitue qu'une ressource accessoire de leurs moyens d'existence, dont le principal est l'élevage. Et, tandis que les Russes récoltent annuellement plus de 200,000 kilogrammes de céréales, les Kirghizes n'en récoltent que 65,000 kilogrammes. 70 0/0 des céréales récoltées sont du blé; 20 0/0 de l'avoine, le reste, des pommes de terre, du seigle et de l'orge. Dans les contrées où la chose est possible, les champs sont artificiellement irrigués. Parmi les autres branches de l'agriculture, la culture potagère est assez répandue parmi les Kosaks des territoires d'Akmolinsk et d'Ouralsk. Aux districts d'Omsk et de Pétropavlovsk, plus de 60 0/0 des agriculteurs kosaks se livrent à la culture des potagers et des champs de pastèques, de melons et de concombres qu'on appelle des bakhtchy. Dans les provinces de Sémipalatinsk, la culture des potagers est très répandue, mais celle des bakhtchy y est très importante. La culture des jardins s'est beaucoup répandue parmi les Kosaks du territoire de l'Oural. A l'époque de l'émancipation des serfs, dans toute la province, il n'existait pas plus de 30 jardins, tandis qu'aujourd'hui le nombre des jardins est de 500, embrassant 1,500 hectares de terre. Tous ces jardins possédant l'installation nécessaire à l'irrigation, le prix d'un hectare de terre en jardin atteint jusqu'à 1,000 roubles. La culture du tabac dans les districts septentrionaux des provinces de Sémipalatinsk et d'Akmolinsk, est assez répandue. Le tabac commun, de la qualité dite « markhorka », est connu sous le nom de « tabac de ligne »; il en est récolté annuellement jusqu'à 360,000 kilogrammes. Dans la zone septentrionale de la région que nous étudions, on cultive dans une certaine mesure le lin et le chanvre; il y est récolté annuellement 160,000 kilogrammes de fibres de lin et 260,000 kilogrammes de chanvre. Dans la partie septentrionale des provinces d'Akmolinsk et de Sémipalatinsk, comme plantes oléagineuses on cultive le tournesol et on récolte annuellement pour le moins 1 million de kilogrammes de graines de tournesol.

L'élevage a incomparablement plus d'importance pour la population de cette région. Tout le genre de vie des Kirghizes nomades a pour base l'élevage nomade. Les Kirghizes pasteurs choisissent pour hiverner les contrées les plus basses et les plus chaudes de la steppe, où le climat étant continental et les dépôts météoriques peu considérables, le bétail, en écartant du pied la légère couche de neige qui couvre le sol, trouve une herbe maigre, mais suffisante pour le nourrir tout l'hiver jusqu'aux premiers jours du printemps. Il est des années toutefois où, au printemps, les nomades souffrent une affreuse misère. La neige, fraîchement tombée, fondue sous l'action des rayons du soleil; la gelée venant à se produire de nouveau, couvre le sol d'une dure écorce que les animaux ne peuvent briser. Alors les animaux périssent faute de nourriture dans des proportions effroyables; ceci est arrivé, par exemple, en 1881. Au printemps, lorsque la légère couche de neige couvrant la steppe est fondue, les Kirghizes conduisent leurs troupeaux sur les « ourtouks », c'est-à-dire sur des terrains dont, en automne, ils ont brûlé les herbes sèches. L'herbe pousse plus tôt sur ces « ourteks »; elle est plus épaisse et, après les privations de l'hiver, le bétail s'est vite remis à ces pâturages. Avant les pluies du printemps, les Kirghizes s'éloignent peu de leur lieu d'hivernage et demeurent sur les hauteurs qui sont de meilleure heure débarrassées des neiges et qu'ils trouvent déjà couvertes d'une luxuriante végétation. D'ailleurs, il ne leur est pas encore possible, à cette époque de l'année, de conduire leurs troupeaux au loin, parce que les ruisseaux de printemps et les ravins remplis d'eau leur opposent des obstacles infranchissables. Seuls, les Kirghizes du Midi se déplacent dans les limites du Turkestan avant que le printemps ne soit complètement établi, parce qu'il faut que ces nomades traversent le désert avant les chaleurs qui ont vite desséché la végétation relativement luxuriante de ces solitudes. En revanche, les Kirghizes du Midi reviennent bien plus tôt à leurs hivernages, parce que la riche végétation de leur « djailiaou » (pâturage d'été) est bien plus tôt consumé par le soleil que celle des pâturages du Nord.

A partir de juin, les Kirghizes passent la plus grande partie de leur temps dans leurs pâturages d'été (djailiaou), qui sont parfois très éloignés de leurs lieux d'hivernage, car ces pâturages sont situés dans les parties les plus méridionales de la province, parfois même dans les limites du Turkestan. Les jours qu'ils passent aux pâturages d'été sont, pour les Kirghizes, les plus beaux de leur vie. Là, ils réunissent leurs aouls sur le bord des rivières et des lacs ; ils sont en rapports constants les uns avec les autres ; ils changent souvent de séjour et, au moment de ces changements, les aouls prennent un air de fête. Il convient de noter que le droit de jouir de certains lieux d'hivernage et de certains pâturages estivaux est rigoureusement fixé par le droit coutumier kirghiz ; aussi, les mêmes groupes de famille, de races ou d'aouls viennent toujours occuper les mêmes hivernages et les mêmes pâturages d'été ; on se rend aux uns et aux autres par les mêmes routes et même presque aux mêmes époques de l'année. Dans ces conditions, malgré la grande étendue du territoire occupé dans la province par près de 2 millions de Kirghizes, cette province n'est pas loin d'avoir atteint les limites de sa capacité de peuplement pour la population nomade.

La colonisation russe, qui occupe les oasis propres à la culture et à la vie sédentaire, ne saurait que gêner la population indigène en la privant de l'espace nécessaire pour mener la vie nomade à laquelle elle est habituée et à laquelle elle ne saurait guère renoncer complètement d'ici quelque temps. Malgré tout, la colonisation russe est encore possible dans une certaine mesure, par la raison que la gêne qu'elle occasionne aux Kirghizes est compensée en partie par les ressources qu'elle procure aux nomades : l'augmentation de la vente des produits de leur élevage, l'élévation des prix de ces produits et la diminution du prix des produits de l'agriculture russe consommés par les indigènes à titre d'alimentation accessoire. L'élevage le plus important des Kirghizes est celui des chevaux, des brebis et des chameaux ; l'élevage du gros bétail n'a qu'une importance un peu plus secondaire et, en tout cas, moindre que celle qui lui appartient chez les agriculteurs sédentaires russes. Les Kirghizes possèdent 125 chevaux pour 100 habitants, les Russes n'en possèdent que 60 ; en revanche, les Kirghizes n'ont que 80 têtes de gros bétail pour 100 habitants, tandis que les Russes en ont 100 ; les Kirghizes possèdent 440 têtes de menu bétail, principalement de brebis, pour 100 habitants et les Russes n'en ont que 180 seulement ; enfin, les Kirghizes ont 26 chameaux pour 100 habitants et les Russes n'en ont que 3.

Les chiffres que nous venons de donner sont encore au-dessous de la vérité en ce qui concerne les Kirghizes, parce que ces chiffres fixent la quantité totale des animaux des troupeaux kirghizes à 14 millions de têtes d'animaux.

La plupart des objets indispensables à l'existence et à l'alimentation des Kirghizes leur viennent de leur élevage. Le principal objet d'alimentation de ces peuples est, en effet, l'aïrane et le koumys, aliments préparés avec du lait aigre, les fromages dits kourt, et l'éremtchik, auxquels il convient d'ajouter la graisse de queue de mouton ; leurs vêtements sont fabriqués avec des tissus de laine crue ; leurs demeures sont couvertes de tapis de feutres, dits kachma ; une partie de leurs ustensiles de ménage et de leurs vêtements est faite de peau ; enfin, les Kirghizes se servent, même comme combustibles, de la fiente de leurs animaux domestiques. Le cheval kirghiz est de petite taille, mais il est doué d'inappréciables qualités ; il est léger, rapide, infatigable et généralement d'une extrême endurance, et cela à tel point que, souvent, le Kirghiz franchit avec son cheval, sans lui donner de nourriture et ne lui accordant que des repos extrêmement courts, de 100 à 130 kilomètres en 10 ou 12 heures. L'espèce bovine kirghize se distingue par sa force et sa bonne constitution ; bien que de taille peu élevée, elle donne, non seulement de bonne viande, mais aussi du lait en quantité suffisante ; cette race donne de robustes bêtes de somme et comme elle se vend bon marché, elle devient, de jour en jour, un objet d'exportation de plus en plus important.

Le chameau de la race à deux bosses n'est commun que dans la partie sud, la plus déserte de la province, voisine du Turkestan. Mais la principale richesse des Kirghizes, c'est la brebis et le mouton. La race du mouton kirghiz est remarquable par le développement adipeux de la queue, dit le " kourdiouk ", qui donne de 8 à 12 kilogrammes d'une graisse d'excellente qualité, pouvant entièrement remplacer le beurre dans la préparation des aliments. La race ovine kirghize est extraordinairement forte et résistante ; elle donne une grande quantité de laine qui, au surplus, est assez grossière. A part l'élevage et, en partie, l'agriculture, le Kirghiz a encore comme ressource, dans une faible mesure il est vrai, la chasse. Quant à la petite industrie de ces peuples, elle se borne à la fabrication d'objets à son usage personnel, notamment de tissus de laine, de feutres, de chevillières et de cordelières en laine, ainsi qu'aux produits de l'industrie des cuirs, des harnais et des selles.

En ce qui concerne la population russe des steppes kirghizes, les occupations auxquelles se livre cette population sont beaucoup plus variées.

Les paysans russes de la province de Sémipalatinsk ne sont pas seulement agriculteurs et éleveurs. Ils se livrent aussi à l'apiculture, industrie qui est particulièrement prospère au district de Oust-Kaménogorsk, où l'on compte jusqu'à 14,000 ruches, tandis que, dans les autres districts de la province, aux districts de Sémipalatinsk, de Zaïsane et de Pavlodar on ne compte en tout que 500 ruches. On essaye de l'apiculture également dans la province d'Akmolinsk, au village de Konovalov, où il a été apporté des abeilles du gouvernement de Samara.

Parmi les industries n'appartenant pas à l'agriculture, la plus importante, aux steppes kirghizes, c'est la pêche. Les pêcheries de l'Oural sont connues dans le monde entier tant pour la qualité que pour l'abondance de leurs produits. La pêche ouralienne mérite l'attention comme étant un modèle entièrement réussi de vastes entreprises industrielles régulièrement organisées par la puissante commune des troupes cosaques de l'Oural auxquelles appartiennent toutes les pêcheries de l'Oural et du littoral voisin de la mer Caspienne. Les pêcheries de l'Oural donnent les rendements ci-après : Kaviar, 1,180,000 kilogrammes ; balyk, 15,000 kilogrammes ; gros poissons, plus de 10,000,000 de kilogrammes ; poissons ordinaires, jusqu'à 20,000,000 de kilogrammes. Le tout se chiffrant par 3,500,000 roubles de marchandises ; 33,500 patrons et plus de 8,000 ouvriers sont occupés dans cette industrie. Les autres régions de pêche importantes des steppes kirghizes sont le lac Zaïsane, très riche en poissons, et l'Irtyche. Au Zaïsane, la pêche est faite par la commune des Kosaks de Sibérie ; sur l'Irtyche, par des Cosaques isolés, des habitants des villes et même des Kirghizes. Les pêcheries du Zaïsane donnent 800,000 kilogrammes de poissons, valant 75,000 roubles, celles de l'Irtyche, 2,200,000 kilogrammes de poissons, valant 140,000 roubles.

La chasse des steppes kirghizes a incomparablement plus d'importance ; dans ces steppes, on chasse le loup, le renard, le lièvre, le blaireau, la marmotte, la martre de Sibérie, le putois, et la fouine; et, parmi les oiseaux l'oie, le cygne, le canard, le grèbe, le tétras, l'outarde et d'autres chasses est une industrie à laquelle se livrent les Kirghizes et les Kosaks ; ces chasseurs vendent les peaux des animaux dans les foires; et, à certaines de ces foires, comme, par exemple, à celle de Constantinovsk, province d'Akmolinsk, il en est vendu pour 60,000 roubles.

Bien que les richesses minérales soient abondantes dans la steppe kirghize, l'industrie des mines y est encore peu développée. On extrait de l'or surtout des placers de la province de Sémipalatinsk; et cette production est annuellement de 520 kilogrammes; la production des mines argent plombifère est de 1,600,000 kilogrammes, celle du cuivre de 1,250,000 kilogrammes; celle de la houille de 2,500,000 kilogrammes; celle de la glaise réfractaire dépasse 500,000 kilogrammes. L'extraction du fer est encore complètement insignifiante. Dans cette marche, 8,000 travailleurs sont occupés aux mines.

C'est surtout de la province de Tourgaï et des lacs Ourgatch et Ebéley ainsi que des lacs Koriakovsk, Karabach et Karassouk, province de Sémipalatinsk, qu'il est extrait du sel. Il est encore extrait du sel du lac Indiersk, province de l'Oural, et de certains autres lacs de la province d'Akmolinsk. Dans tous les pays, l'extraction du sel dépasse 54,000,000 de kilogrammes; et cette industrie occupe 2,000 ouvriers.

Dans la région des steppes kirghizes, l'industrie des usines et des manufactures est encore peu développée. Celles de ces industries qui occupent le premier rang sont celles des produits animaux, notamment la fonte des graisses et la fabrication du savon dont la production s'élève à 1,200,000 roubles de marchandises, et celles des cuirs et des bisquains, donnant pour 750,000 roubles de produits. Puis, viennent les industries traitant les produits végétaux, notamment la meunerie (1,200,000 roubles de produits), la distillerie, la brasserie et la fabrication des hydromels (500,000 roubles de produits). Les autres branches de la grande industrie n'ont presque aucune importance. Les petite industries, dites industries buissonnières, sont fort peu développées dans la population russe de la région des steppes des Kirghizes.

II

TURKESTAN

La partie centrale du continent asiatique est occupée par une vaste
contrée connue depuis fort longtemps sous le nom du Tourane ou
Turkestan, c'est-à-dire pays des peuples turcs. Cette contrée qui
s'étend depuis le fleuve Oural et la mer Caspienne à l'est, jusqu'à
l'Altaï et aux frontières de la Chine à l'ouest, de la Perse et de
l'Afganistan au sud, jusqu'aux gouvernements sibériens de Tobolsk
et de Tomsk au nord, a une superficie énorme dépassant le tiers
de l'Europe; sa population, qui est formée principalement de différents peuples de race turque, Kirghizes, Turcomans, Ouzbeks, est
clairsemée. Les steppes du nord de cette contrée, qui, au nord-est,
se confondent avec celles de la Russie d'Europe et, au nord-ouest,
avec les steppes de la Sibérie, et que l'on appelle habituellement la
steppe des Kirghizes est surtout peuplée de nomades; cette steppe a
été étudiée sous le nom de marche des steppes kirghizes dans
l'étude consacrée aux différentes contrées qui constituent la Sibérie.
La moitié méridionale de ce pays qui constitue le Turkestan, dans
la rigoureuse acception du mot, contient des déserts et des steppes
ainsi que de colossales chaînes de montagnes; la population de
cette partie du Turkestan est plus mêlée; aux pieds des montagnes
et dans les oasis bien arrosées, on trouve une population très
dense; et cette population ne se borne pas à la culture des jardins,
elle possède une agriculture produisant des récoltes très variées et
de grand prix. Notre étude est consacrée précisément à cette zone
méridionale de l'Asie centrale russe, dont la nature ainsi que les
mœurs présentent le plus d'intérêt et les traits les plus caractéristiques, et qui, l'année passée, a été formée en une seule grande unité

administrative, le gouvernement général du Turkestan. Nous toucherons aussi, en partie, aux deux khanats qui se rattachent intimement à cette contrée. Par conséquent, dans ce sens plus rigoureux, on entend par Turkestan les 5 provinces qui se succèdent l'une après l'autre de la mer Caspienne le long des frontières de la Perse, de l'Afganistan et de la Chine, à savoir : la Transcaspie, les provinces de Samarkand, du Fergana, du Syr Daria, de la Sémiretchia (autrement dit des 7 rivières) et les deux khanats de Boukhara et de Khiva. Voici quelles sont l'étendue et la population de ces provinces :

	Étendue en kilomètres carrés	Population des deux sexes	Nombre d'habitants par kilom. carré
Provinces transcaspienne	55.000	372.000	0,7
— de Samarkande	69.000	858.000	12,4
— du Fergana, y compris les Pamir	160.000	1.560.000	9,7
Province du Syr Daria	505.000	1.480.000	2,9
— de la Sémiretcha	394.000	990.000	2,5
Totaux pour la partie russe du Turkestan	1.683.000	5.260.000	3,1
Khanat de Boukhara	248.000	2.000.000	8,3
Khanat de Khiva	62.000	500.000	8,2
Totaux	1.993.000	7.760.000	3,8

Ainsi, limité de la sorte, le Turkestan n'en est pas moins un immense pays, dont la superficie, y compris les khanats, est presque de quatre fois supérieure à celle de la France, et si on en écarte les khanats, sa superficie est encore plus de trois fois celle de la France. Cette contrée, qui est située entre 47°,30' et 35°,38' de latitude nord s'étend du nord-ouest au nord-est en ligne droite sur une longueur de 2,500 kilomètres, et, du nord au sud, elle a 1,400 kilomètres de large. La première de ces distances est égale, par exemple, à la distance qui sépare Paris de Moscou et la seconde un peu moindre seulement de celle qui sépare la capitale de la France de Palerme.

1° Nature et relief du pays; son climat; sa faune et sa flore.
La population et ses mœurs.

Au point de vue de la *nature* et *du relief* du pays, le Turkestan forme deux parties se distinguant beaucoup l'une de l'autre, la partie montagneuse et la plaine. La plaine qui constitue environ les trois quarts du pays est formée de plaines successives au sol de glaise ou au sol salin et de déserts dépourvus d'eau; ces plaines ne s'élèvent pas en général à plus de 300 mètres au-dessus du niveau de la mer. Les parties les plus basses de ces plaines sont celles du nord avoisinant la mer Aral qui ne sont qu'à 17 mètres d'altitude et particulièrement celles qui s'étendent au sud-ouest où les déserts de sable de la province transcaspienne approchent de la mer Caspienne, mer située à 26 mètres au-dessous du niveau de l'Océan. Sur certains points au milieu de ces plaines, la région est encore plus basse; on rencontre souvent de très vastes dépressions dont le fond est beaucoup plus bas que la Caspienne elle-même. Au nombre de ces dépressions remarquables, se trouve celle de Sarykamychsk dont le fond est à 15 mètres au-dessous de la Caspienne et l'Aria Palus des anciens géographes, qui n'a pas moins de 20,000 kilomètres carrés d'étendue et dont la partie la plus profonde est à 44^m,6 au-dessous du niveau de la Caspienne. Ces deux dépressions se trouvent dans la Transcaspienne sur la frontière du khanat de Khiva. Les petites chaînes de rochers, les dépressions, les ruisseaux, les lits d'anciens cours d'eau desséchés et les valonnements donnent peu de variété au relief de cette partie du Turkestan; presque partout le paysage offre aux regards une plaine sans limite, entièrement unie ou de couleur gris jaune légèrement onduleuse s'étendant à perte de vue et se confondant avec l'horizon. En somme la nature de cette plaine, qui fut jadis le fond d'un vaste bassin maritime, est celle d'un désert sans vie. Sur d'immenses espaces, il y domine les glaises et les sables; et il n'est pas rare que ces glaises, qui contiennent un mélange considérable de sels, soient des terres salines typiques; quant aux sables, ils sont d'origine et de caractère très variés; sur beaucoup de points, ils forment des déserts difficiles à franchir, formés d'une série de dunes qui se déplacent sous l'action des vents. Les espaces où dominent les sables, occupent d'énormes étendues de la partie plate du Turkestan et on les désigne dans le pays sous des noms différents. Tels sont les sables du Kara-Koum (sables noirs) qui s'étendent dans la Transcaspienne sur 250,000 kilomètres carrés; les sables de Kyzyl-Koum (sables rouges), entre le Syr Daria et l'Amou-Daria, dont l'étendue n'est guère moindre; les sables du Mouioune-Koum, au nord-est de la province du Syr-Daria; et les sables de Sary-Ichik-Otraou, dans la province de Sémiretchi, et d'autres. Malgré toute leur diversité les formations sableuses de l'Asie centrale peuvent être rapportées à quelques types fondamentaux, savoir:

1° Les déserts sablés barkhanniers; ce sont des espaces sablonneux couverts de rangées et de groupes de barkhanes (dunes), plus rarement de barkhanes ayant la forme de fer à cheval, formées d'un sable mouvant de couleur jaune rougeâtre et ayant de 4 à 40 mètres de haut; la partie convexe de ces barkhanes dont le flanc est à pente douce est tournée vers le nord et le nord-est d'où soufflent les vents dominants et la partie concave, dont les flancs sont abrupts, du côté opposé; l'angle de la pente douce de ces dunes est de 6 à 17° et celui de la pente abrupte de 30 à 40°. Sous l'action d'un vent violent, les barkhanes se déplacent lentement vers le sud et le sud-ouest, et il n'est pas rare que sur la limite des oasis cultivées, elles couvrent de sable les champs et les villages. Habituellement les flancs de ces dunes sont entièrement nus; parfois seulement dans les vallées qui séparent ces collines de sable on rencontre de misérables représentants de la flore des steppes. Les bords d'anciens cours d'eau et de torrents qui traversent sur certains points les déserts de sable, sont couverts d'une végétation un peu plus riche.

2° Les déserts de sable mamelonnés. Ces déserts sont formés de mamelons dont les dimensions sont les mêmes que celles des dunes; ils ont des formes irrégulières et les pentes douces, mais parfois abruptes, ils sont disposés par groupes rarement en rang, le sable dont ils sont formés est plus aggloméré et leur surface est couverte d'une végétation clairsemée. Au milieu de ces mamelons, on rencontre parfois des dunes et vice versa au milieu des dunes, on rencontre parfois des mamelons.

3° Les steppes sablonneuses. La steppe sablonneuse est une plaine dont le sol formé de sable et parfois valonné est couvert d'une rare végétation herbeuse et buissonnière. Aux premiers jours du printemps, la steppe sablonneuse se couvre d'herbes et de fleurs, qui sous l'action des rayons brûlants du soleil sont bientôt séchées; aussitôt après, ces steppes deviennent des déserts de couleur d'un gris jaunâtre.

4° Les déserts de sable en sillons. Ce sont des déserts formés de longs sillons et de crêtes parallèles séparées par de longues vallées. La hauteur des crêtes atteint 30 mètres, et elles sont séparées l'une de l'autre par des vallons de 60 à 80 mètres de large. La végétation de cette catégorie de déserts est relativement assez riche.

5° Les déserts de dunes proprement dites. Ces déserts de sable, qui se rencontrent sur certains points du littoral de la Caspienne, sont formés de hautes rangées de hauteurs de sable mouvant et sont presque entièrement dépourvus de végétation.

Au milieu des sables il n'est pas rare de rencontrer des *takyrs* et des *chors*. Les takyrs sont des espaces, d'étendue diverse, de forme ronde ou allongée, dont le sol est presque horizontal et qui, dès les premiers jours du printemps sont couverts d'eau. En été, ils deviennent d'abord une boue molle, puis finissent par sécher et sont enfin durs comme de la pierre; cette boue durcie se fend en maints endroits, les fentes formant comme un réseau et à part quelques touffes d'absinthe, elle est absolument dépourvue de végétation. Ces takirs entourés de collines de sable font l'effet de lacs. Les chors ou terres salines de manière générale ressemblent aux takirs, mais au milieu des déserts de sable ils occupent les endroits les plus bas, et leur sol formé de glaise ou de sable ferrugineux contient des cristaux de gypse et une si grande quantité de sel que celui-ci couvre ces chors comme d'une couche blanche de neige. Les chors sont fangeux et secs et, à l'exception de quelques plantes des sols salins qui poussent sur le rebord, ils sont entièrement dépourvus de végétation; il n'est pas rare que les chors forment des séries de chaînes ayant des dizaines et des centaines de verstes de longueur.

Dans les déserts de sable on ne rencontre d'eau que dans les puits et les *khaks*. Habituellement il y a des puits sur les takirs séparés par des distances variant entre 20 et 180 kilomètres; tous ces puits contiennent une eau plus ou moins salée qui parfois est absolument impropre à la consommation. Le Khak est une mare d'eau de pluie qui demeure assez longtemps dans les parties les plus basses des takirs; dans la steppe, l'eau étant rare, ces khaks ont une grande importance pour les nomades et leurs troupeaux.

Dans certains lieux où abondent les sols glaiseux, et où il n'y a pas de sable, c'est un autre type de plaines turcomanes qui domine : le *désert des steppes* glaiseuses. Ces déserts, d'étendue diverse, à la surface unie ou moutonneuse, habituellement alternent avec des sables et des terres salines; cependant il existe des régions où ils dominent et d'autres régions où, particulièrement en été, lorsque les rayons du soleil ne laissent aucune trace de la végétation herbeuse qui se développe aux premiers jours du printemps, il n'est pas rare que ces steppes soient presque entièrement dépourvues de vie. A la surface de cette steppe il ne reste que de rares touffes d'une ou deux espèces d'absinthe qui couvrent des milliers de kilomètres carrés. Telle est par exemple la plaine élevée de l'Oust-Ourt qui s'étend dans la partie nord-ouest de la Transcaspienne sur d'immenses espaces, entre le Syr-Daria et l'Amou-Daria (au nord de la Boukharie, la steppe de la Faim entre le Djisak et le Syr Daria et ailleurs), sur la rive droite du Syr et dans la partie méridionale de la Transcaspienne et sur d'autres points encore. Le sol de ce genre particulier de « steppes désertes » qui parfois est formé de glaises lessoïdes et parfois même de lœss et quelquefois aussi ne contient pas de sel en très grande quantité, convient entièrement à la culture pourvu qu'il soit arrosé; malheureusement très peu de ces terres seulement se trouvent dans des conditions telles qu'elles puissent être arrosées. L'eau faisant, défaut, l'énorme majorité de ces terres demeurera toujours propre seulement à l'élevage; elles resteront ce qu'elles sont aujourd'hui, des paturages assez riches au printemps et maigres pendant les autres saisons de l'année où les nomades conduiront leurs troupeaux.

Telle est d'une manière générale la nature de la partie plate du Turkestan. Les dépôts météoriques étant fort peu considérables et les rivières peu nombreuses, l'eau n'a eu presque aucune influence sur la formation des steppes et des déserts du Turkestan tels que nous les voyons aujourd'hui; ces steppes et ces déserts ont été formés par l'action du soleil et des vents qui dominent dans ces contrées sans partage; le soleil en désagrégeant le sol et les roches, prépare les matériaux qu'emploient les vents qu'aucun obstacle n'arrête, le vent s'empare de ces débris, les polit, les trie, les transporte à des milliers de verstes, tantôt les accumulant en véritables montagnes de sable qui enfouissent en se déplaçant tout ce qui est en vie, tantôt dénudant le sol jusqu'à la roche sous-jacente et en absorbant la dernière goutte d'humidité. Le Turkestan, particulièrement la partie plate de ce pays, est véritablement l'empire d'Eole et il n'est guère probable qu'il soit sur le globe terrestre, si ce n'est dans l'Asie centrale, une contrée où l'action éolienne ait une aussi grande importance dans l'économie de la contrée.

La partie plate du Turkestan est entièrement entourée d'une chaîne de *hauteurs* continues qui commencent au bord de la mer Caspienne et qui s'enfoncent très loin dans les profondeurs du continent asiatique. Ces hauteurs qui bordent au sud les steppes, les déserts du bassin du Turkestan forment en même temps au nord, la frontière des vastes plateaux de l'Asie et leurs sommets colossaux semblent la muraille gigantesque d'une redoute avancée, une phalange de montagnes marchant vers les plaines sans fin. Eclatant dans le lointain brumeux de neiges éternelles, ces masses montagneuses furent toujours pour les peuples nomades des plaines la limite du monde qu'ils connaissaient au delà de laquelle commençait le royaume du froid et de la mort. Les nomades n'osant pas affronter ces montagnes n'en connaissaient pas moins fort bien leurs revers les plus voisins de la plaine; là, en effet, grâce à la fécondité du sol et à l'abondance des eaux descendant des montagnes, depuis des époques immémoriales s'étalait la verdure de riches jardins, l'agriculture florissait autour des villages et des villes d'une riche population. Aujourd'hui encore, les montagnes, du Turkestan sont une source de vie pour tout le pays. Sur la limite des déserts jaunes et des sombres montagnes, le long de milliers de verstes, se développe presque sans solution de continuité, un ruban de vertes oasis où habite la population la plus laborieuse, la plus dense et la plus productrice de la contrée.

Les hauteurs de la partie montagneuse du Turkestan appartiennent aux trois systèmes de l'Hindoukouch, du Thian-Chane et du Pamir. Au premier de ces systèmes appartient la chaîne de montagnes tourmentée la plus méridionale et la plus longue puisqu'elle a 2,000 kilomètres de long ; c'est la chaîne de sommet qui commence au sud de la Transcaspie à peu de distance du littoral par des sommets isolés et qui se prolonge par les sommets sauvages et rocheux du Kopet-dag presque entièrement dépourvu de végétation, très pauvre en eau et atteignant à peine 2,700 à 3,000 mètres d'altitude ; cependant de petits ruisseaux à peine visibles (sur une distance de 500 kilomètres, il y a 27 sources) qui descendent de son revers septentrional permettent à la population de la longue suite d'oasis traversées par le chemin de fer de la Transcaspie, qui s'étendent au pied de ces montagnes, de tirer du sol les ressources nécessaires à son existence. A l'est de la Transcaspie, des montagnes s'abaissent et forment un vaste plateau onduleux où se rencontrent des hauteurs de 1,200 mètres d'altitude. Ce plateau forme le revers septentrional du Paro-Pamiz et est couvert d'énormes couches de lœss ; il est traversé par les vallées des rivières la Tedjena et la Mourgaba qui coulent au nord et se perdent dans les sables. Plus à l'est encore, dans l'Afganistan septentrional, les monts Paro-Pamir se dressent en une énorme chaîne, la chaîne du Hindoukouch dont la ramification orientale s'élève à plus de 7,000 mètres au-dessus du niveau de la mer et dont les neiges et les glaciers éternels alimentent les sources de l'Amou-Daria ; ce rameau se rattache au pied des monts Pamir dans les limites de la Russie. Le système des monts Pamiro-Alaïsk qui constitue un anneau rattachant l'Hindoukouch (Kouen-loun) au Thian-Chane est beaucoup plus court et plus large que l'Hindoukouch ; ce système se dresse entre la frontière de la Chine à l'est et le méridien de Kélif, sur l'Amou-Daria, à l'ouest entre le cours supérieur de l'Amou-Daria au nord et l'Hindoukouch au sud (de 300 à 400 kilomètres). A la limite nord de ce système s'élevant comme une montagne gigantesque couverte de neiges éternelles (la ligne des neiges varie entre 4,000 et 4,500 d'altitude) au-dessus de la plaine fleurie du Fergana, s'étend la chaîne de granit et de gabbro de l'Alaïsk, dont les sommets s'élèvent jusqu'à 6,000 mètres et les défilés jusqu'à 3,500 à 4,000 mètres au-dessus du niveau de la mer. La partie occidentale de cette chaîne, depuis le glacier de Zeravchane qui a 20 mètres de long et qui alimente un des plus importants cours d'eau du Turkestan, le Zeravchane, s'abaisse un peu et porte le nom de chaîne du Turkestan ; un peu plus à l'ouest encore, cette chaîne devient plus basse, s'infléchit vers le nord-ouest, et, sous le nom de monts Nourataou, elle va se perdre dans la steppe. La longueur totale de cette énorme chaîne est de 850 kilomètres.

Un peu au sud de la chaîne de l'Alaïsk, au delà de la haute vallée

de l'Alaïsk couverte de riches pâturages, s'élève la chaîne du Zaalaïsk, encore plus haute, qui contient le pic de Kaufmann ayant
6,900 mètres d'altitude et dont les rares défilés, difficiles et élevés
(ils ont de 4 à 4,500 mètres d'altitude), conduisent au Pamir. La
partie occidentale de la chaîne des monts Zaalaïsk se divise en plusieurs rameaux, et allant en s'abaissant, atteint les bords de l'Amou
Daria. La partie sud-est du Turkestan occupe un des revers montagneux les plus célèbres du globe, le Pamir. Ce massif, situé entre
les monts Zaalaïsk au nord, les monts Hindoukouch au sud et limité
à l'est par les monts Kachgar, est un système formé de longs rameaux
et de vallées, plus ou moins larges et aplaties, de cours d'eau et de
bassins lacustres séparés par des chaînes ou des montagnes neigeuses
dont les flancs rocheux et souvent très abrupts se dressant à
1,000 ou 2,500 mètres d'altitude au-dessus du fond des vallées voisines, ont une altitude absolue de 3,300 à 4,200 mètres au-dessus du
niveau de la mer. La plus haute montagne du Pamir, dont la base
s'étend sur environ 70,000 kilomètres carrés, c'est le groupe gigantesque des montagnes Mouss-tag-ata (le père des montagnes), dont
le sommet s'élève dans les limites de l'Empire chinois, couvert d'immenses glaciers, à 7,740 mètres au-dessus du niveau de la mer.
L'extrême rigueur du climat excluant toute possibilité de culture, la
maigreur de la végétation, qui est celle des steppes, la faune, formée
d'espèces du pôle des steppes et des montagnes et le petit nombre
de ses habitants nomades, tout cela fait du Pamir un immense désert.
Entouré d'immenses sommets couverts de neige faisant partie du
nœud du plus haut système montagneux du continent asiatique,
contenant les hautes vallées des plus importantes rivières de l'Asie
centrale s'écoulant dans des directions différentes, sur le chemin
conduisant de l'Asie occidentale et de l'Asie orientale dans l'Inde,
depuis les temps les plus reculés, le Pamir excite l'intérêt des voyageurs et des populations voisines qui voient dans ces montagnes le
« toit du monde ». L'importance du Pamir a encore augmenté ces
temps derniers après que la Russie eut occupé la plus grande partie
de ses revers et se fut installée presque sur la frontière des Indes.

Le système montagneux le plus septentrional du Turkestan, ce
sont les monts Thian-Chan (monts célestes). Par sa longueur, la hauteur de ses sommets, l'abondance des neiges et des glaciers, cette
chaîne est la plus puissante et le plus vaste massif montagneux des
latitudes moyennes du continent asiatique. A partir de l'extrémité
occidentale du Kara-Taou qui se fond dans la steppe, sur 1,200 kilomètres de long, jusqu'au majestueux Khan-Tengri (le roi des esprits)
qui dresse sur la frontière chinoise son royal sommet à 7,200 mètres
au-dessus du niveau de la mer, les monts Thian-Chan dessinent
leurs pics neigeux sous le fond bleu sans nuage du ciel et constituent

comme une digue gigantesque, établie par la nature entre les sables s'avançant du nord. L'extrémité occidentale des monts célestes est formée par la chaîne assez élevée du Kara-Taou se dirigeant du nord-ouest au sud-est parallèlement au cours moyen du Syr-Daria. Un peu au nord du 42° de latitude nord, cette chaîne est rejointe par la chaîne des monts Alexandrovsk qui s'étendent sur plus de 400 kilomètres dans une direction parallèle à l'équateur jusqu'au bord même du lac. Issyk-Koul et, au delà, vers le sud, les monts Talaski-Alataou, suivant la même direction dont les sommets dépassent beaucoup la limite des neiges. Les rameaux méridionaux et sud-ouest de cette chaîne qui sont fort développés, forment la frontière nord du Fergana ; et à l'est de cette province, un grand nombre de hautes crètes et de versants montagneux, situés dans le bassin supérieur du Naryn, rattachent le système du Thian-Chan avec celui du Pamiro-Alaïen. Le Thian-Chan s'épanouit le plus dans la province du Sémiretché et dans la région du vaste lac d'Issyk-Koul, qui a 6,650 kilomètres carrés et est situé au fond d'une dépression ayant la forme d'une amande au milieu de ces montagnes, à une altitude d'environ 1,500 mètres au-dessus du niveau de la mer. La première chaîne partant du nord, qui élève ses sommets neigeux au-dessus de la ville de Vierny, ce sont les monts Zaalïsk-Alataou et est formée de deux chaînes parallèles séparées par une vallée longitudinale et rattachée au milieu par un nœud montagneux. Le pied méridional de la chaîne méridionale, la chaîne des monts Koungué-Alatao, est baignée par les eaux bleues de l'Issyk-Koul ; au delà du lac se dresse la chaîne principale des monts Thian-Chan dont tous les sommets sont couverts de neiges éternelles. Au delà de ces champs de neige, sur la frontière de l'Empire chinois, s'élève le plus haut sommet des monts Thian-Chan et de toute la Russie, le mont Khan-Tengri. Les yeux du voyageur se dirigeant de la ville de Prjévalsk vers les profondeurs du Thian-Chan du haut du défilé élevé séparant le cours supérieur de la Karkara, rivière appartenant au système de l'Illa et du lac Balkach, et le Syr-Daria qui appartient au système de la Tarima et du lac Lob-Nor, embrassent un des tableaux les plus grandioses du monde. L'une au-dessus de l'autre s'amoncellent les chaînes montagneuses, dessinant leurs sommets couverts de neige sur l'horizon sans nuage, et au-dessus de ces sommets, tel un fantôme merveilleux brillent d'une blancheur éblouissante de gigantesques pyramides qui portent le nom de « Roi des esprits ». Le rameau le plus septentrional du Thian-Chan, c'est la chaîne des monts Djoungar ou de l'Alataou sémiretchien, située sur les frontières de la Chine entre le 44° et le 46° de latitude nord. Les sommets couverts de neige de cette chaîne dépassent encore 4,600 mètres d'altitude. Par leur immense longueur et la difficulté de leur accès, les Monts Célestes ont toujours opposé une barrière infranchissable aux migrations des peuples, à la marche des conquérants et à l'établissement de relations commerciales. Encore aujourd'hui, l'élévation de ces montagnes et la difficulté des défilés qui sont parfois des pentes presque à pic couvertes de glaces, rendent difficile le passage de ces montagnes. La désagrégation des couches intérieures de ces montagnes n'étant pas encore terminée se manifeste dans la région du Thian-Chan par de violents et de fréquents tremblements de terre qui furent si fatals à la ville florissante de Vierny.

Le caractère général des hauteurs du Turkestan présente bien des particularités. Les chaînes de montagne de cette contrée sont très longues et très hautes ; des sommets atteignant à 6,000 mètres au-dessus du niveau de la mer, se comptent par dizaines et ceux qui ont de 4,500 à 5,000 mètres se comptent par centaines. En raison de la sécheresse du climat, la ligne des neiges est très élevée, elle ne s'abaisse pas au-dessous de 3,800 à 4,200 mètres au-dessus du niveau de la mer ; pour la même raison, la couche de neige est beaucoup moins étendue qu'on ne pourrait s'y attendre étant donnée la grande élévation des montagnes. La congélation est relativement moindre. Toutefois, il est bon de remarquer que les explorations de ces dix ou vingt dernières années ont découvert une grande quantité de glaciers dont quelques-uns sont très considérables. Presque toutes les montagnes sont inaccessibles ou d'un accès très difficile. Aussi les voyages, dans la partie montagneuse du Turkestan, sont-ils fort pénibles ; il n'existe aucune route carrossable conduisant au centre de ces montagnes ; on est habituellement obligé de suivre des sentiers élevés souvent tracés sur des terrasses suspendues au-dessus des abîmes. En général, les défilés sont difficiles et très élevés ; les passages à travers les montagnes, situés à la hauteur du Mont-Blanc, sont très communs. L'aspect des montagnes est sauvage et sévère, les lacs qui donnent tant de beauté aux paysages alpestres sont rares. Au nombre des particularités des montagnes du Turkestan, il convient de ranger le grand nombre de vallées fluviales et des revers en plateau ayant habituellement le caractère de la steppe qui se trouvent à une grande altitude.

En général, les conditions du *sol* du Turkestan sont déterminées par le passé de ce pays. Sur l'immense étendue de la partie plate où, jadis, existait une mer, ainsi que nous l'avons dit, ce sont les sables et les glaises, souvent mêlés en quantité considérable de sel, qui dominent. Le pied des montagnes, les dépressions séparant les montagnes et les vallées des cours d'eau, ont un sol présentant un caractère tout différent. Au pied des montagnes, dans les vallées séparant les montagnes et les vallées fluviales se trouvent les sols les plus précieux, les lœss et les glaises lœssoïdes remarquables par leur fécondité. Le lœss qui entoure d'un large ruban toutes les contrées montagneuses et forme parfois des couches énormes, constitue la principale richesse du Turkestan. Ce sol, lorsqu'il est suffisamment arrosé, donne de bonnes récoltes de produits très divers et précieux ; c'est lui qui forme la surface de la plupart des oasis cultivées qui abritent et nourrissent les trois quarts de la population du pays. Les glaises lœssoïdes et en général les alluvions des rivières que l'on trouve parfois au pied des montagnes comme, par exemple, au pied du Kopet-dag, dans la province transcaspienne et dans les vallées des rivières, n'ont guère moins d'importance. Ces terres d'alluvions, lorsqu'elles sont cultivées comme il convient, ne le cèdent pas en fécondité au lœss et nourrissent les plus riches et les plus peuplées des oasis, telles que les oasis d'Akhal-Téké, de Merv et de Khiva.

Ce qui caractérise le plus le Turkestan, au point de vue *hydrographique*, c'est que les cours d'eau sont fermés. Tous ses fleuves, peu nombreux, sont tributaires de lacs ; aucun d'eux ne se jette dans une mer ouverte. Le Syr-Daria et l'Amou-Daria se jettent dans la mer d'Aral ; l'Illi et d'autres dans le lac Balkhach ; enfin, le Talass, le Zeravchane, le Mourgab-Tchou et d'autres cours d'eau de la steppe se perdent dans les sables. Une autre des particularités du Turkestan à ce même point de vue, à part la pauvreté de ses eaux, c'est l'extrême irrégularité de la répartition des eaux qu'il contient. Sur l'immense étendue de la partie occidentale du pays, de la mer Caspienne à l'Amou-Daria, il n'existe aucune rivière ni même aucun lac, plus loin, vers l'est, dans l'espace de 550 kilomètres qui séparent l'Amou du Syr ; et ce fleuve, à son tour, est séparé par des centaines de verstes des torrents de la steppe coulant plus loin vers le nord-est, du Tchou, du Sary-Sou et de l'Ili. Dans la partie méridionale et montagneuse du Turkestan, les eaux sont réparties d'une manière bien plus égale. Dans cette contrée, une grande quantité de rivières et de ruisseaux prennent leur source dans les neiges et les glaciers, se jettent l'un dans l'autre, parcourent la plaine ou atteignent le pied de la montagne où ils servent aux irrigations et se partagent en une infinité de canaux. Beaucoup de rivières du Turkestan, et rivières parfois très fortes, ayant perdu leurs eaux soit par l'évaporation ou leur absorption dans les canaux d'irrigation, dans leurs cours inférieurs, sont fort diminuées de volume, se partagent en bras et même, ainsi que nous l'avons dit, se perdent dans des sables et des marais. Dans ces cours d'eau, le niveau des eaux varie beaucoup, suivant les saisons de l'année. Les plus considérables d'entre eux, alimentés par des neiges et des glaces éternelles, présentent le plus grand volume d'eau en été, au moment des plus fortes chaleurs, lorsque les neiges fondent dans les montagnes et leurs eaux sont le moins abondantes au moment où les lieux dont ils sont alimentés sont figés par la gelée.

Les centres d'écoulement des eaux, les plus importants du Turkestan, sont la mer d'Aral et le lac Balkhach, ainsi que les vastes dépressions situées à l'est de la ville de Pérovsk, au fond desquelles s'étendent les lacs de Saoumal-Koul, Aschi-Koul et d'autres. Malgré l'immense développement de ses bords, la mer Caspienne, sauf la petite rivière d'Atrek qui confine à la Perse, ne reçoit aucune petite rivière ni aucun torrent. Plus à l'est des revers septentrionaux du Kopet-dag, il ne s'écoule que d'insignifiants ruisseaux qui, cependant, les eaux étant extrêmement rares dans la Transcaspie, ont une très grande importance. La quantité totale d'eau, fournie par 27 petites rivières éparses sur une distance de 500 kilomètres, ne dépasse pas 78 mètres cubes par seconde ; certaines de ces petites rivières sont tellement pauvres, qu'elles atteignent à peine la ligne du chemin de fer de l'Asie centrale qui suit le pied des montagnes. La partie sud-est de la Transcaspie où coule dans la direction du nord Tedjène (Guéri Roud) et le Mourgab, est un peu mieux pourvue d'eau courante. A partir des ramifications occidentales du Paropamir en Afganistan, ces rivières ont un cours de 600 kilomètres dont un peu moins de la moitié en Afganistan ; et, ayant formé un certain nombre d'oasis habitées aux approches du chemin de fer, elles s'assèchent et se perdent dans les sables. Au moment des pleines eaux, la quantité d'eau charriée par le Mourgab (de 48 à 58 mètres cubes par seconde) et le Tedjène augmente de plusieurs fois ; mais, en été, ces rivières, surtout le Tedjène, dans leurs cours inférieurs sont entièrement à sec. Presque au centre du Turkestan coulent dans la direction du nord vers la mer d'Aral, les deux plus grandes et les plus importantes des artères fluviales du Turkestan, les fleuves jumeaux, le Syr et l'Amou. La plus grande partie de la contrée montagneuse du Turkestan appartient aux bassins de ces deux fleuves et les eaux de l'Amou et du Syr arrosent les oasis les plus riches et les plus peuplées. L'ancien Oxus, l'Amou-Daria, par la masse d'eau qu'il charrie ainsi que par l'étendue de son bassin, peut être, en toute justice, appelé le roi des cours d'eau du Turkestan. Des glaciers des monts Hindoukouch, où il prend sa source, jusqu'à son embouchure dans l'Aral, l'Amou a plus de 2,500 kilomètres de long ; son bassin surpasse considérablement en étendue l'Italie entière ; et sur beaucoup de points de son cours moyen et de son cours inférieur, ce fleuve a 2 kilomètres de large. Le pont en bois du chemin de fer qui est établi à Tchardjoui a plus de 2 kil. 1/2 de long, et le pont en fer qu'on est en train de construire, un peu plus haut, aura plus de 1 kil. 1/2. L'œil du voyageur, ayant traversé depuis Krasnovodsk 1,150 kilomètres de désert sans eau, est frappé d'admiration à la vue du fleuve puissant roulant au loin ses flots troubles, d'eau d'un jaune brun dont on peut à peine apercevoir la rive opposée qui même est invisible s'il y a du brouillard. Les plus importants des affluents de l'Amou sont : le Mourgab, qui arrose le Pamir ; le Vakhch et la Sourkhane. On peut y ajouter le Zéravchane, rivière charriant de l'or qui, aujourd'hui, cesse de couler à quelques dizaines de verstes de l'Amou, dont elle était tributaire il y a encore relativement fort peu de temps. La vallée du Zéravchane, rivière qui prend sa source dans un immense glacier des monts Alaïsk et dont le cours de l'est à l'ouest a plus de 600 kilomètres, est une des oasis les plus riches et les mieux cultivées du Turkestan. Dans sa partie supérieure, cette vallée s'étend entre les limites de la province de Samarkande et sa partie inférieure dans le Khanat de Boukhara dont la capitale est arrosée par des canaux dérivés du Zéravchane. Après être sorti des montagnes, sur un parcours de plus de 1,000 kilomètres, l'Amou ne reçoit aucun affluent ; aussi, au fur et à mesure qu'il s'approche de son embouchure, l'évaporation lui fait perdre une grande quantité de ses eaux dont le volume est bien diminué ; à Pitniak, sur son cours inférieur, il se détache d'énormes canaux qui arrosent l'oasis de Khiva ; un peu plus loin, l'Amou se partage en deux bras, forme un énorme delta couvert de roseaux et se jette dans l'Aral. Le Syr-Daria n'a pas moins d'importance pour le Turkestan. Ce fleuve a beaucoup de sources (Narym, Kara-Daria) dans les glaciers du milieu des monts Thian-Chan et arrose, de ses affluents, la perle de l'Asie centrale, la riche et populeuse vallée du Fergana. Le Syr-Daria a un cours de 2,800 kilomètres de long et son bassin embrasse 26,500 kilomètres carrés. La mer d'Aral, dont le Syr et l'Amou sont des tributaires, est le plus grand réservoir d'eau du Turkestan. Du nord au sud, cette mer a 400 kilomètres de long, et de l'ouest à l'est, 300 kilomètres de large. Sa superficie étant de 67,800 kilomètres carrés est égale à celle de la Bavière. Cette mer est à 47 mètres au-dessus du niveau de la mer Noire et à 73 mètres au-dessus du niveau de la mer Caspienne ; sa profondeur dépasse 67 mètres ; ses eaux sont amères et salées.

Malgré la grande quantité d'eau que l'Amou et le Syr apportent à l'Aral, l'étendue de cette mer, l'évaporation occasionnée par la sécheresse du climat étant énorme, diminue de jour en jour et cela d'une manière assez sensible ; il est possible que dans un avenir éloigné ce réservoir d'eau, comme dans d'autres lacs de l'Asie Centrale, disparaisse de la surface de la terre.

La vaste steppe qui s'étend à l'est du Syr Daria entre ce fleuve et le bassin du lac Balkhach, est arrosée par deux cours d'eau : le Talass et le Tchou. Le Talass prend sa source dans les chaînes avancés du Tchian-Chan ; puis après avoir traversé les steppes sur

600 kilomètres de parcours, il se jette dans le lac Kara-Koul, qui n'est au surplus qu'un débordement de ce fleuve enfermé entre des mamelons de sable. Le Tchou, qui fut sans doute, jadis, le canal d'écoulement du lac Issyk-Koul, prend sa source dans la profondeur des montagnes qui s'élèvent sur sa rive sud-ouest, puis, se frayant un passage sur la plaine à travers la gorge de Bouamsk, il prend vers l'ouest et, coulant lentement, il opère des méandres dans la steppe et se jette dans le lac de Saoumal-Koul ; ce cours d'eau a 920 kilomètres de long. Ces deux cours d'eau, qui furent jadis des affluents du Syr-Daria, ont un caractère identique: dans leur cours supérieur, en sortant des montagnes, ils ont une grande importance pour l'irrigation de la contrée ; dans le reste de leur cours, leurs rives couvertes de roseaux et de végétation, où, l'hiver venu, les Kirghizes nomades cherchent un abri ; ces rivages sont entièrement dépeuplés ; enfin, le Talass et le Tchou s'évanouissent au milieu des sables de la steppe dans des lacs et des débordements. Dans la partie occidentale du bassin du Turkestan, c'est dans l'Aral que s'écoulent les eaux et dans la partie orientale les eaux s'écoulent dans le Balkhach. Le Balkhach est un lac qui s'étend à 270 mètres environ au-dessus du niveau de la mer, dans la partie septentrionale de la province de Sémiretché, vers le 46° de latitude ; ce lac est beaucoup moins grand que la mer d'Aral ; cependant c'est un énorme réservoir d'eaux salées que les Kirghizes qualifient de mer. Il a dans sa longueur plus de 600 kilomètres ; sa largeur varie entre 8 et 85 kilomètres ; et sa superficie qui est de 18,400 kilomètres carrés, est égale au royaume de Wurtemberg, bassin du Balkhach, dont la huitième partie environ s'étend dans les limites de la Chine, ayant 428,000 kilomètres carrés, a une superficie un peu moindre que l'Espagne. Le plus important des tributaires du Balkhach et, en même temps, le fleuve le plus considérable de la partie orientale du bassin du Turkestan, c'est l'Ili. Ce fleuve, qui a deux sources dans les monts Thian-Chan, dont l'une, le Tékess, est alimentée par les glaciers du groupe majestueux des montagnes du Khan-Tengri, à sa sortie des montagnes, l'Ili se dirige vers l'ouest à travers la large vallée qui s'étend entre les chaînes des monts Zaïlisk et des monts Djoungar-Alataou ; puis, pénétrant dans les déserts de sable, il tourne vers le nord-ouest et se jette dans le lac Balkhach.

L'Ili a environ 1,050 kilomètres de long, dont 400 environ sur le territoire chinois. C'est le cours moyen de ce fleuve qui a la plus grande importance, parce que les nombreux affluents qu'il reçoit dans cette partie de son cours, descendant les revers septentrionaux fleuris des monts Zaïlisk-Alataou, arrosent les contrées s'étendant au pied des montagnes qui environnent la ville de Vierny.

Les cours d'eau du Turkestan, dont le lit est extrêmement instable, le niveau très variable, la profondeur en général peu considérable, le courant rapide dans leur cours supérieur et dont les bords sont peu peuplés et même entièrement déserts sur des milliers de verstes de leur cours moyen et de leur cours inférieur ne sont pas de bonnes voies de communication. Les plus importants d'entre eux, même l'Amou et le Syr, ne font pas exception ; leur grande importance pour le pays vient principalement de leurs eaux pouvant servir à l'irrigation. A ce point de vue, les cours d'eau de l'Asie Centrale sont effectivement inappréciables, cependant ils n'ont pas tous la même valeur. La réserve d'eau pouvant être utilisée aux irrigations que contiennent le Syr et l'Amou est très considérable ; mais actuellement on n'emploie qu'une petite partie de ces eaux, principalement dans les contrées où ces fleuves à leur sortie des montagnes, ont encore un plan d'eau sensiblement incliné.

Dans les autres parties de leur cours, si ce n'est sur le cours inférieur de l'Amou où se trouve l'oasis de Khiva, ces deux rivières ne servent presque pas aux irrigations. Après avoir traversé des milliers de verstes de steppes, ces fleuves se jettent dans la mer d'Aral et en réalité ils disparaissent presque sans aucune utilisation par l'évaporation, dans l'océan de l'air. Les affluents torrentiels de ces fleuves d'où sont détachés beaucoup de canaux, conduisant leurs eaux dans la contrée du pied des montagnes du Turkestan russe et de la Boukharie, ont beaucoup plus d'importance au point de vue de l'irrigation. Enfin, les petites rivières descendant des montagnes ont quelque importance pour l'irrigation du pays, parce que l'inclinaison de leurs plans étant considérable, il est facile d'en détacher des canaux d'irrigation. Chacune de ces petites rivières, tous les ruisseaux, à leur sortie des montagnes et au moment où ils pénètrent dans le pays plus plat couvert d'un sol de lœss est partagée en une grande quantité de canaux d'irrigation qui, formant éventail sur la pente de la contrée utilisent souvent jusqu'à la dernière goutte d'eau et portent l'humidité et la vie à travers les champs et les jardins des oasis. C'est précisément grâce à ces petites rivières et à ces ruisseaux que les chaînes montagneuses du Turkestan ont à leur pied une zone presque continue d'oasis au delà de laquelle, l'irrigation ne se faisant plus, s'étend l'espace infini des déserts et des steppes d'un gris jaunâtre.

Le *climat* du Turkestan, pays éloigné de toutes mers ouvertes et presque entièrement entouré de vastes espaces desséchés, est un climat essentiellement continental. Un été chaud, un hiver relativement rigoureux, peu de dépôts atmosphériques, la sécheresse de l'air et la prédominance des vents du nord et du nord-est, tels sont les traits les plus caractéristiques de ce climat. C'est dans les steppes, loin des montagnes que ces traits sont le plus accentués ; tandis que dans les oasis qui s'étendent au pied des montagnes, accumulant les vapeurs, il est naturel que ces traits soient un peu atténués ; là, l'air est plus humide, les variations de la température moins sensibles et la quantité de dépôts bien plus considérable. Nous donnons ci-après les principaux éléments du climat pour six points situés au milieu de différentes régions du pays.

INDICATION des points	Latitude nord	Longitude est au méridien de Greenwich	Altitude en mètres	Janvier	Juillet	Années	Dépôts météoriques en millimètres
Vierny (province de Sémiretche)	43°,16′	76°,53′	766	8,4	23,6	7.9	540
Petro-Alexandrovsk (province du Syr-Daria)	41°,28′	61°,5′	100	4,7	28,3	12.5	64
Tachkent (province du Syr-Daria)	41°,19′	69°,16′	455	1,1	26,5	13,2	331
Novymarghelane (province du Fergan)	40°,19′	71°,43′	566	2,6	27.6	13,4	145
Krasnovodsk (province transcaspiennes)	40°,0′	52°,59′	21	1,5	28.2	15.6	616
Merv (Province transcaspienne)	37°,35′	67°,47′	209	0,6	30.2	15,4	—

Le Turkestan est entre les isothermes de l'année + 8° et + 17° C. Le premier de ces isothermes passe un peu au nord du lac Balkhach et le second par le cours inférieur de l'Atrek et par la région des points les plus méridionaux de la province transcaspienne aux environs du poste de Kouchkinsk. Le littoral de la Caspienne au sud de Krasnovodsk n'est pas seulement par la température moyenne de l'année la région la plus chaude du Turkestan, c'est la région la plus chaude de toute la Russie. La température moyenne de l'année est beaucoup plus basse dans la partie septentrionale du pays et particulièrement au pied du Thian-Chan, à la ville de Vierny où l'année est presque deux fois plus froide qu'au sud. Le mois le plus froid de l'année est janvier. A Vierny, la température de ce mois n'est que d'un degré supérieur à celle de Saint-Pétersbourg qui est presque à 17° de latitude plus au nord ; à Pétro Alexandrovsk, le mois de janvier est presque aussi froid qu'à Christiania, ville située par 59°55 de latitude nord. A Merv, où la température moyenne de l'année est de + 15°,4, le mois de janvier est presque d'un degré et demi plus froid qu'à Berguen, ville située à 23° plus au nord, et la température de l'année n'est que de + 6°,7 ; ce n'est que sur le bord de la Baltique que la température de janvier est supérieure à zéro (+ 1,°5).

En général, les gelées ne sont pas de longue durée, mais elles sont pour ces latitudes extraordinairement intenses. A Tachkent, la température tombe parfois à — 27° ; au Fergana, à — 20° ; et au milieu de la steppe elle descend probablement jusqu'à — 30°. Dans les cantons les plus chauds même de l'oasis de Merv, la température descend souvent jusqu'à — 21° ; à Krasnovodsk, ville baignée par la mer Caspienne, qui ne gèle jamais, la température la plus basse ne descend pas au-dessous de — 13°. Au Turkestan, le mois le plus chaud est le mois de juillet dont la température moyenne varie entre +23,°5 (à Vierny) et 30°,2 (à Merv). En été, la chaleur atteint souvent + 40° (+ 43° à Merv), et même + 47°,6 à l'ombre (à Namangane, prov. du Tergana). Au soleil, la température est encore plus haute et le sable est échauffé jusqu'à + 65° et même 70° ; ainsi dans cette contrée les chaleurs de l'été ne le cèdent pas à celles qui sont observées en Egypte (au Caire) ; et l'amplitude de la température annuelle de l'air atteint 77°.

Sur les hauts plateaux qui forment une partie considérable des contrées montagneuses du Turkestan, les conditions de la température, on le conçoit, sont entièrement différentes et rappellent en partie celles des régions polaires. Au poste du Pamir, situé presque au centre du Pamir, à l'altitude d'environ 3,600 mètres au-dessus du niveau de la mer, la moyenne de la température de l'année est de — 1°,3 ; la température la plus élevée est de + 27°,3 ; la température la plus basse — 46°,7. La moyenne de la température de janvier est de — 25°,4 ; celle des mois de juillet et d'août, + 12°,7 et + 16°,4. La température la plus basse est au-dessous de zéro pour tous les mois de l'année, sauf les mois de juillet et d'août, époque où elle s'élève ainsi que nous l'avons indiqué. La différence entre la température à l'ombre, et la température au soleil est énorme : sur le lac Kara-Koul Bonvalot, il a été observé, en mars — 13° à l'ombre et + 23° au soleil.

Au Turkestan, la quantité de dépôts météoriques est très faible ; dans beaucoup de régions l'évaporation de beaucoup de fois la quantité d'humidité tombée au cours de l'année. Dans les steppes éloignées des montagnes la quantité annuelle de dépôts ne dépasse pas 150 mill., et parfois, elle est de moitié moindre et même moins de moitié. Cette étonnante pauvreté de dépôts est surtout remarquable dans la région du cours inférieur de l'Amou-Daria, où, à Pétro-Alexandrovsk, il ne tombe annuellement que 64 mill. de dépôts ; elle est encore plus sensible dans les régions centrales du Pamir : au poste de Pamir, la quantité de dépôts météoriques est de 44 millim. Les régions situées au pied des montagnes reçoivent deux fois plus de dépôts : à Tachkent, la colonne est de 331 millim., à Samarkande, de 285 millim. Sur les revers septentrionaux du Thian-Chan, les dépôts sont encore plus considérables : à Vierny, la colonne atteint 540 millim. Dans l'arrière-saison, en hiver et aux premiers jours du printemps, les pluies sont relativement fréquentes; à partir du mois de mai, elles deviennent très rares, et dans beaucoup de steppes, au cours d'un été long et torride, il ne tombe presque pas une goutte d'eau. La répartition des pluies est un peu différente dans les contrées s'étendant au pied des montagnes de la province de Samarkande; là, à Vierny, par exemple, la plus grande quantité de dépôts tombe pendant les mois de printemps et d'été.

L'*humidité* de l'air et la nébulosité est également peu considérable; c'est dans les contrées éloignées des montagnes et dans les steppes du Turkestan qu'elles sont moindres. Dans ces dernières régions, il n'est pas rare qu'en été l'humidité s'abaisse jusqu'à 5 0/0 et que la nébulosité durant des mois ne dépasse pas 0·1. Plus près des montagnes et surtout dans les oasis cultivées abondant en eau et en végétation, l'humidité est bien plus considérable. En général, la nébulosité du pays ne dépasse pas 3 1/2 — 4 1/2.

Au Turkestan, ce sont les *vents* froids et secs du nord et du nord-est qui dominent et ces vents sont en même temps les plus violents. Dans la vallée supérieure de l'Amou-Daria, ces vents constituent de 54,9 0/0, à Pétro-Alexandrovsk, à 59,8 ·|-, à Noukouss, de tous les vents; et le vent nord-est, pour sa part est beaucoup plus de la moitié dans cette proportion (31 à 36 0/0); même à Tachkent, ces deux vents forment les 50,9 0/0 de tous les autres vents. Ces vents qui viennent de contrées plus froides sur des contrées plus chaudes non seulement ne forment aucun dépôt, au contraire, ils augmentent l'évaporation de l'humidité et sont la raison de la clarté et de l'absence de nuages du ciel, surtout le printemps et l'été, époque où la température de l'air est extrêmement élevée dans le Turkestan. La température de la plus grande partie de l'année étant élevée, les vents secs du nord et du nord-est dominant et la quantité de dépôts étant insignifiante dans l'immense majorité du pays, l'évaporation prend des proportions inaccoutumées et dépasse de beaucoup la quantité de dépôts. Les observations montrent que l'évaporation annuelle dépasse la quantité de dépôts : à Tachkent et à Samarkande, de trois fois; dans le Fergana, de 7 fois; à Noukouss, de 27 fois; et à Pétro-Alexandrovsk, de 270 fois. En hiver même, dans ces contrées, l'évaporation dépasse les dépôts presque de 6 fois.

A cet égard, il semble que certaines contrées de la province de Sémiretché s'étendant au pied des montagnes font exception. D'après les données fort incomplètes d'ailleurs que nous possédons, la quantité de dépôts qui tombent à Vierny dépasse un peu l'évaporation. La supériorité de l'évaporation sur les dépôts, c'est-à-dire l'excédent de dépenses des eaux sur les recettes, qui est un des traits les plus caractéristiques du climat du Turkestan, est en même temps une des causes des profondes modifications de la nature de ce pays ; ce phénomène a pour conséquence l'asséchement long et progressif de la totalité du bassin du Turkestan.

Cette contrée perdant sans aucune compensation ses eaux, les sources tarissent, les rivières diminuent et disparaissent, les lacs s'assèchent, les champs de neige et les glaciers perdent de leurs étendue ; en un mot la contrée ne cesse de s'assécher lentement; la surface du pays, dépouillée de ses eaux, devient la proie du vent qui en modifie l'aspect, accumule les sables mouvants et transforme le pays en désert. Si ces phénomènes avaient besoin d'être confirmés, il suffirait d'indiquer un fait bien connu, c'est que la mer d'Aral, le lac Balkhach et d'autres lacs furent jadis bien plus considérables, et que beaucoup d'affluents importants, tributaires du Syr et de l'Amou, aujourd'hui, n'atteignent même plus ces fleuves et se perdent dans les sables. Tels sont, par exemple, le Tchou et le Sarysou, pour le Syr-Daria et le Zéravchane, le Karchi-Daria et peut-être le Tedjene et le Mourgab, pour l'Amou-Daria.

Au Turkestan, les hivers, principalement dans la méridionale du pays sont très inconstants. Il arrive que la neige et les froids durent un mois ou deux ; parfois l'hiver n'a que deux ou trois semaines et même quelques jours seulement. Dans la partie septentrionale du pays, les hivers sont beaucoup plus rigoureux ; les rivières se prennent et les gelées atteignent de — 20° à — 30°. Dans le sud, habituellement les hivers sont très doux ; cependant, il y a des années où, même dans les régions les plus méridionales, le mercure tombe jusqu'à — 26°. Au cours de l'hiver, la steppe est désolée par des bourancs ; ce sont des chasse-neige dangereux pour le voyageur lorsque la gelée est forte : il n'est pas rare de voir se former le djoutt, c'est-à-dire une couche de glace qui recouvre le sol ; ce djoutt est fatal aux troupeaux qui passent l'hiver dans la steppe et ne peuvent atteindre l'herbe couverte par la glace et meurent de faim.

Dans les montagnes et particulièrement sur les hauts plateaux du Pamir, les hivers sont rigoureux et rappellent ceux des contrées polaires ; lorsque soufflent de violents vents glacés, le mercure tombe au-dessous de — 40°, les défilés s'emplissent de neige, et, de longs mois durant les habitants sont séparés du reste du monde. Sauf dans les régions montagneuses, au Turkestan, l'hiver arrive relativement très tôt ; en mars, d'habitude, la neige disparaît, il pleut, la température est douce , et la steppe se couvre d'herbe verte émaillée et de fleurs aux couleurs éclatantes. Parfois la nature se ranime encore plus tôt et, en février, les amandiers, les cerisiers et les abricotiers sont couverts de fleurs. Dans l'Asie centrale, en général, le printemps est la plus agréable des saisons de l'année; malheureusement il n'est pas de longue durée.

Dès le mois de mai, la chaleur du soleil devient insupportable;

les pluies cessent de tomber ; l'herbe délicate est brûlée sur toute la
surface du pays, les fleurs sont fanées et la steppe prend vite l'aspect
d'un désert de couleur jaune brun. En juin et en juillet, la chaleur
atteint son comble ; sur l'horizon sans nuage d'un gris bleu, brille
un soleil ardent, à travers l'atmosphère chargée d'une poussière de
lœss extrêmement fine.

Au-dessus de la steppe sans eau, n'ayant conservé que quelques
rares touffes d'absinthe, apparaissent dans l'air enflammé des mi-
rages. La terre s'écaille sous l'action de la chaleur et la steppe s'éva-
nouit pour ne s'éveiller que la nuit, au moment où, après une journée
étouffante, il apparaît un peu de fraîcheur. Il arrive assez souvent
que la chaleur est augmentée par le souffle du garmsill, vent brûlant
et sec qui occasionne bien des dommages aux plantes de culture et
qui est très dangereux au désert, où il soulève des nuages de sable
obscurcissant l'horizon.

L'été a un caractère un peu différent dans les contrées s'étendant
au nord du pied des monts Thian-Chan. Là, les étés sont plus frais
et sensiblement plus humides ; aussi les plantes n'y sont pas aussi
brûlées du soleil ; les environs de Vierny, en été même, sont couverts d'herbes verdoyantes.

A la fin d'août et de septembre, la température s'abaisse et devient
presque très fraîche ; à la fin d'octobre ou en novembre, les pluies
commencent à tomber et, dans certaines régions, la steppe se couvre
pour peu de temps d'une herbe verte ; les montagnes s'enveloppent
d'une neige nouvelle et, à partir de la mi-novembre d'habitude, les
gelées commencent à sévir.

En somme, le climat du Turkestan est sain. La seule maladie endémique, qui domine partout dans les parties les plus basses du
pays, n'est guère que la fièvre, qui rencontre des conditions favorables à son expansion dans les oasis abondamment irriguées ; cette
fièvre affecte parfois des formes très particulières et fort dange-
reuses. Dans les contrées montagneuses, le goitre est assez commun ; en Boukharie et au Djissak, on trouve des cas de richta (filaria
medinensis), et dans certaines régions du Fergana et de la Transcaspie, il existe des maladies assez communes connues sous le nom
de maladies des « Sartes » et de « peste pendienne ».

La végétation du Turkestan a sensiblement le caractère des particularités de sol et de climat de la contrée et elle est extrêmement
caractéristique. La flore des steppes et des déserts offre un intérêt
tout particulier ; les steppes et les déserts occupent, on le sait, la
plus grande partie du pays et la flore qu'ils portent ne comprend
que peu d'espèces, mais ces espèces, qui pour la plupart sont des
buissons, sont très originales. Cette flore se manifeste le mieux dans
es déserts de sable où, dans les contrées les plus écartées, on ren-

contre d'assez épais fourrés de Haloxylon Ammodendron, Salsola arbuscula, différentes variétés de Calligonum, Ammodendron, Atraphaxis, Ephedra, Tamarix, Eremosparton, Halimodendron et d'autres. On y rencontre aussi des herbes caractérisant les sables de l'Asie centrale, le Lasiagrostis splendens et Carex physodes. Par-ci, par-là, on rencontre, éparses sur les barkhanes à moitié couvertes de sable, ces espèces de déserts, rabougries, tordues, noueuses, à écorce épaisse, brisées par le vent, qui ont pour caractère de petites feuilles ou l'absence de feuilles, mais des branches charnues; ce sont les essences ligneuses, les arbres de la steppe, mais des arbres sans ombre, sans fraîcheur et sans vie.

Quelle que soit la pauvreté et la maigreur de cette végétation, qui domine sur d'immenses espaces, sa constitution est entièrement appropriée au climat sec et ardent et elle a pour l'économie du pays une grande importance. En fixant, par ses racines qui atteignent plusieurs mètres de long, le sol sablonneux, la végétation ligneuse des steppes empêche le vent de soulever les sables et de former des sables mouvants, qui sont le fléau de l'Asie centrale. La destruction de la flore des sables a déjà produit ses effets au Fergana et surtout dans certaines contrées de la Boukharie où, cette végétation ayant été détruite, les sables mouvants font tous les ans de nouveaux progrès et atteignent les oasis, couvrent les jardins et même les villages.

La végétation des sols glaiseux de la steppe et des déserts, très communs dans la partie plate du Turkestan, a un caractère différent. Dans ces contrées, sur d'énormes distances, les plantes qui dominent sont diverses variétés d'absinthe (Artemisia fragrans, monogyna, maritima, cina et d'autres), le Chenopodium, Salsola, Alhagi camelorum, Nitraria, Astragalus, Dorema, Zygophyllum, Ferula, Rheum et autres. Les formes les plus caractéristiques de ces régions sont diverses variétés d'absinthe (Artemisia) et d'Alhagi camelorum. La steppe d'absinthe occupe de vastes territoires; souvent, sur un espace de centaines de kilomètres carrés, on ne rencontre comme plante dominante qu'une ou deux variétés de cette plante. Dans certains cantons de la province du Syr-Daria, la variété dominante est l'Artemisia Cina, qui s'est encore conservée dans le pays; cette plante donne un précieux médicament, la santonine, dont le Turkestan fait l'exportation dans tous les pays de la terre.

Dans les régions où, le sol contenant trop de sel, la steppe glaiseuse devient une steppe saline, la végétation est encore plus maigre et ne contient presque exclusivement que différentes variétés de Salsola et, en général, des représentants de la famille des salsolacées. L'uniformité de la flore des terres salines est rachetée par l'originalité des formes et l'étrange abondance des fleurs dont les salsolacées se parent aux différentes époques de l'année. Des espaces d'un vert ardent en été deviennent peu à peu jaunâtres sous l'action des chaleurs estivales, puis de nuance jaune vif qui, à l'arrivée des froids, se changent en rose, puis en rouge sanguin et en lilas. L'aspect qu'offre la steppe parée de toutes ces couleurs, lorsqu'elle est éclairée par les rayons obliques du soleil levant, est d'une extraordinaire originalité. Les déserts de sable et surtout les steppes glaiseuses elles-mêmes se couvrent parfois d'une jolie flore de délicates plantes herbacées; dans ces contrées, à part certaines graminées, il y pousse différentes variétés de plantes bulbeuses, des tulipes, la rhubarbe, l'iris, des ombellifères énormes et très particulières (Ferula, Scorodosma) et une très grande quantité d'autres formes juteuses portant souvent de jolies fleurs qui, d'ailleurs, sont extrêment éphémères et se fanent vite sous les rayons brûlants du soleil, tombent en poussière et font place à l'absinthe, à l'Alhagi camelorum et à d'autres plantes plus grossières appropriées à la chaleur.

Dans la partie plate du Turkestan, un type particulier de végétation est celui des fourrés s'élevant le long des rives des cours d'eau et qui s'étendent sur certains bords, le long du cours inférieur de l'Amou Daria, du Syr Daria et d'autres cours d'eau. La flore de ces rives, qu'on désigne sous le nom de tougaï, parce que les eaux sont proches d'un sol riche formé de limon, est remarquable par sa luxuriance relative; elle ne ressemble pas du tout à celle de la steppe voisine qui s'étend dans la contrée un peu plus élevée. D'épais fourrés forment souvent de véritables forêts qui contiennent des saules, des peupliers (Populus diversifolia, pruinosa), des tamaris, djidas (Eleagnus); des tchinguils (Halimodendron argenteum) épineux s'y étalent luxueusement enchevêtrés de kemdyr (Apocynum sibiricum), plante donnant d'excellentes fibres, et de gigantesques roseaux se dressent en infranchissables murailles. Les tougaï sont particulièrement considérables le long des bords de l'Amou, où on en rencontre parfois qui ont des dizaines de verstes de long; ces fourrés abritent le faisan, le cerf et des troupeaux de sangliers qui sont la proie réservée au tigre royal.

Dans les contrées montagneuses du Turkestan, on peut distinguer trois zones de végétation : la zone des steppes montagneuses, la zone des forêts et la zone alpestre.

La flore des steppes montagneuses couvre les flancs desséchés du pied des montagnes et des montagnes elles-mêmes à partir du pied jusqu'à 8 ou 9,000 pieds de haut formant sur les plateaux, au sol de lœss, dans les hautes vallées et les plateaux élevés, de véritables steppes de montagnes couvertes de stipe (tipa), d'absinthe et d'autres herbes et buissons des steppes propres aux steppes herbeuses contiguës par le nord aux déserts du Turkestan. Cette flore est remarquable par l'abondance de formes buissonnières et herbeuses, très odoriférantes et riches en huiles essentielles appartenant aux familles des labiées, des légumineuses, des ombellifères de différentes couleurs et d'autres (Cousinia, Caragana, Rosa, Amygdalus, Astragalus, Acantholimon, Acanthophyllum, Eryngium Salvia) qui atteignent très souvent une très grande taille (Caragana jubata) et se mêlent à des espèces purement montagneuses. Les bosquets d'espèces ligneuses qu'on rencontre de-ci de-là, ne modifient presque pas l'aspect de cette flore et doivent plutôt être rangés parmi les espèces appartenant à cette même zone des steppes de montagne. Tels sont, par exemple, dans le plus grand nombre des cas, les bois de genévriers arborescents (Juniperus excelsa, fœtidissima) épars dans les monts Kopet-Dag, Thian-Chan et d'autres chaînes de montagnes; et les rares bois de pistachier (Pistacia vera) qu'on rencontre au sud de la Transcaspie, sur la frontière de l'Afganistan. Dans cette région de végétation, au pied des montagnes, on trouve sur beaucoup de points du Turkestan des exemplaires sauvages de nos principales plantes de culture, du seigle, de l'avoine, de l'orge (dans la partie sud de la Transcaspie), du chanvre et d'autres.

La région forestière du Turkestan a pour caractère des forêts provenant de l'époque tertiaire, devenues beaucoup plus maigres par suite de la sécheresse du climat, qui sont groupées sur les revers des montagnes ou dans les vallées montagneuses abritées. Les essences à feuilles latifoliées qui commencent parfois à des altitudes variant entre 600 et 1,200 mètres, forment des forêts qui, dans les contrées les plus méridionales du pays, atteignent jusqu'à 3,600 mètres au-dessus du niveau de la mer et se terminent par des genévriers arborescents ou des pins (Picea schrenkiana). Dans les monts Kapet-Dag, on rencontre de petits domaines forestiers rares dans les profondeurs des gorges, qui se sont conservés et qui contiennent des ormes (Ulmus campestris), des figuiers (Ficus carica), des érables (Acer monspessulanum), le micocoulier (Celtis australis), le vitex et d'autres. Les forêts du sud de la Boukharie ont à peu près le même caractère; sur le flanc des montagnes on rencontre parfois des bois de noyers (Juglans regia), le frêne, le Celtis australis, le Prunus divaricata, le Mahaleb, l'Ulmifolia et d'autres. Le long du Zéravchane, à ces formes viennent s'ajouter l'érable (Acer monspessulanum), le pommier, le frêne (Fraxinus sogdiana) et, dans les couches supérieures, le génevrier arborescent (Iuniperus excelsa). Dans les contrées s'étendant au pied des montagnes qui entourent à l'Est la vallée du Fergana, la zone des forêts est plus développée qu'ailleurs; là, à des altitudes variant entre 1,200 et 1,800 mètres, s'étendent de vastes forêts d'arbres à feuilles latifoliées qui contiennent surtout le noyer (Juglans regia) mêlé de pommiers (Prunus divaricata), d'aubépines (Crataejus sanguinea), d'érables (Acer emenovi, Lobelü), de frênes (Fraxinus potamophila), de poiriers, etc.

Plus au nord, dans l'intérieur des monts Thian-Chan, les forêts d'essences à feuilles latifoliées sont rares : on n'en rencontre que dans quelques défilés. Ce sont principalement des pommiers, des érables (Acer emenovi), des ormes (Ulmus campestris), des frênes (Fraxinus potamophila), des abricotiers (Prunus armeniaca), des bouleaux (Petula alba), des peupliers (Populus suaveolens), des sorbiers et d'autres. Parfois, l'abricotier forme des forêts sans mélange. Parmi les buissons, citons les plus répandus : le nerprun (Rhamnur cathartica), le rosier sauvage, l'obier, le chèvrefeuille (Lonicera xylosteum, cœrulea), le saule, l'aciculaire (Ephedra), le groseillier (Ribes peutraeum), l'Hippophaë rhamnoides), le barbaris (Berberis heteropoda), l'Evonymus emenovi, etc. La zone supérieure des montagnes est couverte de sapins (Picaea chrenkiana) qui, dans les monts Thian-Chan, forment des forêts entières. Dans les monts Djoungaskialataou, les forêts ne sont formées que des mêmes sapins et il n'y pousse, comme arbres à feuilles latifoliées, que le pommier. Le pommier s'est conservé également sur un point du Tarbagataï, situé sur la frontière nord-est du Turkestan. Parmi les particularités très intéressantes de la flore du Turkestan, il convient de noter l'absence complète d'espèces de tilleuls et de chênes, et de toutes formes toujours vertes et la grande étendue des bois de noyers.

La région alpestre du Turkestan occupe les parties les plus élevées des chaînes de montagnes à partir de 2,400 mètres jusqu'à 2,700 mètres d'altitude au-dessus du niveau de la mer. La flore alpestre se rencontre plus pure que dans la zone la plus élevée voisine de la ligne des neiges. Dans les autres régions, même à des hauteurs considérables, cette flore est mêlée à la flore des steppes qui, grâce à la sécheresse du climat, pénètre parmi les montagnes et grimpe à des hauteurs s'élevant au-dessus des nuages. Ainsi, au Pamyr, la végétation à la hauteur presque du Mont-Blanc a, en général, le caractère de la flore des steppes ; elle est constituée principalement de différentes variétés de festuca et de stip, qui forment le fond sur lequel pousse le lasiasgrostis splendens, l'eremurus, le scodorosma, les scabieuses, l'oignon sauvage, le carex physode et le tereshen (Eurotia), demi-buisson qui pousse en abondance dans cette contrée et qui constitue le seul combustible, et d'autres. La flore alpestre proprement dite, là où elle pousse dans les conditions qui lui sont propres, est très variée ; elle contient des espèces à fleurs très intéressantes et souvent fort jolies. Telles sont, par exemple, certaines variétés de chèvrefeuilles (Lonicera humilis, Karelini), des groseilliers (Ribes heterotrichum), des aconits (Aconitum grandiiflorum), des Conjdalis emenovi, des Oxytropis, des Cortusa emenovi, des Crocus alatavicus, des Fritillaria pallidiflora et des Severzowii, plusieurs variétés d'oignons et une infinité d'autres formes qui poussent sur les hauteurs du Thian-Chan. Parmi les variétés d'oignons, il en est une qui présente un intérêt particulier, c'est l'Allium emenovi, qui couvre de ses fleurs jaune d'or les prairies du Thian-Chan, montagne que cette circonstance a fait appeler par les Chinois les Tzounlines (les montagnes aux oignons).

La *faune* du Turkestan, de même que la végétation de cette contrée, a le même caractère sur d'immenses espaces. Le Turkestan, qui appartient à l'une des sous-régions de la région paléarctique sous le rapport zoogéographique, peut être appelé la zone des steppes et des déserts en faisant entrer dans cette zone la partie montagneuse du pays elle-même ; les steppes et les déserts, ainsi que les hauts plateaux, avec les sommets couverts de neige, présentent en effet beaucoup de traits communs, et la population animale de ces contrées si diverses est loin d'être en réalité aussi différente qu'on pourrait s'y attendre.

La région des montagnes du Turkestan a pour caractère beaucoup d'animaux présentant de l'intérêt, dont quelques-uns se rapprochent des animaux du Thibet. Cette région est peuplée d'énormes moutons de montagne (Ovis Poloi et Ammon), de chèvres de montagne (Capra sibirica), de cerfs (Cervus maral.), d'ours (Ursus isabellinus, Leuconix), de panthères (Felis irbis), de renards et de loups (Canis Vulpes, Melanotis, Alpinus, Lupus), d'aigles, d'oies, de canards, de perdrix de montagne (Perdix chukar), d'oulars (Megaloperdix tibetana), de griffons (Gyps nivicola) et d'autres. Parmi les animaux domestiques, les plus remarquables du Pamir, c'est le yack (Pœphages grunniens) qui donne des laitages et qui est le seul animal propre au trait et au transport des fardeaux à d'immenses altitudes.

Les steppes et les déserts sont peuplés d'une faune non moins originale. Les animaux qui caractérisent cette partie de la contrée sont : le chameau (Camelus bactrianus), le koulan (Equus hemionus), l'antilope et la gazelle (Saïga tartarica, Antilope subgutturosa); beaucoup de petits rongeurs (Arctomys, Spermophilus, Alactaga et ainsi de suite), le chacal (Canis aureus), le sanglier, le tigre, qu'on rencontre au pied des montagnes et dans les vallées des rivières, et d'autres.

Parmi les oiseaux, une grande quantité de formes caractéristiques des steppes et des déserts, au nombre desquelles on remarque la soïka (Podoces), le hoche-queue (Saxicola) et les viounki (Bucanetes), puis le faisan, l'aigle, le vautour et d'autres. Parmi les reptiles, certains serpents présentent de l'intérêt, l'Halys, le Naja oxiana, des lézards, le Naramus scincus qui a jusqu'à 1 mètre et demi de long, et des tortues ; parmi les insectes, des phalanges (Solpuga araneoides, intrepida), des scorpions (Androctonus), des tarentules, des karakourtes (Latrodectes lugubris), des sauterelles, des moustiques (Phlebotomus) et d'autres semblables. Les poissons sont particulièrement remarquables ; à part les espèces du pays tels que les Oreinus et les Schizotorax, atteignant un poids très considérable, l'espèce Scaphyrhynchus, dont on rencontre trois variétés dans l'Amou et dans le Syr, est une espèce qui appartient au Turkestan ; cette espèce est remarquable par cette circonstance que dans le Mississipi (Amérique du Nord), on rencontre trois variétés de cette espèce. Dans les eaux inférieures, la carpe (Cyprinus carpis), le glanis (Silurus glanis) et l'esturgeon de l'Aral (Acipenser schipa seu nudiventris) sont communs.

Ce que nous avons dit de la nature du Turkestan explique entièrement la répartition de l'homme sur la contrée. Les steppes et les déserts sans limite, en raison des particularités climatériques et de l'absence d'irrigation, sont fort peu peuplés et parfois entièrement déserts, tandis qu'au pied des montagnes et dans les oasis couvertes d'un réseau de canaux d'irrigation, il s'abrite une population relativement très dense. En général, les espaces dépeuplés, propres seulement à la vie pastorale, dominant le Turkestan n'est pas très peuplé. Dans celle de ses parties qui se trouve sous la domination immédiate de la Russie, il y a un peu plus de 3 habitants par kilomètre carré ; cette contrée est par conséquent 25 fois moins habitée que la France et deux fois moins habitée que l'Algérie, colonie dont la nature et les conditions de la vie rappellent l'Asie centrale. La province la moins peuplée est la Transcaspie, où il y a 0,7 habitant par kilomètre carré, et le district de Manghychlak, qui s'étend sur le plateau de l'Ourt, est deux fois moins peuplé. Les mêmes conditions se reproduisent au Pamir, dans la province du Fergana, où il y a un habitant par 26 kilomètres carrés de territoire. Si on en exclut le Pamir, le Fergana est la province du Turkestan la plus peuplée : elle a 17 habitants par kilomètre carré. Après le Fergana vient la province de Samarkande, qui possède 12,4 habitants par kilomètre carré. La Boukharie et Khiva ont à peu près la même densité de population, un peu plus de 8 habitants par kilomètre carré. Ainsi que nous l'avons fait remarquer, dans les oasis bien arrosées, la densité de la population augmente beaucoup ; dans beaucoup de contrées florissantes du Fergana et de la vallée du Zéravchane, il n'y a pas moins de 135 habitants par kilomètre carré ; la densité de la population n'est par conséquent pas moindre que celle de l'Angleterre.

Sous le rapport ethnique, la population du Turkestan est en somme d'origine assez la même ; c'est une agglomération et un produit du mélange de deux races, de la race turco-mongole et de la race indo-européenne. Aux temps préhistoriques, ce pays, ayant été habité par des Ariens de la branche Iranienne, fut le centre de la civilisation iranienne; pendant une série de siècles, le Turkestan fut le théâtre de luttes sanglantes que la population autochtone soutint contre le flot des conquérants se ruant sur ce pays de tous les côtés. Après les campagnes d'Alexandre de Macédoine, qui arriva probablement jusqu'au Fergana, et la domination des Scythes et des Chinois, le premier coup porté au Turkestan qui ébranla ce pays jusqu'à ses fondements, fut l'invasion des Arabes venus, au viiie siècle, les armes à la main, répandre la doctrine de Mahomet et faire entrer le pays dans le kalifat. La domination arabe, dont des traces se sont conservées jusqu'à ce jour dans certaines régions (dans la province de Samarkande) ne fut pas durable. Toutefois, l'Islam vainquit la doctrine de Zoroastre, et ne devint pas seulement la religion dominante du pays, elle devint la base de la civilisation qui s'est developpée dans le Turkestan depuis. Avec leur religion, les Arabes apportèrent leurs finances et introduisirent au Turkestan la culture qui s'y épanouit jusqu'à l'invasion des Mongols. Au commencement du xiiie siècle, de nouvelles hordes conquérantes, les hordes mongoles, s'abattirent, du Nord cette fois, sur le Turkestan. Les Mongols, peuple nomade, après avoir fait de la plus grande partie du pays un désert, avec le temps subirent cependant l'influence d'une civilisation supérieure et une des villes du Turkestan, Samarkande, devint le centre de l'immense empire de Timour. Au xvie siècle, un nouveau flot de nomades submergea tout le Turkestan, qui avait à peine eu le temps de se remettre de l'invasion mongole : les Turcs-Ouzbeks se ruèrent sur le pays et, peu de temps après, arrivèrent pour s'y installer les Kaïsaks (Kirghizes). Cependant, les anciens comme les nouveaux conquérants éprouvèrent, comme l'avaient fait avant eux les Mongols, l'influence de la population autochtone et, avec le temps, partout où les nouveaux venus entrèrent en rapports plus intimes avec les anciens habitants du pays dispersés, repoussés dans les montagnes et mêlés aux races mongolo-turques, mais encore puissants par leur ancienne civilisation arienne, ils abandonnaient leurs steppes, renonçaient à leur genre de vie nomade et devenaient de paisibles cultivateurs sédentaires ou des habitants des villes. Ces dernières années, à l'aide des survivants des anciens ariens, dans leur lutte pour la civilisation contre le monde turco-mongol, il vient d'apparaître un élément nouveau plein d'avenir et de vitalité dans la personne des Russes, ces représentants des Ariens du Nord et de l'Est.

Actuellement, dans la partie russe du Turkestan, le groupement des nationalités se présente comme nous allons l'indiquer. Les nations turco-mongoles forment la principale masse de la population et occupent toutes les steppes et une partie des montagnes du pays ; la plus typique et la plus nombreuse des races de ce groupe sont les Kirghizes, qui forment environ les 36 0/0 de la population ; ces Kirghizes, à leur tour, se divisent en Kirghizes des steppes ou Kaïsaks (environ 29 0/0) et en Kirghizes montagnards, les Kara-Kirghizes (7 0/0). Les Kirghizes habitent les plaines, de préférence celles des provinces du Syr Daria et de la Semiretché ; une partie d'entre eux occupent l'angle nord-ouest de la Transcaspie. Les Kara-Kirghizes habitent les montagnes, surtout celles de la Sémirectché et du Fergana. L'un et l'autre de ces deux peuples sont pasteurs ; ils habitent toute l'année des tentes de feutre dites des *yourtes*, et ne se livrent guère qu'à l'élevage ; dans certains cantons, les conditions étant favorables, les Kirghizes font un peu d'agriculture (dans les provinces de Sémiretché et du Syr Daria) et lentement, ils commencent à prendre du goût pour les mœurs de la vie sédentaire. Une autre des nationalités qui, en grande partie, est aussi un peuple de pasteurs, c'est le peuple turcoman (5 0/0) qui domine dans la population de la province transcaspienne. Certaines tribus turcomanes, les Tekkés et d'autres habitant le pied des monts Kopet-Daga et le long des rivières Tedjenc et Mourgab, se livrent déjà à l'agriculture et ont des demeures fixes ; mais leur industrie principale n'en est pas moins l'élevage primitif des steppes, et, jusqu'à présent, les villages turcomans ne sont encore qu'un étrange mélange de huttes en terre glaise.

Les Ouzbeks et les Kiptchaks (19 0/0) appartiennent à la race turco-mongole et forme la plus grande partie de la population de Samarkande et de certains cantons de la province du Fergana et de Syr Daria. L'immense majorité des Ouzbeks sont aujourd'hui entièrement sédentaires et se livrent à l'agriculture, à la culture des jardins et à d'autres occupations analogues. Comme une petite partie des Ouzbeks ne mènent pas moins encore l'existence nomade, il est permis de supposer qu'au Turkestan, la moitié seulement de la population est nomade. Par le nombre, après les Kirghizes ce sont les Sartes qui occupent le premier rang ; ils forment environ les 24 0/0 de la population du pays. On ne sait pas exactement quelle est l'origine de ce peuple, mais c'est indubitablement le produit d'un mélange d'ariens avec des turco-mongols dans lequel domine le sang arien ; ce qui le prouve, c'est que le type sarte rappelle celui des Ariens et les qualités morales de ce peuple. Les Sartes forment la majorité de la population des villes et le plus grand nombre des habitants de la campagne dans le Fargana et certaines régions des provinces du Syr Daria et de Samarkande. Les Sartes sont vifs, adroits, bien doués et plus enclins au commerce que les autres

nationalités du pays. Les Taranches qui habitent au nombre de
quelques dizaines de mille les oasis de la province de Sémiretché
où ils se livrent à l'agriculture doivent être rangés parmi les Sartes.
Aujourd'hui la population iranienne autochtone n'est pas nombreuse.
Les restes de cette population se sont conservés sous le nom de
Tadjiks (9 1/2 0/0), dans les habitants des montagnes du Fergana et
de Samarkande qui se livrent à l'agriculture. Parmi les autres
nationalités, il convient de signaler : les Dounganes, Chinois musulmans qui ont quitté la Chine il y a environ 25 ans et sont venus
s'établir dans la province de Sémiretché, où ils se livrent à l'agriculture
et à la culture des potagers ; les Karakalpaks qui habitent en assez
grand nombre le centre du Fergana et la vallée inférieure de l'Amou
Daria ; les Tatares et les Juifs dispersés dans les villes et se livrant
au commerce ; enfin, un petit nombre d'Arméniens, de Perses,
d'Indiens, d'Afgans, de Gitanes, et même des descendants d'Arabes
que les Ouzbeks se sont presque entièrement assimilés. Toutes ces
petites nationalités habitant de préférence les villes forment environ
les 2 0/0 de la population entière du pays. Les 4 1/2 0/0 restant sont
des Russes, au nombre d'environ 23,000, qui habitent différentes
parties du pays. Au Fergana les Russes forment le 0,4 0/0 de la
population ; dans la Transcaspienne, 1 0/0 ; à Samarkande,
1 1/2 0/0; dans la province du Syr Daria, 3 1/2 0/0 ; et enfin dans
le Sémiretché, où les premières colonies de Kasaks furent fondées
en 1848, plus de 10 0/0. Les Russes constituent, dans les villes, la
classe intelligente et le monde des fonctionnaires ; et dans certaines
régions, ils forment des enclaves assez considérables de population
rurale agricole presque sans mélange. La colonisation russe s'est
surtout avancée dans la province de Sémiretché. En 1854, la ville de
Vierny fut fondée, et, à l'heure qu'il est, au pied des montagnes, il
existe déjà 60 villages russes, dont 29 sont des colonies de Kosaks
et 33 des agglomérations de paysans russes immigrés. Dans la
province du Syr Daria, la colonisation russe a débuté en 1876 ;
aujourd'hui (1897) cette province compte 55 agglomérations russes,
dont la moitié environ s'étendent au pied septentrional de la chaîne
des monts Alexandrovsk. Dans la Transcaspienne, province annexée
à la Russie après les autres, et où les conditions de la colonisation
par des émigrés des gouvernements intérieurs de la Russie sont
extrêmement pénibles, il a déjà été formé 16 agglomérations russes
dont une, le village d'Alexéiev, est le centre le plus méridional de la
Russie et n'est qu'à 120 verstes au nord de Hérat. Il existe, dans la
province de Samarkande, plus de 10 villages russes situés principalement dans la steppe de la Faim, sur les bords du Syr Daria, district
de Khodjent. Lorsque cette contrée sera arrosée — et des travaux
d'irrigations ont déjà été inaugurés par le ministère de l'Agriculture

et des Domaines — la partie nord-est de la steppe de la Faim sera bientôt une florissante oasis peuplée de Russes. Enfin, au Fergana, où la population est dense et où il n'existe pas de terres libres, la colonisation a à vaincre de grandes difficultés. A l'heure qu'il est (1900) il existe 5 villages russes comptant plus de 2,000 habitants. Ainsi, au Turkestan le nombre d'agglomérations rurales russes est déjà de 146 avec environ 100,000 habitants et il est indubitable que la colonisation du pays n'est plus qu'une affaire de temps. Au point de vue des confessions religieuses, plus des 95 0/0 de la population est musulmane. En terminant cette revue des populations du Turkestan, il convient de s'arrêter sur les peuples qui constituent la population des Khanats de Boukharie et de Khiva. Dans l'un et l'autre de ces Khanats la majeure partie de la population est formée d'Ouzbeks ; en Boukharie, après les Ouzbeks viennent les Sartes, les Tadjiks, les Turcomans et les Kirghizes, et en Khiva, les Turcomans et les Kirghizes. Dans les possessions du Khanat de Khiva on compte environ 4,000 Russes et dans celles de la Boukharie, environ 12,000 Russes.

2° Sources fondamentales du bien-être de la population. L'agriculture et les conditions où elle se trouve. L'horticulture et la sériciculture. L'élevage.

La différence essentielle de la nature et des conditions de la vie entre les parties montagneuses et les plaines du Turkestan a fait naître une différence essentielle dans les mœurs et le genre de travaux des peuples de ce pays. Au pied des montagnes, où il n'est pas difficile d'irriguer les champs et sur certains points éloignés des montagnes, des vallées fluviales, habite une population sédentaire dont l'occupation principale et presque l'unique ressource sont les différentes branches de l'agriculture. La grande densité de la population, le degré de culture relativement élevé des habitants et la solidité de leur situation économique, le morcellement extrême des exploitations rurales. L'abondance et la diversité des produits des champs et des jardins et enfin l'intensivité des modes de culture, tels sont les traits principaux des oasis irriguées. Hors des contrées irriguées, loin des rivières et du pied des montagnes, dans les steppes où l'irrigation et, par suite, l'agriculture et la vie sédentaire sont impossibles, la seule occupation de la population nomade est l'élevage. Les nomades qui ne sont pas retenus dans les limites des terres irriguées comme les sédentaires, franchissent d'énormes distances, poussés par le besoin de procurer à leurs troupeaux des pâturages suffisants et des eaux d'abreuvage. Ces nomades, outre l'élevage, se créent des ressources dans les transports à dos de chameaux ; dans certaines contrées, ils trouvent à augmenter leur bien-être dans une mesure fort limitée, il est vrai, en se livrant même à l'agriculture. Contrairement à la région avoisinant les montagnes, les steppes du Turkestan contiennent une population très clairsemée et peu cultivée ; ces steppes abondent en produits de l'élevage et manquent de céréales ; le nomade est extrêmement dépendant de l'industrie qui le nourrit, de son élevage, et son avenir est très précaire. Dans la Transcaspie, qui est principalement peuplée de Turcomans, les plus pauvres se livrent à l'agriculture et ne quittent pas les oasis ; les plus riches qui possèdent d'importants troupeaux sont forcés de passer la plus grande partie de l'année dans les steppes ou dans les pâturages des montagnes où ils trouvent des herbes pour leurs troupeaux et du combustible ; ils ne retournent à l'oasis qu'au moment de la maturation des grains. La population turcomane de la Transcaspie ne peut, par conséquent, pas être rigoureusement partagée suivant le genre d'occupations auquel elle se livre ; les Turcomans appauvris, ceux qui ont perdu leurs troupeaux, deviennent des agriculteurs sédentaires ; ceux d'entre eux qui se sont enrichis et ont pu acheter un troupeau mènent le plus souvent la vie nomade, ce qui ne les empêche pas d'ensemencer leurs champs dans l'oasis où souvent ils laissent une partie de leur famille.

Au Turkestan, les *terres irriguées* comparées à l'étendue du pays sont fort peu nombreuses ; elles ne constituent que 1,4 0/0 de la totalité du territoire, et la plus grande partie de ces terres s'étendent dans la province du Fergana, la moindre dans celle de Samarkande. Dans la province transcaspienne, la quantité de terre à irriguer est insignifiante ; ces terres ne dépassent pas en étendue 0,12 0/0 du territoire de cette province. Les terres irriguées n'en ont pas moins une étendue totale de 2,000,000 d'hectares ; elles sont par conséquent près de 10 fois plus étendues que les terres qui sont irriguées en France. Si on ajoute à ces terres d'irrigation les 350,000 hectares de terre appartenant surtout au Fergana, qui ne sont pas arrosées tous les ans, si les eaux d'irrigation font défaut ou pour d'autres raisons, la surface sur laquelle s'étend le réseau des canaux d'irrigation au Turkestan russe est de 2,350,000 hectares ; il y a de la sorte 0,4 hectare de terres irriguées par habitant. Nous ne savons pas, même approximativement, quelle est la superficie des terres irriguées de la Boukharie et du Khiva ; mais l'étendue de ces terres est probablement égale à la moitié de celles qui sont irriguées dans les cinq provinces dont nous nous occupons.

Si on tient compte que dans le petit domaine de 0,4 hectare de terres irriguées, dont peut jouir chaque habitant, ensemencées non seulement de céréales et de produits d'alimentation, on cultive en outre des arbres, des jardins, des mûriers, du coton, des herbes fourragères et ainsi de suite, on comprendra que les terres irriguées du pays sont insuffisantes pour nourrir la population.

L'insuffisance des terres artificiellement irriguées est comblée par la culture de champs dits « bogari » que la population ensemence de céréales, principalement de blé. Au Turkestan on appelle « bogara » une terre non irriguée que l'on ensemence dans l'espoir de l'humidité qu'apportera l'hiver et des pluies du printemps. On se sert pour cela des terres contiguës aux oasis irriguées sur lesquelles ne s'étend pas l'irrigation soit parce qu'il manque d'eau, soit parce que la population n'a pas le moyen d'y amener les eaux nécessaires, soit encore parce qu'elles se trouvent situées trop au-dessus du réseau des canaux d'irrigation. Parfois, la « bogara » s'étend au pied des montagnes, loin des contrées cultivées, sur de petits plateaux élevés dont le sol de lœss est fertile, mais que l'irrigation artificielle ne saurait atteindre. D'ordinaire on ensemence ces champs de graminées d'une maturation hâtive dont on peut faire la récolte avant la venue des grandes chaleurs. Ainsi la culture « bogara » est une culture qui se fait dans les mêmes conditions que dans les autres pays où l'on compte sur les eaux de pluie ; mais en raison des conditions climaturales du Turkestan, la culture « bogara » est bien plus chanceuse. Elle l'est encore davantage si on la compare à celle qui a lieu dans les oasis irriguées ; parfois le champ bogara ne rend seulement pas la semence qu'on lui a confiée, tandis que l'oasis donne presque toujours une bonne récolte. La culture « bogara » est plus sûre dans les contrées septentrionales du pays, particulièrement dans la zone des collines qui s'étendent en Sémiretché au pied des montagnes, où les dépôts météoriques sont assez abondants et où, par suite, les cultures sans irrigation artificielle sont assez étendues et donnent des résultats tout à fait satisfaisants. Malgré leur peu de sûreté et le risque encouru, les cultures « bogari » ont une immense importance pour le Turkestan, car le manque de terres irriguées oblige la population à recourir dans une grande mesure à ce genre de culture. Il y a des contrées où les bogari occupent le tiers et même la moitié des terres cultivées ; dans les 5 provinces du pays l'étendue des bogari atteint 500 à 550,000 hectares. Les bogari étant ensemencées des principales céréales, de blé, d'orge et de millet, si la récolte vient à manquer et surtout si en même temps les eaux d'irrigation font défaut — ce qui arrive lorsqu'il n'est tombé que peu de neige dans les montagnes — on comprend que dès lors les prix des céréales subissent une hausse très élevée.

Le défaut des terres d'irrigation dont nous venons de parler, qui oblige la population à cultiver des bogaris, a pour cause, soit le manque d'eau, soit, plus souvent, l'état peu satisfaisant de l'irrigation et l'insuffisance du réseau des canaux. L'insuffisance des eaux d'irrigation est particulièrement sensible dans la Transcaspienne, où en utilisant même toutes les eaux disponibles, il n'est guère possible d'espérer d'augmenter d'une manière essentielle les superficies irriguées. A proprement parler, bien que dans certaines contrées du Turkestan les eaux soient peu abondantes, il n'est irrigué relativement que peu de terres, principalement soit parce que l'état des irrigations n'est pas satisfaisant, soit parce qu'on n'a pas encore utilisé toutes les eaux. Les indigènes qui savent relativement fort bien utiliser les moindres ruisseaux et qui, dans certains cas, obtiennent à cet égard de beaux résultats, sont incapables d'exécuter des travaux d'irrigation importants : car ou la science ou les capitaux leur font défaut. C'est ce qui explique la raison pour laquelle les plus importants cours d'eau du Turkestan, le Syr et l'Amou, sont peu utilisés pour l'irrigation des champs. Si on déviait de nouveaux canaux d'irrigation s'amorçant sur ces fleuves et si on restaurait ceux qui existent, on pourrait certainement augmenter beaucoup la superficie des terres irriguées au Turkestan. Cette question est depuis longtemps à l'ordre du jour et il a déjà été fait d'importants et de très utiles travaux sur l'initiative, la direction et aux frais du grand-duc Nicolas Konstantinovitch, qui resteront comme un monument perpétuel de son utile activité au Turkestan. A l'heure qu'il est, le Ministre de l'Agriculture fait exécuter de vastes travaux d'irrigation de la steppe de la Faim.

En somme, si nous faisons les totaux de la superficie cultivable du pays, nous voyons que le Turkestan possède envion 2,800,000 hectares de terre cultivable, ce qui fait en moyenne 2/3 d'hectare de terres d'irrigation ou non irriguées par habitant.

En ce qui concerne le mode de *tenure* des terres, l'indigène partage les terres d'irrigation qu'il cultive en champs — ces champs se trouvent d'habitude éloignés de sa maison d'habitation — et en jardins qui se trouvent contigus à sa demeure. Les champs reçoivent des semences très variées ; quant aux jardins et aux potagers qui sont toujours fermés d'un mur en terre battue, on y sème des légumes, du chanvre, du tabac, de la luzerne, on y plante des arbres fruitiers et de la vigne. On rencontre parfois des terres fermées d'un mur en terre élevé loin des maisons, au milieu des champs ; dans ce cas, cette terre est presque toujours sous luzerne et n'entre pas dans le système d'assolement, parce que la luzerne pousse jusqu'à dix années de suite sur la même terre et donne annuellement de 5 à 6 regains. Au Turkestan, il n'existe presque pas d'alternation régulière des semences. Les graminées et les plantes latifoliées alternent parfois, au hasard, d'autrefois suivant un ordre déterminé et subordonné à telles ou telles autres conditions. Ainsi, par exemple, il est d'usage de ne semer de luzerne sur un champ qui a déjà produit cette récolte que quatre années après pendant lesquelles, d'habitude, ce champ est ensemencé de sorgho, de melons et de pastèques et deux fois de blé d'hiver. Dans beaucoup de cas, surtout près des villes où l'on dispose abondamment d'eau et de fumier. les ensemencements se succèdent sur la même terre sans interruption ; dans d'autres, principalement dans les grands domaines et dans les contrées où les eaux et les engrais sont moins abondants, on s'en tient au système des jachères ; et, dans ce cas, la jachère fait partie du système des trois assolements qui est, en général, assez répandu au Turkestan. Sur la jachère préalablement fumée, on sème du blé ou de l'orge d'hiver qui arrivent à maturité fin mai ou aux premiers jours de juin. Après la récolte des céréales d'hiver, le champ est immédiatement ensemencé de nouveau : de mach (Phaseolus mungo), de millet, de carottes, de lentilles, de plantes oléagineuses et d'autres. L'année suivante, le champ reçoit des semences de printemps, le plus souvent du riz et du djougar (Sorghum cernuum) ou de coton et aussi de lin, de pastèques et de melons, etc. Après la récolte des petits blés, on laisse le champ en jachère. Cette alternance est souvent modifiée; ainsi le riz, le coton et souvent le djougar sont ensemencés deux années de suite sur le même champ qui d'habitude reçoit préalablement des engrais. Parfois, après la récolte des blés d'hiver, surtout de l'orge, la même année on sème du riz qui n'arrive à maturité qu'en octobre. Ce que nous venons de dire de l'alternance des cultures n'exclut pas, nous l'avons indiqué, la possibilité des mêmes ensemencements beaucoup d'années de suite sur le même champ auquel on restitue d'une façon ou d'une autre les qualités de fécondité épuisées par la plante.

Cet amendement est obtenu à l'aide de fumier ou d'autres matières ; mais très souvent le lœss dont la fertilité est inépuisable est suffisamment amendé par les dépôts que laissent les eaux d'irrigation ou par les poussières de lœss extrêmement tenues en suspension dans l'air qui déposent sur le sol. La fertilité du lœss est remarquable ; à cet égard, le lœss surpasse l'humus. On a déjà entendu s'élever les voix des agriculteurs de la Russie d'Europe se plaignant de l'épuisement des terres noires, tandis que, en Asie centrale où les agriculteurs, depuis des milliers d'années, obtiennent de riches récoltes, les rendements sont encore bons. Cette fertilité du lœss s'explique par la puissance de la couche du sol qui, dans certains endroits, atteint 100 et même 1,000 pieds d'épaisseur, ainsi que par l'état physique et les propriétés chimiques de ce sol ; cette fertilité s'explique aussi par cette circonstance que le lœss du Turkestan ne cesse d'être fécondé par les matières minérales que déposent les eaux d'irrigation, ainsi que par la poussière de lœss en suspension dans l'air de l'Asie centrale. Le premier de ces phénomènes a une importance toute particulière à l'égard du maintien de la fertilité du sol. En effet, le sol de la contrée s'enrichit graduellement de matières nutritives en dehors même de l'intervention de l'hommé par le jeu des conditions naturelles du pays. Cependant, on n'est pas sans avoir recours aux amendements, car le sol n'est pas partout de la même qualité et les cultures ininterrompues ne laissent pas que de l'épuiser. L'amendement le plus répandu au Turkestan, c'est le sol même des champs cultivés, la poussière de lœss, dégagée des sels que l'on tire des mamelons environnants, des murs de terre renversés, des collines et d'ailleurs, et que l'on transporte sur les champs. Dans le même but, on emploie très souvent aussi le limon tiré des canaux d'irrigation que l'on apporte sur les champs après qu'il est resté deux ou trois ans en tas. Dans certaines contrées, en Khiva, par exemple, l'amendement des terres a lieu au moyen de travaux immenses ; parfois on remplace entièrement toute la couche superficielle du sol, épuisée par la culture. Ces travaux ont lieu d'habitude en automne ou au commencement du printemps et exigent une grande quantité de bras ; il s'agit, en effet, parfois de déplacer 300,000 kilogrammes de terre par hectare. Quant au fumier, il est loin d'être employé partout. Les oasis cultivées n'ont qu'un nombre limité de bestiaux ; on ne peut se procurer de fumier que dans les environs des villes et des grandes agglomérations. Dans ces régions, on emploie le fumier de cheval, de brebis et de gros bétail habituellement très fait et on en met de 45 à 60,000 kilogrammes par hectare de terre cultivée en légumes, en melons et pastèques, en luzerne et parfois en coton. Sur les terres « bogari » on n'emploie pas d'amendement ; parfois on n'ensemence pas la même terre deux années de suite.

Les modes de culture, au Turkestan, sont en général primitifs ; ils sont aujourd'hui presque ce qu'ils étaient il y a mille ans. On ne voit d'instruments aratoires perfectionnés que dans les régions où les cultivateurs sont Russes, principalement sur les plantations de coton ; la masse des indigènes se sert de l' « omatch » et du « ketmen » ou « sap », deux instruments dont l'emploi est dominant dans toute l'Asie centrale. L' « omatch » est une charrue en bois, d'une grande simplicité ; cette charrue a un soc en fer, mais n'a pas d'oreille ; par conséquent, elle n'écorche le sol qu'à la profondeur de $0^m,3$ et ne retourne pas la couche superficielle. On attelle une paire de bœufs, de chevaux ou de chameaux à un long joug ; il arrive parfois que l'attelage comprend un cheval et un chameau. Cette charrue, qui demande beaucoup de main-d'œuvre, produit un travail peu satisfaisant ; en revanche elle coûte fort bon marché, son prix, y compris le soc, ne dépassant pas 1 rouble 50 kopecks. L'insuffisance du travail de la charrue est comblée par de nombreux binages. Aucune plante de culture n'exige moins de 4 binages, et certaines, le djougar, le tabac, le blé d'hiver et d'autres, reçoivent chez le bon cultivateur jusqu'à 10 et même 15 binages. Ainsi, bien qu'on se serve d'instruments primitifs, le grand nombre de binages donnés en long, en large, en diagonale n'a pas seulement pour résultat de dégager le sol des mauvaises herbes, il empêche la surface du sol de se couvrir d'une couche de terre sèche, d'une sorte d'écorce particulière au sol de lœss et qui est très fatale aux récoltes, si elle se forme avant que les semences ne soient sorties de terre. Un autre des instruments aratoires, extrêmement caractéristique, des sols de lœss de l'Asie centrale, c'est le « sappa-ketmen », instrument à main qui est universellement employé dans tous les travaux de la terre. Le « ketmen », pour l'indigène, remplace la charrue ; il s'en sert pour faire des plates-bandes et pour creuser des canaux d'irrigation ; c'est à l'aide de cet instrument qu'il écarte la couche de terres sèches s'étendant sur le sol de lœss et qu'il effrite les mottes. L'ouvrier indigène s'en sert pour construire des digues et mettre en état les routes et pour tous autres travaux.

Pour herser les terres, on se sert de la charrue dont nous avons parlé, renversée sur le côté, ou d'une planche sur laquelle, pour lui donner plus de poids, se place un homme ; habituellement, le hersage des terres a lieu entre les labours ; il a lieu aussi après les semailles et sert ainsi à couvrir les graines. Pour la récolte des céréales et de la luzerne, on se sert d'une serpe non courbée qui, par conséquent, fonctionne comme un couteau. On emploie le même instrument pour faucher les plantes sauvages épineuses qui sont les combustibles du pays. L'indigène du Turkestan ne connaît presque pas la faux. Le dépiquage a lieu sur des aires, installées au milieu des champs à l'aide de bœufs ou de chevaux auxquels on fait piétiner les gerbes. On emploie parfois des charrettes et des rouleaux de pierres. Lorsque le grain est détaché de l'épi, on enlève la paille à l'aide de fourches et on vanne à l'aide de pelles. La bâle et la menue paille sont laissées sur l'aire et sont mêlées au sol pour servir à la fabrication des briques ou bien servent à l'alimentation du bétail. La quantité d'eau nécessaire à l'arrosage des plantes pendant la croissance de celles-ci varie beaucoup suivant la plante et la quantité d'eau qu'elle exige, ainsi que suivant le sol où elle est cultivée. Ainsi, le « mach » (Phaselus Mungo), dont nous avons déjà parlé, est d'habitude arrosé une fois ou deux, tandis que les champs de riz doivent être tenus continuellement sous l'eau 90 à 100 jours durant.

Dans la partie septentrionale du pays où l'été n'est pas si chaud, les plantes exigent moins d'eau que dans la province transcaspienne, par exemple, où l'été étant très chaud et les pluies faisant absolument défaut, il y a lieu d'arroser les champs plus souvent. En outre, auprès des montagnes, les pluies durent davantage que dans les steppes plus écartées; les avantages peuvent, par conséquent, être moins abondants dans la première région que dans l'autre. Enfin, la quantité d'eau d'irrigation dont on dispose peut avoir une influence assez importante sur le nombre des arrosages. Là où les eaux sont abondantes, on arrose avec excès; là où elles font défaut, on arrose le moins possible. A part les arrosages qui ont lieu pendant l'époque de croissance des plantes, d'habitude on arrose aussi avant les semailles; par conséquent, lorsqu'on sème des blés d'hiver, le premier arrosage a lieu en automne au mois de septembre ou d'octobre. En général, on a besoin d'eaux d'irrigation pour l'arrosage des champs de mars en septembre et la plus grande quantité d'eau est consommée au commencement de cette période, c'est-à-dire en avril et en mai pour les terres ensemencées en automne; le reste du temps, les eaux d'irrigation servent aux terres ensemencées au printemps et aux jardins. C'est en juin que l'on consomme la plus grande quantité d'eau; dans la Transcaspie, c'est en mai.

Le nombre des *plantes* cultivées au Turkestan est assez élevé et c'est dans les contrées dont le climat est le plus chaud que la variété des plantes de culture est plus grande; il en est de même dans les vallées, au pied des montagnes ou dans les plaines, où mûrissent parfois les plantes sous-tropicales annuelles, telles que le coton, les arachides (Arachis hypogæa) et d'autres. Au fur et à mesure qu'on s'élève davantage au-dessus du niveau de la mer, les plantes exigeant un climat chaud disparaissent peu à peu et, aux altitudes extrêmes de 2,000 à 2,500 mètres, il ne reste qu'un petit nombre de variétés, telles que le blé, l'orge, l'avoine noire, etc. Plus haut encore, dans les hautes vallées du Thian-Chan et sur le Pamir, l'agriculture n'est plus possible: de splendides herbes qui poussent dans certains cantons de ces montagnes attirent en été les nomades pasteurs.

Le blé est la principale céréale du pays, et le blé d'hiver est cultivé principalement dans les oasis irriguées par la population sédentaire; le petit blé, ou blé de printemps, est semé le plus

souvent sur des terres non irriguées aussi bien par la population
sédentaire indigène que par les nomades. D'ordinaire, le blé est
semé à la mi-septembre ou en octobre et parfois même à la fin de
novembre; dans ce dernier cas, le blé ne sort de terre qu'au printemps et ce blé est de la sorte une plante intermédiaire entre les
blés de printemps et les blés d'hiver. Les blés d'hiver sont mûrs à
la fin de mai ou au commencement de juin. Les blés de printemps
sont ensemencés sur les champs non irrigués au commencement de
mars et mûrissent en juin où à la fin de mai. Les qualités de blé
d'hiver et de printemps cultivés forment plusieurs espèces et certaines d'entre elles présentent un grand intérêt, mais elles sont
encore peu étudiées. Lorsque les conditions sont favorables, le blé
d'hiver donne, en général, de bons rendements de 2,000 à 2,200
kilogrammes en moyenne par hectare et dans certains cas même
2,500 à 3,000 kilogrammes. Les blés de printemps semés principalement sur des terres non irriguées donnent des rendements inférieurs aux blés d'hiver; toutefois, si le sol et l'atmosphère ont assez
d'humidité, ces rendements sont entièrement satisfaisants : l'hectare
donne en moyenne 1,000 à 1,500 kilogrammes de grains. En général, les variations des rendements du blé d'hiver sont peu importants, tandis que celles des blés d'été cultivés sur des bogari sont
très diverses; si les conditions ne sont pas favorables, les blés de
printemps cultivés sur les bogari ne rendent même pas la semence.
Les blés ainsi que les autres céréales sont moulues dans des moulins
à eau d'une construction extrêmement primitive.

L'orge est une céréale très importante pour tous le pays, car elle
sert d'alimentation principale pour les chevaux. Les orges, comme
les blés, sont ensemencées en automne ou au printemps. L'orge de
printemps d'habitude est ensemencée sur des terres irriguées et
cette céréale n'exigeant pas beaucoup d'humidité et pouvant se
contenter parfois d'un ou deux arrosages seulement, on lui consacre
les champs situés à la limite des oasis. L'époque de la maturité et
celle des semailles de l'orge sont presque les mêmes que pour les
blés; cependant l'orge mûrit un peu plus tôt. Les rendements de
l'orge varient peu; cette céréale donne, en moyenne, environ de
1,600 à 2,400 kilogrammes de farine par hectare.

Le riz est la principale et la plus précieuse des céréales de printemps. Le riz sert à préparer le met favori et le plus populaire des
populations de l'Asie centrale : le palao. Cette céréale étant très
longue à mûrir, quatre mois environ, et exigeant une énorme
quantité d'eau, puisque les champs de riz sont inondés de 90 à 100
jours durant, elle ne peut être cultivée que dans les contrées
chaudes disposant en abondance d'eau d'irrigation. Les irrigations
étant mal faites, il n'est pas rare que ces champs de riz deviennent

vaseux et, par les grandes chaleurs, les champs deviennent des foyers de malaria; aussi les populations des contrées où l'on cultive beaucoup le riz sont-elles plus particulièrement atteintes de la fièvre. Les champs de riz sont ensemencés en avril ou dans les commencements de mai et la récolte mûrit en septembre; parfois le riz succède à l'orge ou au blé et, dans ce cas, les semailles n'ont lieu qu'au commencement de juin et la récolte en octobre; mais ceci ne peut avoir lieu que dans les contrées les plus chaudes du pays.

D'habitude le riz donne de bons rendements : de 3,200 à 4,000 kilogrammes de grains et même davantage par hectare. On cultive plusieurs sortes de riz dont on distingue surtout deux : le riz rouge et le riz blanc.

Il est cultivé deux espèces de millet, le Panicum miliacum et le P. italicum. Ce grain mettant relativement peu de temps à mûrir, les champs de millet sont très communs dans les parties basses du pays ainsi qu'au pied des montagnes à des altitudes allant jusqu'à 2,100 mètres. La population sédentaire sème habituellement du millet en juin, après le blé d'hiver ou de l'orge de printemps ; et, dans ce cas, le millet est mûr en septembre ou même en octobre ; on sème du millet sur un champ neuf en avril et dans ce cas on récolte aux derniers jours de juillet ou dans les premiers d'août. Le millet ordinaire (P. miliacum) demande peu de soin et exige peu d'eau, aussi les Kirghizs nomades le sèment-ils volontiers et cette céréale constitue d'ailleurs leur principale nourriture. L'hectare de millet rend en moyenne 1,600 kilogrammes de grains et, si la récolte est bonne, deux fois plus. Les nomades fabriquent avec le millet une boisson spiritueuse, le « bouz ».

Le djougar (Sorghum cernuum), ou le doura de l'Afrique du Nord, est une plante très importante qui est semée au printemps et cultivée en grande quantité surtout au Fergana, en Boukharie et principalement dans l'oasis de Khiva. Le sorgho sert d'aliment à la population la plus pauvre, mais principalement aux chevaux et aux oiseaux de basse-cour. Les tiges de sorgho atteignent 3 mètres de haut et sont employées comme combustible ; lorsqu'elles sont fraîches, elles sont consommées par le bétail. Le sorgho est très longtemps à pousser; la plante semée à la mi-avril ne mûrit que six mois après, à la mi-octobre, et parfois elle est encore en racine quand viennent les gelées. Cette plante donne des rendements moyens qu'on peut évaluer de 3,000 à 4,500 kilogrammes par hectare et atteignant parfois jusqu'à 5,000 kilogrammes. Dans beaucoup de contrées de l'oasis de Khiva, le djougar fauché de bonne heure encore vert sert d'herbes fourragères pour la nourriture du bétail ; et dans ce but, il est cultivé sur des champs à part.

Le maïs est peu commun au Turkestan, cette graminée est cultivée en petite quantité au bord des champs de luzerne et dans les potagers. Ces derniers temps, le blé de Turquie s'est beaucoup propagé au district de Tachkent et sur certains points de la province du Fergana.

En ce qui concerne le seigle et l'avoine, dont la culture occupe le premier rang en Russie d'Europe, l'agriculture indigène ne cultive presque pas cette graminée que l'on ne rencontre que chez les émigrés russes dans les parties septentrionales de la province du Syr-Daria et surtout dans le Sémiretché où il est récolté 160,000 hectolitres de seigle et environ 5 fois plus d'avoine. Au surplus, on cultive l'avoine sur certains points de la partie montagneuse du Turkestan ; ainsi, dans la vallée supérieure du Zéravchane, l'avoine noire est encore cultivée à 2,400 mètres d'altitude.

Le sarrasin est encore moins répandu ; on ne rencontre cette graminée que rarement chez les émigrés russes des provinces du Syr-Daria et du Sémiretché.

Nous ne possédons pas de renseignements exacts sur la production agricole du Turkestan ; mais les données que nous avons nous permettent de supposer que la population des cinq provinces de ce pays récolte en moyenne 18,700,000 hectolitres, dont 7,500,000 hectolitres de blé, 3,200,000 hectolitres de riz, 2,800,000 hectolitres d'orge et 5,200,000 hectolitres d'autres grains. Si nous détachons de la quantité totale de la récolte l'orge, céréale servant principalement à l'alimentation des chevaux, une partie du sorgho consommé également par les animaux, et les graines d'ensemencement, et si nous tenons compte qu'une assez grande quantité de blé, de farine de blé, de riz et d'autres céréales est exportée dans les pays voisins du khanat de Boukharie, nous trouvons que les grains qui restent sont en quantité peu importante et en tout cas en quantité insuffisante pour servir suivant les normales adoptées dans la Russie d'Europe, à l'alimentation de la population du pays. Dans les contrées où la population est sédentaire, il y a parfois des excédents tandis que les nomades manquent partout des céréales dont ils ont besoin pour leur alimentation. C'est la province transcaspienne qui manque le plus de céréales ; il est annuellement importé dans cette province une assez grande quantité de grains venant de Russie, des autres provinces du Turkestan, de Khiva et de la Perse, pour l'alimentation de la population de cette province. Les céréales qui manquent sont suppléées par des légumineuses dont nous n'avons pas tenu compte et principalement par une immense quantité de légumes et de fruits, produits qui, dans cette contrée, ont une importance alimentaire essentielle. En été, au moment où mûrissent les melons, les pastèques, les abricots, les pêches et le raisin, presque toute la population se nourrit de ces fruits qu'elle consomme avec une fort petite quantité seulement de pain ; puis pour les contrées montagneuses du pays, la farine faite avec le fruit du mûrier est également une ressource alimentaire importante. Il convient de remarquer, en outre, que la population du pays est extrêmement frugale : deux ou trois tranches de melon, une mince galette de farine et quelques tasses de thé suffisent à la nourriture journalière d'un adulte.

Nous ne possédons pas de chiffres sur la production de céréales au khanat de Boukharie et de Kiva, mais on observe dans ces pays les mêmes conditions : l'abondance de l'excédent dans les contrées à population dense et l'insuffisance dans les steppes habitées par les nomades, et ici et là une extrême frugalité comme, au surplus, dans tout l'Orient.

Parmi les légumineuses, on cultive plusieurs espèces (Lathyrus sativus, Circer arientinum, Dolichos monochalis, Evum lens, Phaseolus mungo) ; ces plantes sont cultivées dans les champs, parties dans les potagers ; leurs graines sont consommées dans les ménages, la paille sert de fourrage aux bestiaux. La légumineuse la plus commune c'est le mach (Phaseolus Mungo), dont on rencontre des champs presque partout. D'ordinaire, le mach est semé immédiatement après la récolte du blé d'hiver, en mai ou en juin ; il est mûr au bout de trois ou quatre mois suivant la contrée. La paille de mach sert de fourrage pour les brebis et les autres animaux des troupeaux et les graines constituent le mets le plus consommé dans le pays.

Les plantes *oléagineuses* cultivées dans le pays sont le sésame (Sesamum indicum), le lin, le safran (Carthamus tinctorius), le rygick (Camelina sativa), le ricin (Ricinus communis), le cotonnier et le pavot ; parmi ces plantes, la plus importante est le sésame. D'habitude, le sésame est semé comme seconde semaille sur un champ où il vient d'être récolté du blé d'hiver ; cette oléagineuse demande un peu d'eau et rend en moyenne de 650 à 1,000 kilogrammes par hectare ; si les conditions sont favorables, le rendement est double. Les graines de sésame donnent de l'huile et la tige est utilisée comme combustible. Il est rare que les indigènes fabriquent de l'huile de sésame pure ; d'habitude ils mélangent des semences de sésame à celle du rygik et du cotonnier. L'huile purifiée venant de ce mélange, lorsqu'on s'en sert à la cuisine, dégage une odeur spécifique très pénétrante bien connue des personnes qui ont voyagé en Orient. Convenablement purifiée, l'huile de sésame est de haute qualité.

Parmi les autres graines oléagineuses, le lin est cultivé en petite quantité, et seulement en vue de l'extraction de l'huile. Le ricin est très rare et n'a pénétré au Turkestan que ces derniers temps. En ce qui concerne le safran, cette plante est également peu cultivée; ses fleurs donnent une couleur rouge et ses graines une bonne huile. La fabrication des huiles a lieu, le plus souvent, dans de petites fabriques dont l'outillage est très primitif. Les résidus de cette fabrication servent à l'alimentation du bétail et les plus précieux sont du sésame. On peut ranger parmi les plantes oléagineuses le chanvre, dont les fibres sont employés en quantité très limitée pour la fabrication de cordes. Les graines de chanvre donnent de l'huile et les fleurs une matière stupéfiante, le hachich, que l'on mêle au tabac à fumer ou que l'on absorbe sous forme de bonbons. Il est relativement assez rare de rencontrer des cultures de pavots; les graines de cette plante fournissant de l'huile ; les têtes de pavots en infusion dans de l'eau servent à préparer une boisson narcotique, le koukuar. L'opium n'est pas fabriqué dans le pays, mais on en apporte du Kachgar. L'emploi de l'opium comme matière à fumer est défendu, aussi l'usage de fumer l'opium est-il très peu répandu.

Dans la province de Sémiretché, les émigrés russes cultivent une assez grande quantité de tournesol et le sénevé.

La plus importante des plantes *fibreuses*, non seulement pour le pays, mais pour la Russie entière, c'est le cotonnier. La culture du cotonnier est connue en Asie centrale depuis les temps les plus réculés. La variété du pays, le Gossypium herbaceum, était cultivé en grande quantité avant la prise de possession du pays par les Russes, et les fibres de cette plante, qui, au surplus, ne sont pas de hautes qualités, servaient principalement à la fabrication de tissus dont l'immense majorité de la population confectionnait ses vêtements.

Depuis la soumission du Turkestan à la Russie, on a essayé d'acclimater le coton américain de l'Ouplang (Gossypium hirsutum), qui, après une série assez longue d'insuccès, a fini par réussir parfaitement. Actuellement, les plantations d'Ouplang ont remplacé plus qu'aux trois quarts celle du coton du pays. Les fibres de coton des plantations du Turkestan sont entièrement satisfaisantes ; elles ne le cèdent pas du tout aux qualités moyennes et même aux qualités dépassant la moyenne des cotons américains. En même temps, l'étendue des cultures de cotonnier augmente beaucoup. Aujourd'hui, il existe des plantations de cotonniers au Fergana, au Samarkande et dans la partie méridionale de la province du Syr-Daria. En Transcaspie, les terres irriguées faisant défaut, le cotonnier est bien moins cultivé ; et dans le Sémiretché, le climat étant trop rigoureux, il n'existe aucune plantation de coton. Dans les quatre provinces du Turkestan où le coton est cultivé, les plantations n'occupent pas moins de 240 à 260,000 hectares qui rendent en moyenne plus de 65 millions de kilogrammes de fibres sans mélange d'une valeur d'environ 30 millions. En général, le cotonnier donne d'assez bonnes récoltes; cette plante demande peu d'eau; pour tout le pays, c'est une des cultures le plus commodes; elle a un immense avenir. La graine du cotonnier sert à fabriquer de l'huile, à l'amendement des terres et comme combustible. Des fabriques spéciales se livrent au décorticage du coton. Toute la récolte, déduction faite de la quantité de coton nécessaire au pays, est transportée sur les marchés de la Russie d'Europe par le chemin de fer de la Transcaspie. En Boukharie et au khanat de Khiva, où on a continué jusqu'à présent à cultiver la qualité locale, il est produit plus de 20 millions de kilogrammes de coton, dont 16 millions en Boukharie. Le Turkestan produit de la sorte, à l'heure qu'il est, 100 millions de kilogrammes de coton valant 40 millions de roubles.

Il n'est cultivé en grand aucune autre plante fibreuse. Sur la limite des champs, on rencontre parfois de petites quantités de kanaf (Hibiscus cannabinus), plante qui sert à fabriquer des fibres longues et solides pour la corderie; et, sur les bords du Syr et de l'Amou, il pousse à l'état sauvage le kendyr (Apocynum sibiricum), dont les pêcheurs indigènes confectionnent des cordes et des filets très solides, résistant très bien à l'humidité. Le kendyr, traité comme il convient, donne des fibres délicates et brillantes.

Parmi les plantes tinctoriales, il convient de noter la maréna (Rubia tinctoria) que l'on cultive quelque peu sur des terres particulières fortement engraissées et bien travaillées. La racine de cette marena est extraite de la terre au bout de quatre ans; l'hectare de terre rend en moyenne 3,000 kilogrammes de racines sèches qui servent à la teinture de la laine, des tissus, des peaux, etc.

Il est également cultivé, en petite quantité, du tabac dans des terres spéciales, bien fumées et travaillées en plates-bandes. Les indigènes distinguent deux espèces de tabac suivant le mode de culture, la préparation et l'emploi de ce produit : le tabac ak (blanc) qui est un tabac à fumer, et le tabac kok (vert) qui est un tabac à priser ou, plus exactement, un tabac à mâcher. Le tabac à fumer est faiblement arrosé et les feuilles sont mise à fermenter dans des fosses couvertes d'un tapis où d'un autre tissu de laine. On ne se sert pour fumer que du Kaliane. Le tabac à priser est fortement arrosé; les tiges coupées avec les feuilles sont mises à sécher à l'ombre, après quoi on arrache les feuilles et on les transforme en poudre au moyen d'un pilon; une partie de cette poudre est vendue comme tabac à priser, mais la plus grande partie est placée dans la bouche sous la joue. On a essayé de cultiver des tabacs turcs et ces essais ont été assez heureux ; aujourd'hui, aux environs de Tachkent et de Vierny, les plantations des hautes qualités de tabac augmentent d'une manière sensible.

La luzerne (Médicago sativa Var. turquestanica), qui est la principale plante fourragère de l'Asie centrale, a une immense importance pour la population sédentaire ; cette plante est, en effet, la principale plante fourragère verte de l'été et le seul fourrage de l'hiver. L'importance de la luzerne à cet égard est d'autant plus essentielle que dans les parties du Turkestan habitées par la population sédentaire, il n'existe aucune prairie, car toutes les terres plus ou moins propres à l'agriculture sont cultivées. Ainsi que nous l'avons déjà dit, la luzerne est cultivée sur des terres à part aussi rapprochées que possible des habitations.

La troisième année, la luzerne donne de 4 à 6 récoltes annuelles complètes qui, en moyenne rendent plus de 8,000 et dans certains cas 10,000 kilos de fourrage sec par hectare. La récolte se maintient, pourvu que le champ soit amendé tous les deux ans, de 7 à 9 années au bout desquelles d'habitude il faut renouveler la semaille, car les rendements et les regains diminuent. Les champs de luzerne une fois ensemencés produisent de 12 à 15 années de suite, mais cela va de soi, les dernières années les rendements sont mauvais. Les champs de luzerne après plusieurs années reçoivent du ketmen, puis d'habitude sont ensemencés de coton, de djougar ou de melons, car, après la luzerne, ces plantes réussissent fort bien. On réserve pour les graines une luzerne de trois ans et les luzernes ainsi réservées donnent en graines plus de 8,000 kilos par hectare. Parfois on sème de la luzerne après du blé d'automne, et lorsque ce blé est récolté, on obtient deux regains.

Le principal tubercule d'alimentation de la Russie d'Europe, la pomme de terre, était entièrement inconnue au Turkestan avant l'arrivée des Russes. Aujourd'hui, on rencontre des champs de pommes de terre principalement chez les émigrés russes, surtout au Syr Daria et au Sémiretché ; cette dernière province récolte annuellement 60,000 hectolitres de pommes de terre. La Boukharie et le khanat de Khiva ne cultivent pas ce tubercule.

Nous allons passer maintenant à l'examen des plantes *maraîchères* et il convient de remarquer que, au Turkestan, la population sédentaire seule possède des potagers et que dans la plus grande partie des contrées elle a atteint dans l'art de cultiver les légumes une remarquable perfection. Les Dounganes du Sémiretché sont les meilleurs maraîchers du pays ; cependant avant l'arrivée des Russes certains procédés de culture maraîchère, telle la culture sous châssis, étaient inconnus des indigènes. Les potagers contiennent en grande quantité une très grande variété de plantes : melons, pastèques, citrouilles, concombres, carottes, oignons, ail, betteraves, navets, radis noirs, piments, tomates, aubergines (Solanum melongena), salades, céleris, choux, haricots (Dolichos monochalis) et ainsi de suite ; mais quelques-uns seulement de ces légumes sont cultivés en grande quantité et ont une importance essentielle pour la population ; tels sont le melon, la pastèque, le concombre, la citrouille, la carotte et l'oignon. La plus importante de ces dernières espèces c'est le melon, dont on cultive partout de grandes quantités et qui, en été, est la nourriture principale des indigènes. Le melon, la pastèque, le concombre et la citrouille sont cultivés dans des terrains à part, près des habitations ou dans des champs de printemps qui, alors, prennent le nom de bakhchi. Si la terre est bien irriguée, dans le plus grand nombre des cas, la récolte est bonne. Il y a plusieurs espèces de melons, de pastèques et de concombres, et la pastèque et le concombre en général sont de moins bonne qualité que les espèces de la Russie d'Europe ; en revanche les melons du Turkestan sont excellents. On rencontre deux variétés de citrouille : la citrouille ordinaire qui sert d'aliment et la gorlianka (Cucurbita lagenaria) qui sert à la confection d'un grand nombre d'objets. Suivant leurs formes, ces citrouilles servent à fabriquer des vases pour l'eau, le vinaigre et l'huile, des tabatières, des narghilés et d'autre objets de même nature. Souvent on sème encore sur un champ de printemps de l'oignon ou des carottes, l'oignon comme première culture et la carotte, le plus souvent comme seconde culture après le blé d'hiver. On emploie guère à l'alimentation que l'oignon napacé, rarement l'oignon vert ; on se sert de la carotte comme produit condimentaire pour relever un grand nombre de mets au nombre desquels le mets favori du pays, le palao. Dans les environs des grandes villes, les indigènes cultivent les primeurs, l'asperge, etc.

En fait de *jardins*, il n'y a guère que des jardins fruitiers ; on cultive des arbres fruitiers et des buissons qui procurent à la population une très grande quantité de fruits consommés frais ou secs. Le jardinage d'appartement ni celui des serres n'existent et la culture des fleurs est insignifiante. Tous les arbres et les buissons fruitiers du centre et même du midi de l'Europe, sauf les orangers, les citronniers, les oliviers et en général tous les arbres toujours verts qui ne peuvent supporter une température trop basse, sont cultivés au Turkestan ou peuvent l'être ; mais quelques-uns d'entre eux seulement sont cultivés partout sur une vaste échelle et ont une importance essentielle pour la population. Le jardin de l'indigène est un morceau de terre clos d'un haut mur en terre glaise le long duquel sont plantés des peupliers et des saules (salix). Le reste du jardin est ensemencé de luzerne, de melons, de pastèques ou plus rarement de plantes potagères ; il contient de la vigne, des abricotiers, des

pêchers, des mûriers, des cognassiers (lydonia), des poiriers, des
pruniers, des pommiers et des figuiers (ficus carica), dispersés le
plus souvent sans ordre et sans plan. Très souvent ces jardins
contiennent des plantations assez étendues de peupliers et de saules
destinées à fournir du bois de construction et d'industrie ainsi que
du combustible. Sous de vieux arbres larges et feuillus, des ormes,
des platanes, des abricotiers ou des mûriers, il est installé un petit
plancher couvert de tapis où pendant les chaleurs l'indigène se livre
au keifa. Le choix des plantes à fleurs cultivées parfois dans ces jardins est très limité : on y trouve presque toujours le basilic (Ocymum
basilicum), la fleur favorite dans toute l'Asie centrale, la balsamine
(Balsamina) dont les indigènes préparent une couleur jaune dont ils
se teignent les ongles, puis la malva, la galentule, la célosia et plus
rarement encore de mauvaises espèces d'asters. Parmi les plus répandus des arbres fruitiers, ce sont l'abricotier, le pêcher, la vigne et
et le mûrier qui ont le plus d'importance. Il est cultivé une infinie
quantité de pêches et d'abricots dont quelques-uns sont excellents.
On peut dire sans exagération que le Turkestan est le pays des melons, des pêches et des abricots. Tous ces fruits sont consommés
frais ou séchés au soleil. La pêche et l'abricot secs sont l'objet d'un
commerce actif auquel se livre la population sédentaire avec les
nomades ; ces produits sont même exportés en Sibérie et en Russie
d'Europe. Il est également cultivé un très grand nombre d'espèces
de raisins dont certaines sont entièrement propres à la fabrication
du vin. Beaucoup de raisin sert à fabriquer du raisin sec. Les hivers
étant rigoureux, presque partout en hiver les vignes sont couvertes.
Les habitants du pays professant l'islamisme ; avant l'arrivée des
Russes, on ne produisait pas de vin ; le raisin était consommé frais ou
sec, ou en raisiné préparé par la coction des sucs. Depuis l'installation des Russes dans le pays, on a essayé de produire du vin avec
les espèces du pays et d'acclimater les meilleures espèces étrangères,
le cabernet et d'autres ; et aujourd'hui, dans tout le pays, principalement dans les grandes villes où est concentrée la population russe,
il est produit annuellement plus de 12,000 hectolitres de vin. Les
centres vinicoles du Turkestan sont Samarkande et Tachkent.

Les deux espèces de mûriers (Morus alba et M. nigra), particulièrement le mûrier blanc, sont cultivés en très nombreuses variétés.
La feuille du mûrier blanc sert à l'élevage du vers à soie et ses fruits
sont consommés secs ou en confitures faites par la coction du suc.

La farine dite Toutt (talkan) que l'on fabrique avec le fruit du
mûrier blanc a encore plus d'importance ; c'est un produit d'alimentation des plus importants pour les habitants de la partie montagneuse du Turkestan, de la vallée supérieure du Zeravchane, de la
Boukharie, etc.

En ce qui concerne les autres arbres fruitiers, on cultive plusieurs espèces de poiriers, de pommiers, de pruniers et de cerisiers qui le cèdent beaucoup en qualité aux espèces de l'Europe ; on cultive encore le grenadier, le djidda (Eleagnus), le figuier (ficus carica), l'amandier, le noyer (Juglans regia), le pistachier (Pistacia vera), et d'autres. D'ailleurs le noyer comme le pistachier est rare dans les jardins du Turkestan. Les fruits de ces arbres sont recueillis d'habitude dans les forêts de certaines régions où ces essences abondent. Ainsi que nous l'avons dit, les fruits secs, les abricots, les pêches et le raisin sont un objet d'alimentation important pour la population et donnent lieu à un commerce à l'intérieur et même à l'extérieur. Cependant le séchage des fruits a lieu partout au soleil suivant les procédés les plus primitifs ; aussi le produit n'a-t-il pas beaucoup de valeurs. Certaines qualités de raisins secs séchés à l'ombre sont fort bonnes. La quantité de fruits secs que produit le pays est assez considérable ; ainsi la province de Samarkande seule exporte 6 millions de kilos (en 1897) de fruits secs valant 750,000 roubles ; cette province exporte en outre pour 100,000 roubles de raisinés. Il est exporté des fruits et du raisin sec dans les steppes et, hors des frontières du pays, en Russie d'Europe.

En Asie centrale, la sériciculture est une des branches de l'industrie agricole la plus ancienne ; cette industrie est importante à l'égard de la population de beaucoup de contrées du Turkestan. Ce sont les femmes seules qui s'occupent de l'élevage du vers à soie et cet élevage, dans la grande majorité des cas, a lieu suivant des procédés extrêmement primitifs. Non seulement il n'existe pas de bâtiments spéciaux, bien ventilés et en général bien aménagés, mais la fécondation de la graine elle-même très souvent a lieu par une femme qui porte cette graine sur elle enveloppée dans un chiffon. La toile est rarement changée ; parfois elle ne l'est jamais. D'une manière générale, l'élevage indigène du vers à soie a lieu d'une manière extrêmement peu satisfaisante, aussi cet élevage est-il très long et le rendement en cocons est mauvais. Malgré tout, jadis la sériciculture florissait ; non seulement elle suffisait aux besoins du pays, mais ses produits étaient mêmes exportés en grande quantité en Russie d'Europe. Depuis que les Russes sont installés au Turkestan, les procédés ayant été perfectionnés, la qualité de la soie produite jusque-là, qui était fort peu satisfaisante, s'est sensiblement améliorée ; et il semblait que la sériciculture était dans toutes les conditions voulues pour faire des progrès et prospérer. Malheureusement la maladie du vers à soie, particulièrement la pébrine, ayant sévi dans tout le pays parce qu'elle y trouva des conditions favorables à son extension, la production de la soie a baissé rapidement et de 1870 à 1880 environ elle diminua à tel point que l'exportation en Russie d'Europe descendit à des proportions insignifiantes. Dès lors, le gouvernement prit des mesures énergiques pour soutenir la sériciculture du Turkestan ; il a été organisé des stations de graines pour fournir aux magnaneries des graines saines de différentes espèces ; on répand l'enseignement de la sériciculture et la connaissance des méthodes rationnelles d'élevage des vers à soie en général, l'importation des graines cellulaires de l'étranger a été autorisée, et ainsi de suite. Le besoin de graines saines se fait vivement sentir. En 1896, il a été importé de l'étranger à Samarkande 3,900 kilos de graines valant 500,000 roubles. Le Turkestan produit annuellement de 1,300 à 1,600 kilos de cocons frais.

On se livre principalement à l'apiculture dans la province du Syr-Daria et principalement dans celle de Sémiretché où le pied des montagnes est couvert d'herbes à fleurs qui donnent souvent une excellente récolte de miel. Dans le Sémiretché, surtout parmi la population russe on compte jusqu'à 60,000 ruches donnant jusqu'à 330,000 kilos de miel et plus de 16,000 kilos de cire.

Nous avons parlé plus haut du partage de la population du Turkestan en deux groupes : la population sédentaire se livrant principalement à l'agriculture et la population nomade qui tire ses ressources de l'élevage. Cette division qui dans ses traits généraux est entièrement juste, demande certaines explications ; car la population sédentaire, elle aussi, est obligée d'élever une assez grande quantité d'animaux, tandis que les nomades, lorsque les circonstances s'y prêtent, sèment certaines céréales telles que le millet, l'orge et même le blé. Cependant si la ferme possède presque toujours un cheval, un âne et parfois une ou deux têtes de gros bétail, plus de la moitié des nomades ne se livrent à aucune culture, et par conséquent, pour leur alimentation, ils sont entièrement à la merci des habitants sédentaires. Le peu de solidité des ressources des nomades est mise en évidence surtout lorsqu'un fléau quelconque a frappé la prospérité de leurs troupeaux. Un de ces fléaux qui atteint de temps à autre ces nomades, c'est l'absence ou le manque d'herbe dans la steppe et principalement le verglas qui couvre la steppe d'une couche de glace que les animaux ne peuvent rompre et qui les condamne par suite à mourir de faim. Aussi est-ce un problème fort important que celui de fixer les nomades au sol et d'en faire des sédentaires, se livrant à des industries plus sûres et moins sujettes au hasard. Il y a 25 ans qu'on avait presque jamais vu un nomade s'établir à demeure et devenir agriculteur ; ces dernières années ce phénomène devient de plus en plus fréquent. La pacification du pays sous la domination russe, la perte des troupeaux morts de faim par suite du verglas, la gêne occasionnée aux nomades par les progrès de la vie sédentaire qui s'emparent de leurs territoires préférés, la construction des chemins de fer et un grand nombre d'autres causes ont eu pour conséquence de réduire peu à peu les proportions de l'élevage sur toute l'immense étendue des steppes du Turkestan et cette réduction s'est manifestée d'une façon plus sensible dans les contrées voisines des villes et entourant par conséquent les agglomérations sédentaires. On comprend que les nomades qui ont perdu une partie de leurs troupeaux se soient vus dans la nécessité de s'établir à demeure sur la terre et de devenir agriculteurs partout où ils l'ont pu. Aux districts de Kazalinsk et de Pérovsk, province du Syr-Daria, districts qui ne sont peuplés que de Kirghizes nomades, il y a 20 ans on ne comptait que 8,000 hectares de terre ensemencés, tandis qu'à présent les terres ensemencées couvrent 100,000 hectares. Dans la province de Sémiretché on compte plus de 160,000 hectares de terre kirghizes qui sont cultivées. On observe le même phénomène au Fergana où l'on peut suivre toutes les phases de la transformation du genre de vie nomade devenant d'abord demi-nomade puis tout à fait sédentaire.

Certes, le passage des nomades à la vie sédentaire se fait lentement et progressivement, et, dans beaucoup de cas ce changement de genre de vie est arrêté par les circonstances locales peu propices : le manque de bonne terre propre à l'agriculture, le défaut d'eau d'irrigation ou la difficulté d'amener des eaux sur les champs. Ainsi sur les cours moyens, et les cours inférieurs du Syr-Daria et de l'Amou-Daria, l'augmentation des terres de culture est parfois rendue très difficile parce que ces fleuves coulent au fond de vallées aux bords très abruptes d'où il est impossible de dériver des canaux d'irrigation ; il faut élever les eaux au moyen de pompes d'une construction primitive actionnées par le courant ou par des animaux et presque identiques à celles qu'on employait en Egypte pour l'irrigation des champs situés au-dessus du niveau des débordements du Nil.

Malgré toutes les circonstances dont nous venons de parler qui obligent les nomades à se livrer à l'agriculture, la plus grande partie de cette population, obéissant à des habitudes et à des traditions séculaires continuera encore longtemps à mener la vie pastorale et à ne s'occuper que d'*élevage ;* et cela d'autant plus que les vastes territoires du Turkestan étant le plus souvent absolument impropres à l'agriculture favorisent l'industrie de l'élevage.

D'une part, en effet, les steppes qui s'étendent sur toute la partie nord-ouest et ouest du pays, jusqu'à la mer Caspienne sont le plus souvent mal pourvues en eaux, mais, dans beaucoup de leurs parties elles sont couvertes d'une végétation herbacée passable ; d'autre part, les hautes vallées montagneuses et le pied des montagnes contenant des pâturages, n'étant pas propres à la vie sédentaire, favorisent l'élevage nomade. Dans les steppes éloignés des montagnes, les nomades traversent d'immenses espaces faisant tous les ans jusqu'à 1,000 kilomètres suivis de leurs troupeaux, se maintenant, dans le voisinage des puits, à la recherche des pâturages ; tandis que dans les contrées avoisinant les montagnes, au Fergana, ils gravissent les montagnes s'élevant en été jusqu'à 3,300 mètres d'altitude au-dessus du niveau de la mer, et l'automne et l'hiver venus, descendent dans les vallées. Les Kirghizes qui habitent les Pamirs pour fuir les moustiques vaquent, en été, à des altitudes de 4,200 mètres et passent l'hiver à des altitudes de 3,300 mètres. Dans les monts Tian-Chan et dans ceux du système Pamiro-Alaïsk, il existe une assez grande quantité de bons pâturages ; mais, à cet égard, les vallées montagneuses des provinces du Semiretché et du Fergana et particulièrement la vallée de l'Alaï, qui a plus 1,500 kilomètres carrés et s'étend entre les monts Alaïsk et Zaalaïsk à des altitudes variant entre 2,400 et 3,300 mètres, jouissent de la plus grande renommée. Là les neiges fondent à la fin de mai et couvrent de nouveau le sol en septembre, et si les nuits sont froides, il n'est pas rare que la neige tombe au milieu de l'été. Dans le jour la température s'élève jusqu'à 25° R. et, la nuit elle tombe à zéro et au-dessous. Malgré cela, au cours de cet été éphémère la végétation de l'Alaï est si luxuriante qu'elle fournit des pâturages aux troupeaux de 65,000 Kirghizes qui y viennent du Fergana par des routes montagneuses difficiles et à travers des gorges remplies de neige.

Dans le plus grand nombre des cas les nomades du Turkestan n'accordent à leurs troupeaux que des soins et un entretien primitifs. Les habitants sédentaires seuls ont parfois des étables ; les nomades laissent toute l'année leurs troupeaux au grand air. En hiver, pour défendre leurs troupeaux de la gelée et des vents, les Kirghizes tâchent de les conduire dans les vallées, ou dans les roseaux ; ce n'est que dans les cas extrêmes qu'ils construisent des abris pour les agneaux et les veaux nouveau-nés. Il est rare que ces nomades fassent du fourrage pour les mois d'hiver ; d'ailleurs, ils ne sauraient où en prendre : il est impossible de faucher l'herbe clairsemée de la steppe. Toute l'année le troupeau mange l'herbe qu'il a sous ses pieds ; le maître du troupeau se borne à faire quelques provisions de ronces et de roseaux pour ses chameaux parce que ces animaux n'ayant pas de sabots ne pourraient écarter la neige qui couvre l'herbe. Dans les oasis, le principal fourrage ainsi que nous l'avons dit, c'est la luzerne. En été, les troupeaux ne voient guère mieux. Sous une chaleur torride ils mâchent l'herbe brûlée par le soleil, ils s'abreuvent à des sources salines qui leur fournit souvent avec avarice leurs eaux, et, la nuit venue, ils supportent de brusques changements de température, car la chaleur du jour est vite remplacée par la fraîcheur de la nuit. On comprend que dans ces conditions les animaux soient souvent frappés de maladies et même périssent en masse ; en hiver, s'il se produit du verglas, la destruction des troupeaux prend des proportions effrayantes. Le Turkestan n'en est pas moins encore riche en animaux domestiques.

Dans les cinq provinces russes de ce pays, on compte 866,000 chameaux, 1,540,000 têtes de gros bétail, 1,700,000 chevaux, 95,000 ânes et 15,230,000 brebis et chèvres ; de sorte qu'il y a 16 chameaux, 30 têtes de gros bétail, 32 chevaux et 290 brebis et chèvres pour 100 habitants. La province la plus riche en troupeaux est celle du Syr-Daria après laquelle viennent les provinces du Sémiretché et de la Transcaspie.

Une des parties caractéristiques de l'élevage du pays sont les progrès que fait l'élevage du chameau et particulièrement celui des brebis et des moutons ainsi que la très petite quantité de porcs. Cette dernière circonstance s'explique naturellement par la religion à laquelle appartient la plus grande partie de la population. On ne compte dans le Turkestan que 17.000 porcs élevés dans les provinces du Sémiretché et du Syr-Daria par des émigrés russes.

Depuis les temps les plus reculés, l'Asie centrale est renommée pour *ses chevaux;* dont une espèce sauvage parente éloignée du cheval (Equus Prjevalskii) habite encore sur la frontière orientale de pays. Bien que l'élevage du cheval, qui, jadis, se faisait sur une vaste échelle, soit actuellement bien moins important, cet élevage n'en est pas moins encore aujourd'hui une branche importante de l'industrie de l'élevage. Le nomade du Turkestan n'utilise pas seulement le cheval comme bête de selle et de somme, il mange sa chair, il boit le lait de jument en en préparant sa boisson préférée le « Koumys ». En outre la peau du cheval sert à préparer des cuirs d'un certain prix.

Au Turkestan, dominent deux races assez bien marquées de chevaux : la race turcomane, dite l'argaenak et la race kirghize. Le métis de cheval turcoman et de cheval kirghiz assez répandu porte le nom de cheval Karabaïr. A part ces principales espèces, il y a un grand nombre de métis de ces races et de races venues de Sibérie ou de la Russie d'Europe. Des chevaux de ce dernier type se rencontrent surtout dans la partie septentrionale des provinces du Syr-Daria et du Sémiretché. La race turcomane domine en Transcaspienne et à Khiva ; les meilleurs Karabaïrs se trouvent à Boukhara ; et dans l'est et le nord du Turkestan, ce sont les chevaux kirghizes. Le cheval turcoman est d'un sang mélangé en grandes proportions avec le sang du cheval arabe. Ce cheval a de belles formes ; c'est un bel animal qui est l'objet de soins très attentifs et qui n'est employé que comme cheval de selle ; il est rapide, mais il ne supporte pas les longues étapes. Cette race est loin d'être nombreuse ; aujourd'hui il est difficile d'en trouver un bon spécimen même dans la Transcaspie ou à Khiva. Le Karabaïr a de bonnes qualités de cheval de courses ; il est râblé, endurant, et n'est employé que comme cheval de selle ; il a le pas rapide faisant au pas jusqu'à 10 verstes à l'heure et même davantage ; cet animal est très apprécié par les indigènes. Le cheval le plus répandu et celui qui a le plus d'importance pour le pays, c'est le cheval de race kirghize qui est élevé surtout par les Kirghizes nomades mais qui domine également dans les oasis. Le cheval kirghiz est de petite taille, il est d'une complexion robuste et râblée, c'est un cheval très dur à la fatigue et très rapide. Parmi les chevaux kirghizes, il y a des ambleurs dont le pas est très rapide, ils font à l'amble jusqu'à 10 verstes à l'heure et même plus. Le cheval kirghiz n'est pas moins bon dans les montagnes sous la selle ou sous le bât ; grimpant avec une agilité surprenante sur les flancs des rochers, il galope sans repos, sans nourriture et sans boire, fait dans la steppe des cent verstes et traîne de lourds fardeaux par des routes difficiles. Beaucoup de faits connus témoignent de l'endurance et de la rapidité du cheval kirghiz : ainsi un indigène, qui, en 1868, fut envoyé de Samarkande à Tachkent porter la nouvelle de la victoire remportée sur les troupes de la Boukharie, franchit la distance qui est de 280 verstes en un seul jour avec le même cheval. Le cheval kirghiz est élevé en kossiak, c'est-à-dire en groupes de juments et de poulains comprenant un étalon qui est le chef du kossiak. Ces chevaux restent toute l'année en liberté n'ayant d'autre nourriture que l'herbe de la steppe ; aussi, lorsque les hivers sont rigoureux et neigeux, meurent-ils souvent de faim. Dans la population sédentaire, les chevaux sont beaucoup mieux soignés et nourris ; on leur donne de l'orge, de la luzerne et du djougar. Un bon cheval fait l'orgueil du Sarte qui, souvent, l'entoure de plus de soins que sa propre femme.

Au Turkestan, les *grosses bêtes à cornes* sont surtout des bêtes de travail, car l'indigène consomme très rarement de la viande de boucherie. Les sédentaires préfèrent la viande de mouton et les nomades la viande de mouton et la viande de cheval. Les produits du lait ont une grande importance lait, crème (kaïmak), aïran (mélange de lait aigre et d'eau, qui sert de boisson), beurre, etc. Les vaches du pays qui, dans le plus grand nombre de cas, sont mal soignées et mal nourries, donnent très peu de lait ; et la chair du bétail est de qualité bien inférieure à celle du bétail de la Russie méridionale. Les Kirghizes et les Karakalpaks emploient souvent le bœuf aux transports des fardeaux à bât ou attelé à un char dit

« arba » ; ces indigènes se servent même du bœuf comme animal de selle. Il semble que le gros bétail du Turkestan appartienne à plusieurs races : dans l'ouest, c'est un métis du bœuf du pays avec le buffle de l'Inde (bos indiens) et dans l'est et le nord, le bœuf noir kirghiz qui dominent. Dans les villages russes, le bœuf le plus commun est le bœuf rouge kalmouk. Dans les hautes montagnes du Fergana, sur l'Alaï et les Pamirs, les Kirghizes élèvent aussi en petite quantité le yack ou buffle de Tartarie (Pœphagus grunniens), qui est un animal inappréciable pour le transport à bât des fardeaux à de grandes altitudes atteignant de 4,200 à 5,000 mètres ; en outre, cet animal donne un excellent lait, épais dont les nomades montagnards fabriquent un fromage.

L'élevage de la *race ovine* est une des principales branches de l'industrie de l'élevage, autant par l'importance des troupeaux que par le prix qui s'attache à ces animaux, qu'au point de vue des intérêts économiques du pays. Il n'y a guère que les nomades, Kirghizes et Turcomans qui se livrent sur une vaste échelle à l'élevage des animaux de la race ovine. Les habitants sédentaires des oasis ne sont que les consommateurs de la viande de mouton ; ce sont eux aussi qui dans certains cantons travaillent la laine et les peaux, qui fabriquent des tapis de différentes espèces, des feutres, des cordes, des sacs, des tissus, des cuirs, des peaux chamoisées, etc. Plus des 3/4 des revenus de la population kirghize lui vient des produits de son élevage des animaux de race ovine ; et, jusqu'à présent le mouton d'une année sert d'unité d'échange dans les steppes. L'élevage du mouton et des brebis ne donne pas moins, annuellement de 25 à 30 millions de kilogrammes de laine.

La race élevée au Turkestan est principalement celle de la brebis à large queue ; cette race se distingue par son endurance ; la chair des animaux de cette race est savoureuse bien qu'un peu grasse ; ils ont sur les reins un énorme dépôt de graisse où ils accumulent, pendant l'été, une provision de matières nutritives dans laquelle ils puisent pendant la disette des mois d'hiver. Cette provision adipeuse se nomme Kourdiouk et la race est désignée sous le nom de race Kourdiouke. A part la race Kourdiouke, dans certaines contrées on élève la race Karakoul qui donne de belles et de précieuses peaux d'agneaux. C'est à Kara-koul, au sud-ouest de la ville de Boukhara que se trouve le centre d'élevage de la race Karakoul. Les troupeaux de brebis comme tous les autres animaux appartenant aux nomades, passent toute l'année en plein air et n'ont d'autre nourriture que l'herbe qui pousse sous leurs pieds, aussi, malgré la forte complexion de ces animaux, lorsque l'hiver est froid et neigeux, les troupeaux souffrent beaucoup du manque de nourriture et périssent en masse. Il est élevé en de petites quantités des chèvres dans les steppes et dans les montagnes. Ces animaux donnent de la viande, un précieux poil fin et des peaux très solides dont on fait des outres pour l'eau, le koumys et autres liquides.

L'élevage du *chameau* est une importante branche d'industrie chez les nomades ; et, bien que ces derniers temps les chemins de fer aient amené une grande diminution du nombre des chameaux dans certaines contrées du pays, cet animal, grâce à sa force, à son endurance et à sa frugalité, est encore le seul instrument de transport dans les vastes steppes et les déserts du Turkestan. On rencontre, dans le sud, le chameau à une bosse, et, au nord, le chameau à deux bosses. Le chameau à une bosse, grâce à sa force et à ses autres qualités est plus apprécié, mais il supporte moins bien les froids de l'hiver que le chameau à deux bosses. L'indigène traite ses chameaux un peu différemment que les autres de ses animaux domestiques. Le chameau étant très sensible au froid, à la pluie et à l'humidité en général et ne pouvant paître sur un sol couvert de neige, l'indigène a soin de faire à son intention quelques provisions de fourrages pour l'hiver ; il couvre l'animal d'une couverture et généralement, en prend assez de soin. C'est surtout lorsqu'il est en bas âge, jusqu'à l'âge de deux mois, que le chameau demande le plus de soins. A cinq ans, cet animal est regardé comme adulte et porte habituellement des charges de 260 à 300 kilogs. Le chameau transporte des marchandises des caravanes, les meubles et les ustensiles, ainsi que la famille du nomade dans les migrations de ce dernier. En outre, le chameau donne du lait et de la laine.

Autant le chameau est l'animal de la steppe et de la vie nomade, autant l'*âne* est celui des oasis et des villes hors desquelles on le rencontre rarement. Dans la majorité des cas, l'âne du Turkestan est de petite taille ; il est extrêmement frugal, endurant ; cet animal est à bas prix. Tout ceci rend l'âne irremplaçable dans les oasis. L'indigène le moins fortuné peut s'acheter un âne : il le monte, il s'en sert pour transporter des fardeaux à de petites distances et l'utilise à tous les besoins de sa vie.

3° La petite industrie ; industrie des fabriques et des usines. Métiers et professions des mines, des forêts et autres. Voies de communication et commerce. Progrès réalisés au Turkestan sous la domination russe.

A part l'agriculture et l'élevage, qui sont les principales ressources de la population du Turkestan, certaines branches de petite industrie dite *industrie buissonnière*, ont une importance essentielle. Cette in

dustrie, le pays ayant été fermé une longue suite de siècles en raison
de sa situation géographique et de sa constitution politique et reli-
gieuse, a pris un large développement et s'est entièrement adaptée
aux mœurs, aux besoins et aux productions des indigènes. On observe
surtout le lien étroit rattachant la situation domestique des
populations au caractère qu'a pris la petite industrie chez les éleveurs dont tout le genre de vie rappelle la vie pastorale. La
demeure transportable du nomade, les feutres, les tapis et les
tapis ras étendus par terre et remplaçant tout autre meuble, la
plus grande partie du vêtement, les sacs servant à emballer ses
effets et ses ustensiles dans ses déplacements, les fils, les cordes,
les housses et caparaçons, les harnais et tout le reste, tous ces
objets sont fabriqués avec la laine ou les peaux des animaux
des troupeaux. Le nomade fabrique tous ces articles non seulement en quantité suffisante pour ses besoins, il en fournit la
population sédentaire qui se livre fort peu à la fabrication des articles de laine. Parmi les objets fabriqués par l'industrie buissonnière
avec la laine, les plus importants sont le feutre (kachma), les tapis
ras et les tapis laineux, objets indispensables à toute habitation de
nomades et servant aux usages les plus divers. Les tapis dont les
meilleures qualités sont fabriquées par les Turcomans de la
Transcaspie sont de dessins les plus divers ; ils se distinguent
par la beauté des couleurs et en général par leurs qualités. Malheureusement, la demande de ces tapis pour la Russie d'Europe, l'Europe occidentale et l'Amérique a contribué à la diminution de la
qualité de ces tapis ; aujourd'hui, les bons tapis turcomans,
aux dessins anciens, teints aux couleurs végétales, sont rares
et sont vendus à des prix très élevés. La fabrication des draps et
d'autres tissus grossiers, des coiffures de feutre, des sacs à marchandises employés pour les transports, des besaces, des cordes, des filets
en crin, dont les femmes musulmanes se couvrent la figure et d'autres objets semblables, sont également des industries très communes.
Ce ne sont guère que les femmes turcomanes et kirghizes qui s'emploient à la production des articles de laine. Les industries buissonnières de la population sédentaire qui, pour certains de ces produits,
emprunte la matière première aux nomades, sont plus variées. Au
nombre de ces industries se rapporte le traitement des peaux, la
bourrellerie, la cordonnerie indigène, la fabrication de vêtements en
peau (de pantalons et d'autres). Les industries de la soie consistent au
dévidage, pour lequel on se sert de métiers primitifs, et à la fabrication de divers tissus tout soie ou mêlés de coton que les indigènes
emploient pour confectionner des couvertures, du linge, des « kha-
lat » (sortes de robes de chambre) et à d'autres usages. Ces industries sont répandues surtout dans la province de Samarkande, à

Samarkande et à Khodjent et au Fergana, à Kokan et dans certaines parties de la Boukharie (dans la ville de Boukhara).

La broderie de soie sur drap est remarquable par l'originalité des dessins. Les tissus de coton ne sont pas moins fabriqués ; pour les plus grossiers d'entre eux, on emploie des fils de coton du pays ; et pour fabriquer la mousseline, servant à confectionner les turbans, on fait venir des fils fins de la Russie d'Europe. Le travail des métaux, la fabrication des fers à cheval, des pelles, des couteaux, etc., le travail du bois, et surtout la fabrication des ustensiles de cuivre gravés, des koumganes, c'est-à-dire des aiguières, des plateaux, des tasses et d'autres articles de même nature qui souvent sont remarquables par la forme et le dessin, sont des industries qui ont également une assez grande importance parmi les industries buissonnières du pays.

On produit aussi des bijoux et des ornements de harnais et de selles en argent. Les articles en or sont peu communs. Les métaux employés viennent de la Russie d'Europe. Les moulins à huile actionnés par un cheval ou un chameau, qui sont d'un type extrêmement primitif, très communs dans le pays, font partie également des industries de la catégorie des industries buissonnières. L'huile de Koundjout, de coton et d'autres graines oléagineuses fabriquée dans ces moulins est consommée dans l'alimentation ou employée à d'autres besoins et les déchets servent à la nourriture des animaux. Les autres moulins, très nombreux, sont construits d'une façon tout aussi primitive. Enfin, il convient de signaler les industries de la poterie, de la sellerie, de la savonnerie et d'autres menues industries.

Ce qui caractérise l'industrie buissonnière du Turkestan, c'est l'insignifiance de la production de chacun des établissements pris à part ; ainsi la production de chacun des 3,100 moulins à huile du Fergana ne dépasse pas en moyenne 90 roubles de marchandises. L'outillage primitif, le bon marché des produits et le nombre très limité d'ouvriers employés qui habituellement ne dépasse pas 1 ou 2, sont également des traits distinctifs de l'industrie buissonnière du Turkestan. Certes, les produits d'une industrie aussi menue ne peuvent se faire remarquer par leurs bonnes qualités et ne sauraient soutenir la critique de l'Europe ; mais, en revanche, ses produits sont bon marché et satisfont entièrement les exigences peu sévères de la population du pays ; aussi soutiennent-ils avec assez de succès la lutte que leur livrent les produits des fabriques et des usines apportés de la Russie d'Europe.

L'industrie des fabriques et des usines ne fait encore que naître. Le manque de capitaux et d'ouvriers habiles, la cherté du combustible, le défaut de bonnes voies de communication, le prix du transport des marchandises et certaines autres circonstances s'opposent au progrès du développement de cette industrie. L'industrie manufacturière la plus importante est celle de l'épuration du coton ; quatre des provinces du Turkestan, non compris la province de Sémiretché, où il n'existe aucune usine de coton, et sans parler non plus de Boukhara et de Khiva, contiennent 136 usines d'épuration de coton ; en y comprenant les 2 Khanats, le nombre des usines d'épuration de coton s'élèverait à 160 ou 175 usines. Ces usines, qui d'habitude comprennent plusieurs presses, sont actionnées par la force hydraulique, par des moteurs à vapeur ou à pétrole et il n'est pas rare qu'elles soient pourvues d'appareils mécaniques et éclairées à l'électricité. Quelques-unes d'entre elles ne laissent rien à désirer à cet égard et possèdent les appareils et les machines les plus perfectionnés. La Boukharie et surtout Khiva possèdent un grand nombre d'usines actionnées par des chevaux ou les eaux. Tout le coton récolté au Turkestan passe par les usines d'épuration du pays, aussi la production de ces usines s'élève-t-elle à plusieurs dizaines de millions de roubles. Parmi les autres fabriques et usines, il convient de citer les petites brasseries et distilleries des centres importants tels que Samarkande, Tachkent et d'autres, deux minoteries, des fabriques de cuir et de santonine, des fabriques d'allumettes et de tabac, une verrerie, etc. De toutes ces fabriques qui, en général, sont fort modestes, les trois fabriques de santonine situées dans la province de Syr-Daria présentent un intérêt particulier ; ces fabriques produisent un médicament bien connu extrait de la fleur d'une variété particulière d'absinthe (Artemisia cina) ; les steppes de la province de Syr-Daria sont le seul point du globe terrestre où cette plante couvre des espaces entiers. La production de ces usines, qui fournissent de santonine le monde entier, s'est élevée, en 1897, à 114,000 roubles. La plus grande partie de la santonine est exportée à l'étranger. C'est la place de Hambourg qui est le marché central de ce produit.

Les *richesses minérales* du Turkestan sont très variées, mais elles n'ont encore été que superficiellement explorées. Le Turkestan renferme des gisements de sel, de naphte, de houille, d'or, de fer, de cuivre, de minerai d'argent plombifère, de soufre, de turquoise, de lapis lazuli, un grand nombre de sources minérales et d'autres minerais. Ces gisements ne sont encore que très peu exploités ; les plus importantes des exploitations minérales sont celles de sel gemme et de dépôts de sel minéral dont les plaines du Turkestan et les montagnes de ce pays sont très riches et qu'on trouve parfois à l'état presque chimiquement pur. En 1897, en Transcaspie, au Fergana et dans les provinces du Syr-Daria, il a été extrait plus de 37 millions de kilogrammes de sel ; en Boukharie et au khanat de

Khiva, où les gisements de sel sont aussi très nombreux, la quantité de sel extrait ne nous est pas connue, mais elle doit être assez considérable. On a trouvé du naphte sur beaucoup de points du pays; mais l'extraction régulière de ce minéral n'est pas encore organisée nulle part; c'est surtout sur l'île de Tchéleken et aux monts Nefte-dag, en Transcaspienne, que ce minéral est le plus commun; en 1897, sur ces deux points, il a été extrait 1,420,000 kilogrammes de naphte et 82,000 kilogrammes de cire végétale; la même année, le Fergana a donné 140,000 kilogrammes de naphte, 1,563,000 kilogrammes de pierre d'asphalte et 43,000 kilogrammes de cire minérale. On connaît également des couches de houille dans beaucoup de contrées; mais bien qu'au Turkestan le défaut de combustible se fasse vivement sentir et soit général, les couches de houille sont très faiblement exploitées. En 1897, l'exploitation de la houille ne s'est élevée qu'à 7 millions de kilogrammes, dont plus de 75 0/0 ont été pris dans les gisements de la province de Samarkande. Les autres gisements minéraux sont encore moins exploités. Ainsi, en 1897, il n'a été extrait (province du Syr-Daria) que 1,570 kilogrammes de plomb, 140,000 kilogrammes de minerai de cuivre, 1,2 kilogramme d'or (province de Sémiretché), 28,000 kilogrammes de soufre (Fergana), et ainsi de suite. La Transcaspie possède de très riches gisements de soufre, mais ces gisements étant forts écartés et en raison d'autres circonstances défavorables ils ne sont pas exploités. Sur le littoral de cette province, au fond du golfe de Kara-bougaz, il a été découvert depuis peu de riches gisements de sel de Glauber qui seront exploités bientôt.

Au Turkestan, en raison des particularités du climat et du sol du pays, l'exploitation *des forêts* présente bien des traits originaux. Une grande partie du pays est formée de steppes et de déserts que leur sol et leur climat rendent absolument impropres à la croissance de l'immense majorité des essences ligneuses et, par suite, sont entièrement dépourvues d'arbres ou sont couverts de nombreuses variétés ligneuses adaptées aux conditions de ces contrées, c'est-à-dire de buissons formant des fourrés. On ne rencontre de vraies forêts que dans les montagnes, où, le plus souvent, elles forment de petits domaines, ou des jeunes forêts courant le flanc des montagnes ou le fond des vallées. Il n'est que juste de comprendre au nombre des richesses ligneuses du pays les nombreuses plantations artificielles qu'on rencontre dans toutes les oasis et qui leur donnent, en même temps que les jardins, la vie et un aspect verdoyant, ainsi que les buissons et les bois poussant en petite quantité sur les rives des cours d'eau, dans les sols inondés au moment des débordements. Ainsi, les richesses ligneuses du Turkestan forment trois parties principales : *a)* les véritables forêts qu'on ne trouve que dans les montagnes; *b)* les fourrés des steppes comprenant des buissons et qui sont épars sur la steppe ; et *c)* les plantations artificielles poussant sur les sols irrigués des oasis. On ne sait pas exactement quelle est l'étendue de chacune de ces divisions du domaine forestier; quoi qu'il en soit, les surfaces couvertes de véritables forêts et de plantations ne constituent qu'une petite partie du domaine forestier par rapport à celui que couvrent les fourrés de la steppe.

Les forêts des montagnes disséminées dans les gorges et sur les revers des monts du système Tian-chan et Pamiro-alaïsk jusqu'aux altitudes de 3,000 à 3,300 mètres au-dessus du niveau de la mer, étaient jadis beaucoup plus vastes et descendaient jusqu'aux oasis habitées ; mais l'exploitation impitoyable dont elles ont été l'objet des siècles durant a considérablement réduit ce domaine forestier, et aujourd'hui on ne peut trouver de forêts que dans les régions écartées perdues dont l'accès est difficile. Les forêts des montagnes sont formées d'arbres et de buissons assez variés parmi lesquels les plus communs sont le génévrier arborescent, le sapin, l'abricotier, le pommier, le poirier, plusieurs espèces de peupliers, de bouleaux, de sorbiers, de noyers, d'érables, de pistachiers, d'ormes, de frênes, de pruniers, d'amandiers, de saules, etc. Ces forêts étant inaccessibles, sont fort peu exploitées; dans le plus grand nombre de cas, il n'y est installé que des charbonneries produisant du charbon de bois consommé en grande quantité dans les habitations et les foyers. L'abondance des espèces portant des fruits comestibles permet à la population de cueillir dans les forêts d'importantes quantités de fruits et de noix.

Les forêts les plus précieuses sont les forêts de noyers qui couvrent, principalement au Fergana, 200,000 hectares et donnent, outre les noix, un bois de valeur et un brou encore plus précieux.

Les forêts des montagnes, qui sont souvent disposés sur les revers escarpés où prennent leur source des ruisseaux, étant données les conditions climaturales du Turkestan et la pauvreté de ce pays en eau, ont une importance très essentielle pour la contrée. Non seulement elles fixent le sol friable des montagnes et les préservent de la dénudation et de l'éolation, non seulement elles empêchent les éboulements et la formation de ravinements, en outre elles influent sur le régime des eaux dont elles rendent l'accès, aux rivières, plus égal, elles préservent les sources et, en général, servent de réservoir et d'agent de répartition à l'humidité qui, au pied des montagnes, acquiert une si grande valeur d'irrigation. Ce qui précède est la raison de l'attention apportée actuellement à la préservation de ces forêts et à les défendre contre la dévastation. En outre, sur certains points, on a essayé avec succès de boiser les flancs dénudés des montagnes, sans avoir recours aux irrigations.

Les bois de la steppe qui, il y a fort peu de temps, s'étendaient sur d'énormes espaces de l'Asie centrale, ont été également dévastés et on en rencontre plus tels qu'ils étaient qu'à l'écart des routes, des rivières et des centres habités. Ces bois, nous l'avons déjà vu, sont composés d'essences extrêmement caractéristiques. Les traits caractéristiques de ces formes végétales des steppes sont connues ; des troncs et des branches tordus, noueux et tourmentés, le feuillage rare et gris et souvent absence complète de feuilles, enfin des organismes entièrement adaptés aux climats torrides et secs de la steppe, tels sont les traits principaux de ces essences. Les bois de la steppe renferment divers buissons au nombre desquels l'ammodendron (Haloxylon ammodendron) est le plus important. La lignine de l'ammodendron, dure comme un os, et très lourde, est un excellent combustible ; aussi cette plante a-t-elle eu plus à souffrir de la barbarie des dévastateurs que les autres : dans le voisinage des agglomérations, il n'y en a déjà plus. Les bois de la steppe ne donnent que du bois de chauffage. La réserve de lignine que contiennent les bois de la steppe, les buissons étant de basse taille et clairsemés, par rapport à la surface, n'est pas considérable ; un hectare de bois de la steppe produit en tout de 2 1/2 à 5 mètres cubes de bois ; il est donc détruit annuellement, pour obtenir des combustibles, d'immenses espaces de bois. Comme la forêt de la montagne, le bois de la steppe a une importance très essentielle pour l'économie générale du pays ; ces bois ont, dans la steppe, la même fonction que la forêt qui pousse sur le revers de la montagne. En fixant par ses vastes racines le sables, le buisson de la steppe s'oppose à l'éolation du sol et par conséquent à la formation des sables mouvants, ce fléau de certaines contrées du Turkestan. Le combustible étant cher et rare, certaines grosses herbes épineuses de la steppe, l'Alhagia camenorum et d'autres, que la population recueille partout et emploie au chauffage des maisons et des fours à briques et à d'autres usages, ont une grande importance.

Les bois riverains qui, au Turkestan, poussent le long des cours d'eau contenant des saules (Salix) des peupliers (Populus diversifolia, et pucinosa), des tamaris (Tamarix) des djida (Cleagnus) et d'autres essences donnent également une certaine quantité de bois de chauffage et de bois de construction.

Enfin les plantations artificielles qui existent presque partout dans les lieux irrigués, les jardins, auprès des habitations, le long des routes et des canaux ont également une très grande valeur. Ces plantations qui sont formées surtout de diverses espèces de saules (Salix), de peupliers, d'aunes (Ulmus campestris) et d'autres essences, grâce à la douceur du climat et à l'irrigation atteignent rapidement une grande taille et fournissent à la population les bois de construction et d'industrie et en partie le bois de chauffage dont elle a besoin.

Le peuplier et le saule sont les essences les plus répandues. Les essences à fruits, l'abricotier, le mûrier, et le noyer dont la lignine est souvent employée à des articles d'industrie, et les branches, les souches, et le reste, comme combustibles, ont la même importance et répondent aux mêmes besoins.

Au Turkestan, *la pêche* est une industrie qui a ses centres dans deux régions. Sur le littoral de la mer Caspienne, dans la province Transcaspienne et les vallées inférieures du Syr-Daria, et de l'Amou-Daria dans la province du Syr-Daria. Les autres eaux du pays n'ont presque aucune importance au point de vue de la pêche. Dans la région de la mer Caspienne, la population pêche l'esturgeon, et d'autres poissons de moins de valeur, le hareng, la sardine, le sandat et d'autres. Les produits de cette pêche, la colle, le viaziga, le caviar et le reste sont transportés à Astrakhan. En 1897, ce littoral a exporté 3 millions de kilogrammes de ces marchandises. Dans la même région on pêche sur une petite écheile le phoque; en 1897, les pêcheurs de phoques ont pris 460,000 kilogrammes de phoques.

Dans la région de la mer d'Aral, dans laquelle peuvent être compris les cours inférieurs des rivières dont nous avons parlé, on pêche en général les mêmes espèces de poissons au nombre desquels le plus important est l'esturgeon bâtard (Accipenser nudiventris). Le poisson et ses produits, dans cette région sont exportés par caravane à Orenbourg; les produits de la pêche de cette région pris sur place est d'environ 100,000 roubles. La pêche et la chasse au phoque ne rapportent pas moins de 200,000 roubles à la population.

Bien que *la chasse* en tant qu'industrie n'ait pas dans l'existence de la population du Turkestan, l'importance qu'elle a dans les régions du nord de la Russie et surtout dans la Sibérie, cette industrie ne laisse pas d'avoir une certaine importance. Au Turkestan on chasse surtout le renard, la martre, le loup, l'antilope (Antilopa subguturosa), le sanglier, la panthère (Felis irbis), le chat (Felis caudata), le lièvre, le cerf (Cervus maral), le putois et, parmi les oiseaux, le faisan (Phasianus colchicus, mongolicus), le canard, le cygne, l'oie, la tourterelle, la perdrix des montagnes et d'autres. Les autres animaux et notamment le tigre qui donne une peau qui a de la valeur sont rarement tirés par les chasseurs et il en est tué fort peu. Dans la province de Sémiretché où la chasse est assez développée, cette industrie produit annuellement pour 40,000 roubles de marchandises principalement de renards et de putois. C'est dans cette contrée que l'on recueille les bois de cerfs maral dits pants qui sont vendus en Chine.

. Au nombre des industries de la population du Turkestan il convient de rapporter la cueillette de certains produits végétaux telle que la racine de soumbal (Euryangium), les matières goudroneuses tirées du Scorodosma fœtida et surtout des fleurs d'une des nombreuses espèces d'absinthes du pays, l'Artemisia cina, donnant la santonine dont nous avons parlé précédemment. La cueillette des fleurs de cette absinthe apportées aux fabriques procure des ressources assez considérables à la population du district de Tchimkentsk, province du Syr-Daria.

Il n'y a pas plus de vingt ans qu'il était extrêmement difficile de pénétrer dans le Turkestan surtout dans l'intérieur de ce pays et de visiter beaucoup de lieux séparés du monde civilisé par des steppes et des déserts ayant des milliers de verstes d'étendue ; ce n'était pas seulement une entreprise difficile, c'était même dangereux. En ce qui concerne la province actuelle de la Transcaspie, peuplée de hordes indépendantes de Turcomans, dont l'occupation principale était le brigandage et qui se livrait à des incursions sur le pays voisin de la Perse dans le but de piller et d'emmener des prisonniers, cette partie du Turkestan était presque entièrement inaccessible. Aujourd'hui, sous la puissante poussée de la civilisation russe, la situation a changé : des pillards et des brigands sont devenus de paisibles pasteurs et agriculteurs ; la steppe dépourvue d'eau où le voyageur mourait de soif et de privations, est sillonnée d'une ligne d'acier partant de la mer Caspienne et aboutissant au pied des gigantesques montagnes de l'Alaï et du Thian-Chan dont les sommets sont couverts de neiges éternelles.

La construction du *chemin de fer Transcaspien* a été commencée en 1880 ; en 1886, la locomotive atteignait Merv et l'Amou-Daria ; le 15 mai 1888 les trains allaient à Samarkande en traversant 1,470 kilomètres de steppes et de déserts. Cette voie n'a pas de pareilles dans le monde entier pour la rapidité de la construction de certaines de ses parties, la longueur et les difficultés qu'on a dû surmonter : les déserts, le manque d'eau, les sables, le climat torride, etc. En 1896, on entreprit la construction du chemin de fer, prolongeant vers l'est la ligne de Samarkande et en 1899 on inaugura cette ligne jusqu'à Tachkent et Andidjane. Au cours de cette période, un embrachement fut détaché de Merv à la frontière de l'Afganistan. Aujourd'hui le réseau des chemins de fer de l'Asie centrale a 2,512 kilomètres de long dont 1,868 forment la ligne principale allant de Krasnovodsk à Tachkent ; l'embranchement allant de Merv à Kouchka a 311 kilomètres à partir de la station, à Tchernaïev jusqu'à la steppe de la Faim, et jusqu'à Andidjane 326 kilomètres ; de la station de Gordchakov jusqu'à la ville de Novy-Marghelane il y a 8 kilomètres. En 2 jours 1/2, le voyageur sans sortir d'un train contenant une salle à manger peut se rendre de Krasnovodsk à Tachkent ville qui est le centre administratif du pays et qui est situé au pied des monts Thian-Chan, ou jusqu'à Andidjane ville située au pied de la chaîne énorme de l'Alaïsk à environ 128 kilomètres de la frontière de la Chine. Sans nous arrêter de plus près sur les résultats de la construction du chemin de fer de l'Asie centrale, il convient de noter que pour le Turkestan ce chemin de fer a eu d'énormes conséquences. En facilitant la colonisation du pays, la construction de ce chemin de fer a fait naître une nouvelle branche d'industrie ; elle a fortement attaché le Turkestan avec la Russie proprement dite ; elle a donné de l'activité à toutes les branches du commerce et elle a introduit la civilisation dans ce coin de l'Orient musulman, voué au sommeil depuis des siècles. Aujourd'hui tous les échanges commerciaux entre le Turkestan et la Russie ont lieu par la voie ferrée et Krasnovodsk à l'exception seulement d'une petite partie des marchandises qui se rendent par caravane en Sibérie et à Orenbourg. Dans un avenir très prochain, on se propose de construire un chemin de fer entre Tachkent et Orenbourg (2,000 verstes), et Tachkent et Vierny, avec prolongement jusqu'au transsibérien. Enfin on a l'intention de relier la ville de Saratov prochainement, au moyen d'une ligne directe passant par Khiva, avec Tchardjon, point situé à l'intersection du chemin de fer de l'Asie centrale, et de l'Amou-Daria. Ainsi bientôt, le Turkestan sera relié par une ligne de fer continue à Orenbourg d'une part, et par conséquent à Moscou et, d'autre part à la Sibérie qui est le marché naturel de beaucoup des produits de ce pays. Il n'est pas impossible non plus que, dans l'avenir, la ligne de Mourgab soit prolongée jusqu'à Hérat et plus au Sud allant à la rencontre du réseau des Indes.

Parmi les *voies navigables*, la mer Caspienne a une importance essentielle pour le Turkestan ; c'est en effet par cette mer que le Turkestan communique avec les gouvernements de l'intérieur de la Russie et du Caucase. Des bateaux à vapeur faisant le service à jours fixes maintiennent les communications entre Krasnovodsk, le fort d'Alexandrov et Tchikichlar, point situé sur le bord oriental de la mer, Bakou, Pétrovsk, et Astrakan et aussi certains ports de la Perse.

Le mouvement des marchandises prend la direction de Bakou, de Pétrovsk et surtout d'Astrakane, d'où les marchandises de l'Asie centrale sont transportées à Nijni-Novogorod par le Volga et suivent sur Moscou et d'autres places de commerce. Par la même route, en sens inverse, arrivent à Krasnovodsk les articles manufacturés, le sucre et d'autres marchandises destinées à être vendues au Turkestan.

Les voies navigables de l'intérieur du Turkestan ont un rôle bien plus modeste. Parmi les cours d'eau de ce pays qui, nous l'avons déjà dit, ne se distinguent pas comme bonnes voies de navigation, le plus important, c'est l'Amou-Daria ; non seulement ce fleuve sert à transporter des marchandises entre les villes de la Boukharie et, le khanat de Khiva et la frontière Afgane d'un côté, le chemin de fer de l'Asie centrale de l'autre, il porte des bateaux à vapeur faisant un service à époques fixes. De Tchardjoni, point situé sur le chemin de fer (station de l'Amou-Daria), des bateaux à vapeur remontent l'Amou jusqu'à Kerk (215 kilomètres), Kélif et Pataghissar et descendent ce fleuve jusqu'à Pétro-Alexandrovsk (358 kilomètres), ville située en face l'oasis de Khiva sur le cours inférieur de ce fleuve. Le Syr-Daria ne porte que des petits bateaux et des trains de bois flottant : il en est de même du Seravchane.

Les *chemins terrestres* ont une grande importance à l'égard du commerce intérieur du Turkestan ; nous comprenons dans les chemins terrestres les routes carrossables, les routes de caravanes et les routes de transports à bât. Des routes carrossables sillonnent toutes les parties peuplées du pays et servent aussi bien au mouvement des voitures qu'à celui des bêtes de bât ; les voitures du pays le tarantasse et l'arba ; l'arba est une haute voiture à deux roues attelée d'un cheval, dont l'écartement des roues est très considérable. Certaines routes carrossables ont bien des centaines de verstes et servent aux communications postales avec les pays voisins. Au nombre de ces routes, se trouvent la route de poste allant de Tachkent à Orenbourg qui a 2,150 kilomètres de long et celle partant de Tachkent conduisant à Vierny et se prolongeant sur Kopal, Serguiopol, Sémipalatinsk et Omsk. La première de ces routes est parcourue par des voitures de poste et aussi quelque peu par des caravanes se dirigeant sur Orenbourg ; l'autre est une voie suivie par un commerce d'échange assez actif entre le Turkestan et la Sibérie. Les routes de caravanes servent aux voyages à cheval et aux transports des marchandises à bât ; telle une toile d'araignée, elles s'étendent en long et en travers sur la steppe et le désert, pénètrent dans l'intérieur des montagnes et gravissent les hauts défilés au delà de la ligne des neiges, reliant toutes les parties du pays et facilitant l'échange de ses produits. C'est par des chemins de caravanes souvent très difficiles que s'effectue l'échange de marchandises entre le Turkestan et la Perse, l'Afganistan et la Chine, pays sur la frontière duquel se dresse les plus hauts sommets et les gorges montagneuses les plus difficiles. Le transport des marchandises n'a guère lieu qu'à dos de chameaux. De longues files de ces navires du désert s'avançant avec mesure sous le son des clochettes suspendues à leur cou, d'un pas long mais sûr, franchissent des milliers de verstes, se maintenant dans le voisinage des pluies et broutant les plantes épineuses de la steppe.

Les opérations du *commerce extérieur* du Turkestan avec les États voisins, la Perse, l'Afganistan et la Chine sont assez considérables, puisqu'elles s'élèvent à la somme totale d'environ 18 millions de roubles.

Les échanges avec la Perse ont lieu par mer, via Krasnovodsk et Tchikichlar, ou aussi par la frontière terrestre. La valeur des marchandises exportées en Perse, est (en 1897) de 3,700,000 roubles, et celle des marchandises importées de 3,200,000 roubles. On exporte principalement du sucre, des marchandises manufacturées, du riz, des vases et de la vaisselle de verre et d'autres produits; il est importé de la Perse : du thé vert dont il est fait une énorme consommation dans l'Asie centrale, du coton, des tapis, de la laine, des fruits secs, des cuirs, des tissus de soie et de coton, et d'autres articles. Les relations de la Russie avec l'Afganistan étant tendues, le commerce avec ce pays ne fait que des progrès assez lents. En 1897, il a été exporté en Afganistan pour 480,000 roubles de marchandises : sucre, objets manufacturés, pétrole, **fer**, chandelles, chaussures et d'autres ; l'importation de l'Afganistan s'est élevée à 1,600,000 roubles : laine, coton, peau, tapis, etc. Les relations commerciales avec l'Afganistan ont lieu principalement par Kerka et Kélif, villes situées sur l'Amou-Daria. Les échanges avec l'Inde se bornent à l'importation en Turkestan de thé vert, de mousseline, et d'indigo pour une valeur de 2 millions de roubles. Une partie de ces marchandises arrivent au Turkestan par l'Afganistan (le thé), une autre partie par le Caucase et le chemin de fer transcaspien. C'est le commerce avec la Chine qui a pris le plus de développement ; la Russie exporte en Chine environ pour 4 millions de roubles de marchandises ; et l'importation de ce pays s'élève à 5 millions de roubles. La Russie exporte en Chine des objets manufacturés, du fer, des articles de fer et de cuivre, du sucre, des tissus du pays et d'autres articles ; il est importé de Chine des peaux, de l'alun, des tissus de coton, du feutre, du coton, des chaussures du pays, des tapis et d'autres articles.

Les *échanges commerciaux* du Turkestan avec la *Russie d'Europe* et le Caucase ont lieu principalement, nous l'avons déjà indiqué par le chemin de fer transcaspien. Une partie des marchandises, au surplus, arrivent en caravanes par Orenbourg, mais les marchandises qui prennent cette voie ne dépassent guère 8 millions de kilogrammes. Par la même voie, le Turkestan exporte une partie de ses cotons (de Khiva), de ses laines et de ses cuirs; quant à l'importation, elle comprend principalement des objets manufacturés et d'autres produits des fabriques. Les expéditions par la voie du chemin de fer transcaspien s'élèvent au total à 205 millions de kilogrammes et le transport des marchandises arrivant dans le pays, à 180 millions de kilogrammes (1896) ; ajoutons que les échanges ne cessent d'augmenter progressivement et en proportions assez considérables. Il est importé au Turkestan, principalement, les articles suivants : objets manufacturés 12 millions de kilogrammes ; sucre et sucre en poudre 11,800,000 kilogrammes ; traverses, bois de construction, produits en bois, etc., 12,200,000 kilogrammes ; pétrole et naphte 8,300,000 kilogrammes ; fer, fonte, acier et produits 4 millions kilogrammes ; thé 4 millions kilogrammes ; céréales et farines 2,460,000 kilogrammes ; verrerie 1,750,000 kilogrammes, etc. L'exportation comprend, principalement, les articles ci-après : coton, 60 millions kilogrammes ; laine, etc., 10,800,000 kilogrammes ; fruits secs et noix, 4,700,000 kilogrammes ; peaux de mouton et bisquains, cuirs, peaux, etc., 3,000,000 kilogrammes ; tapis, et autres articles. L'exportation du coton augmente rapidement et varie suivant la récolte et l'importance de la surface cultivée ; ainsi en 1897, il a été exporté en Russie d'Europe jusqu'à 78,000 kilogrammes de coton, soit 18 millions de kilogrammes de plus qu'en 1896. Pour compléter ce tableau des échanges commerciaux du Turkestan avec les autres parties de la Russie il convient d'ajouter que les marchandises allant en Sibérie et prenant la voie de Vierny-Siémipalatinsk, Omsk échappent entièrement à tout enregistrement ; toutefois il est hors de doute que le caractère de ces échanges est presque le même.

Il est exporté de Russie au Turkestan des produits des fabriques et des manufactures, et le Turkestan importe en Russie des laines des peaux, des graisses, des fruits secs et des fruits verts (des pommes), etc.

Ainsi le Turkestan est par conséquent un fournisseur de matières premières transformées par l'industrie russe et en même temps un consommateur de produits très divers sortant des usines et des fabriques russes. A l'égard de ces échanges la foire de Nijni-Novogorod a une grande importance ; les marchands du Turkestan vendent à cette foire une partie de leurs marchandises et y achètent celles dont ils ont besoin. Depuis l'extension du réseau des chemins de fer l'importance de cette foire a diminué. Le commerce intérieur du Turkestan est très vaste ; mais nous ne connaissons pas l'importance de ses opérations par la raison qu'elles ne sont pas l'objet d'un enregistrement. Les échanges de marchandises les plus importants ont lieu entre les provinces russes du Turkestan et les khanats de Khiva et de Boukhara ainsi qu'entre les villes et la population sédentaire des oasis, d'une part, et les steppes d'autre part. Les matières premières qui viennent de la steppe, laine, peau, crin, graisse, bétail, etc., s'écoulent dans les villes, et les villes écoulent dans la steppe des produits de l'industrie et des manufactures. A cet égard, le coton, la soie et les fruits qui ne sont produits que par la population sédentaire font seuls exception. La Boukharie importe dans nos provinces environ 21,500 millions de kilogrammes de marchandises dont 15 millions de kilogrammes de coton et plus de 3 millions de kilogrammes de laine; les possessions russes exportent annuellement en Boukharie 25 millions de kilogrammes de marchandises dont environ 1,150,000 kilogrammes de thé des Indes, importés en transit par Batoum.

Dans le commerce de l'Asie centrale, les bazars (marchés) qui ont lieu une ou même deux fois par semaine dans toutes les agglomérations de quelque importance ont un rôle considérable. La population des environs vend en effet ses produits à ces bazars et y fait provision des objets dont elle a besoin. Dans la province de Sémipalatinsk, les foires où se fait le commerce du bétail et des matières premières ont également une assez grande importance.

L'annexion du Turkestan à la Russie, et la soumission des khanats de Boukhara et de Khiva, qui sont compris dans ce pays, à l'influence russe, en mettant la partie sud-est de l'Empire à l'abri des incursions des nomades de l'Asie et en élevant la domination russe sur les steppes et les montagnes inaccessibles, a accompli toute une révolution dans l'existence du Turkestan. Après la pacification définitive du pays, les progrès du Turkestan, arrêtés pendant des siècles par des guerres civiles perpétuelles, l'absence d'un pouvoir ferme, et beaucoup d'autres causes, ont été très rapides. Les terres cultivées et les produits de l'agriculture se sont accrus et ont augmenté dans toutes les parties du pays ; des instruments perfectionnés ont été introduits ; la culture du coton, ayant été substituée avec succès à l'espèce du pays le coton d'Amérique, a pris une énorme importance non seulement pour le Turkestan mais aussi pour la Russie; la sériciculture, qui était tombée si bas à la suite de la maladie du ver à soie, a commencé à renaître; la grande industrie, qui jusque là n'existait pas (industrie vinicole, distillerie, brasserie, mine, production de la santonine, verrerie, cotonnerie, huilerie et autres usines) a été créée; il a été cultivé un grand nombre d'essences ligneuses et de plantes nouvelles ; dans les villes la vie a été rendue plus facile et des améliorations ont été apportées aux services urbains ; on a essayé avec succès d'améliorer l'irrigation et de créer de nouveaux systèmes d'irrigation pour féconder la stérilité de la steppe ; enfin on a commencé à établir des colons russes dans le pays. Les déserts et les oasis ont été sillonnés d'un réseau de chemins de fer; des écoles, des bibliothèques, des maisons de banque, des établissements d'enseignement (champs et stations d'expériences à Tachkent) ont été créés ; des sociétés, la section de Société Impériale Russe de géographie et la Société Turcomane d'agriculture de Tachkent ont été formées ; la presse (cinq journaux, dont un paraît en russe et en idiomes du pays), est née. En un mot sur les ruines du vieil Islam, ayant régné au Turkestan durant des siècles, on voit s'épanouir la civilisation russe, jeune, pleine de force et de vie.

III

LE CAUCASE

<div style="text-align:center">~~~~~~~~~~~</div>

1. Relief. Climat. Végétation et règne végétal.
La population et ses mœurs.

Au sud-est de la Russie d'Europe, sur la large péninsule séparant le Pont de la Caspienne et réunissant l'Europe à l'Asie, s'étendent dix gouvernements et provinces qui constituent, sous le nom de pays du Caucase (1), une des parties les plus intéressantes de l'Empire russe. Bien que le Caucase ne forme qu'environ 2 0/0 de la superficie de l'Empire, par la configuration de la surface, sa nature, son climat, sa végétation et sa population, ce pays n'en est pas moins une des marches extra-européennes des plus variées. Dans aucune autre région de la Russie, sur un espace relativement si restreint, il n'est réuni autant de formes diverses de relief, de climat, de richesses végétales et animales et surtout de populations aussi différentes. Dans les limites de cette contrée, qui s'étend sur la latitude de l'Europe méridionale, il existe des régions situées au-dessous du niveau de l'Océan, de hauts plateaux montagneux froids et des sommets couverts de neiges éternelles dépassent les plus hautes montagnes de l'Europe.

Sur une distance d'environ 900 kilomètres, le Caucase est baigné à l'ouest par la mer d'Azov et la mer Noire et, à l'est, sur un parcours encore plus grand, par la mer Caspienne qui sépare le Caucase des possessions russes de l'Asie centrale et qui est presque à

---

(1) Nous ne faisons pas entrer dans le Caucase le gouvernement de Stavropol qui présentement est séparé du pays, même au point de vue administratif (Ce gouvernement a plus de 60,000 kilom. c. et une population de 876,000 habitants); ce gouvernement appartient en effet, par le type, à la nouvelle Russie; cependant il a quelques traits de commun avec la région s'étendant au pied du Caucase dont il est voisin.

26 mètres au-dessous du niveau de l'Océan. La frontière méridionale du Caucase est en même temps une des frontières séparant
l'Empire de la Turquie et de la Perse. De la mer Noire aux monts
Ararat, la frontière turque a environ 570 kilomètres de long et, de
l'Ararat à la mer Caspienne, la frontière de la Perse a plus de 820
kilomètres. Ainsi, à cette célèbre montagne biblique dont le blanc
sommet s'élève au-dessus des plaines de l'Arménie, se joignent les
possessions de la Russie, de la Turquie et de la Perse. Le Caucase
couvre environ 412,000 kilomètres carrés; ce pays est par conséquent un peu moins grand que l'Italie et la Roumanie réunies. Les
47 0/0 de cette étendue forment les trois provinces du Koubane, du
Terek et du Daghestane, situées du côté nord de la chaîne du Caucase;
les 53 autres 0/0 du territoire du Caucase forment sept gouvernements et provinces s'étendant au midi de la chaîne, savoir : Tiflis,
Bakou, Elisavetopol, Erivane, Koutaïs, Karse et la mer Noire.

La chaîne du Caucase qui traverse toute la contrée en diagonale
du nord-ouest au sud-est et qui, avec ses rameaux, occupe un tiers
du pays, le divise au point de vue du relief et de la nature, en
trois parties : pays situé au pied du revers septentrional de la
montagne, les monts Caucase ou le Caucase proprement dit, c'est-
à-dire tout le pays montagneux et ses ramifications et enfin la
Transcaucasie qui s'étend au sud des montagnes jusqu'aux frontières de la Turquie et de la Perse.

La *Ciscaucasie* a pour trait caractéristique, des plaines unies ou
légèrement ondulées ; dans sa partie septentrionale dont les plaines
sont le plus plates, ce pays constitue le prolongement des steppes qui
occupent tout le sud et le sud-ouest de la Russie d'Europe. Dans sa
partie moyenne entre le cours supérieur du Koubane, le Térek et la
Kouma s'élève un vaste plateau connu sous le nom de renflement
de Stavropol ; ce renflement s'élève jusqu'à 730 mètres au-dessus
du niveau de la mer et sépare la plaine de l'Anti-Caucase en
deux parties différentes un peu l'une de l'autre : l'une à l'ouest et
l'autre à l'est. La partie occidentale, le long du cours du Koubane
et de l'Eia, est une steppe unie, légèrement soulevée le long de
la mer d'Azov, qui est arrosée par un assez grand nombre de
rivières au cours lent et dont le sol, formé d'humus, est fertile.
Ce n'est qu'en se rapprochant du renflement de Stavropol et loin au
sud, au delà du Koubane, où commencent à s'élever les premières
collines du pied des monts du Caucase, que le relief de la contrée
devient plus varié : on rencontre des hauteurs plus considérables ;
des ravinements plus profonds déchirent le sol, et l'horizon sans
limite des steppes de la mer Noire devient plus resserré. La
partie orientale jusqu'au Terek et au cours inférieur de la Soulak
n'est en somme qu'une steppe ; seulement cette steppe est très

pauvre en eau, aussi est-elle sans vie. Le sol de cette steppe est fait de glaises et de sables ; sur certains points, les sables sont mouvants ; cette contrée abonde en terres salines et, à part quelques rares cantons, situés le long des cours d'eau, elle est impropre à la vie sédentaire et dans certaines de ses parties, elle est entièrement déserte. Cette région contient très peu de cours d'eau ; et certains de ces cours d'eau n'atteignent pas la mer Caspienne ; ils s'assèchent dans des lacs et des marais (la Kouma) ; quant aux lacs, ils contiennent habituellement une eau salée et amère qui n'est pas potable. L'angle sud-est de l'Anti-Caucase oriental occupe un vaste territoire bas et couvert de marais formant le cours inférieur du Térek et du Soulak.

D'une manière générale, la partie orientale est beaucoup plus basse que la partie occidentale et beaucoup de régions de cette contrée sont situées au-dessous du niveau de l'Océan. En somme, toutefois, le caractère de la plaine de la Ciscaucasie est partout le même ; car les pentes douce aboutissant à des crevasses profondes et assez abruptes, les bords à pics des cours d'eau et quelques petits bois épars sur la surface, ne rompent presque pas l'uniformité du paysage de la steppe. La partie méridionale est très élevée au delà du Koubane, dans les environs de Piatigorsk ; au delà du Térek, elle touche le pied des monts Caucase et est formée d'une série de plaines mamelonnées plus ou moins élevées ; sur certains points, ces plaines sont très fertiles ; les rares forêts qui sont encore conservées, donnent à la contrée, abondamment arrosée de cours d'eau venant des montagnes, un aspect pittoresque et varié. Au sud de ce territoire, s'élèvent dans les montagnes avancées de la chaîne du Caucase au delà desquelles se dressent les chaînes et les sommets les plus élevés, couverts de neiges éternelles.

La *chaîne du Caucase* qui traverse comme une montagne gigantesque sans solution de continuité toute la presqu'île Ponto-Caspienne du nord-ouest au sud-est, de la mer Noire à la mer Caspienne, est formée de la ligne de partage des eaux, séparant les bassins du Kouban, du Térek, du Soulak et du Samour, fleuves arrosant la Ciscaucasie, des bassins du Rion, de l'Ingour et de la Koura qui s'étendent dans la Transcaucasie, et des chaînes secondaires avancées de hauteurs onduleuses, de groupes montagneux et d'une grande quantité de rameaux plus ou moins considérables qu'elle détache de l'un et de l'autre de ses flancs ; et ces rameaux s'enchevêtrant forment sur certains points de vastes contrées montagneuses. La chaîne formant la ligne de partage des eaux, afin d'être distinguée des autres parties des monts Caucase, est appelée la Chaîne principale ; tout le système montagneux du sud réuni est désigné sous le nom de Grand Caucase afin de le distinguer du Petit Caucase, dont le versant couvre la partie sud-ouest du pays. Le système montagneux du Caucase entier couvre environ 140,000 kilomètres carrés, dont la plus grande moitié appartient au revers septentrional qui est plus développé. L'extrémité ouest du Caucase approche de la ville d'Anapa, sur le bord de la mer Noire, et l'extrémité orientale se termine par le mont Ilekhi-dag, près de Bakou. Bien que, en ligne droite, la distance entre ces deux points soit de 1,200 kilomètres, les sinuosités de la ligne des sommets caucasiques forment une ligne de partage des eaux continue qui a presque 1,600 kilomètres.

Le voyageur traversant le Caucase par le chemin de fer de Vladicaucase, voit se dérouler sous ses yeux, pendant plus d'une journée, sur l'horizon du sud, le panorama merveilleux des sommets couverts de neiges éternelles se confondant à l'ouest et à l'est avec l'horizon. Cette chaîne, de l'ouest à l'est, a 220 kilomètres de large ; dans sa partie centrale, elle n'a que 100 kilomètres. Mais c'est cette partie centrale qui est la plus haute et qui contient les sommets les plus élevés, dont l'Elbrouz, volcan éteint (5,540 mètres d'altitude) est le sommet le plus élevé non seulement de la chaîne du Caucase, mais du pays caucasien tout entier. La chaîne du Caucase dépasse beaucoup en altitude les Alpes ; on compte dans cette chaîne 25 pics beaucoup plus hauts que le mont Blanc qui est la montagne la plus élevée de l'Europe occidentale. Les hauteurs qui précèdent la chaîne principale, dans le plus grand nombre des cas, n'ont pas le caractère de chaîne continue ; ce sont de courtes chaînes, des crêtes ou des groupes montagneux, rattachés par des rameaux à la ligne principale de partage des eaux et coupés sur beaucoup de points par de profondes gorges livrant passage à des cours d'eau qui, prenant leur source dans la chaîne principale et se frayant un passage à travers des hauteurs avancées, coulent sur les versants et descendent dans la plaine. C'est ainsi que, sur la longueur du Caucase, on rencontre une série de hautes dépressions touchant le pied de la ligne de partage des eaux ; dans le plus grand nombre des cas, ces dépressions continrent des lacs ; d'un côté, elles sont fermées par les hauteurs de la ligne de partage et d'un autre, par des groupes des hauteurs avancées qui, souvent, dépassent en élévation la chaîne principale. Du côté du nord de la ligne de partage des eaux, ce sont de profondes vallées transversales; et du côté du sud, sauf à l'extrémité occidentale de la chaîne, ces vallées ou dépressions s'étendent dans le sens longitudinal. Parmi les vallées transversales, celles du cours supérieur du Térek est particulièrement remarquable; la gorge du Darial, célèbre par son aspect grandiose, à travers laquelle, au pied du Kasbek, immense volcan éteint (4,940 mètres), passe la route militaire de Géorgie, reliant Vladicaucase à Tiflis, n'est pas moins remarquable.

Le versant septentrional du Caucase s'étend davantage aux environs de l'Elbrouz où il détache le plateau élevé et affaissé de Stavropol, et surtout dans la partie orientale de la chaîne où de nombreux rameaux et beaucoup de chaînes secondaires d'une hauteur considérable forment une vaste contrée montagneuse et sauvage, qu'on appelle le Daghestane (contrée des montagnes). Comme toutes les chaînes de l'Asie, la chaîne du Caucase n'est pas facile à franchir. A ses extrémités seulement, elle renferme des défilés praticables toute l'année. Sur tout le reste de son étendue, à part les passages de Mamissone (2,820 mètres) et de Krestov (2,390 mètres) les chemins traversant la chaîne ne sont que des sentiers que ne peuvent prendre que les animaux à bâts ou les piétons et qui souvent sont inaccessibles pendant la plus grande partie de l'année.

Les plus importants des défilés sont : le défilé de Krestov, à travers lequel passe l'excellente route militaire de la Géorgie, et le défilé de Mamissone, dont nous venons de parler, à travers lequel on peut aller en voiture de Vladicaucase à Koutaïs. Dans la chaîne du Caucase la ligne des neiges n'est pas partout la même ; à l'ouest, le climat étant plus humide, elle s'abaisse presque d'un kilomètre plus bas que l'est où le climat est beaucoup plus sec et où se fait sentir l'influence des déserts surchauffés du pays transcaspien.

Jusqu'à ces derniers temps, on supposait que les monts du Caucase étaient pauvres en glaciers ; mais de récentes explorations ont prouvé que cette supposition n'est pas fondée et que, par le nombre, l'étendue et la puissance des glaciers, les monts du Caucase ne le cèdent presque pas aux Alpes. Il est très probable que ces montagnes ne renferment pas moins de 1,000 glaciers dont le glacier de Bezingui descendant des hauteurs du Chkhar et celui du Dykh-taou et d'autres ne le cèdent pas en importance au glacier d'Aletch.

L'espace occupée par la chaîne du Caucase et ses rameaux offre une infinie diversité de sol, de climat et par conséquent de conditions pour l'agriculture. Dans les vallées et les gorges profondes on cultive surtout une très grande variété de céréales et d'autres plantes dont la diversité diminue au fur et à mesure qu'on s'élève et finissent par n'être plus représentées que par l'orge et le seigle qui mûrissent encore au Daghestane, à l'altitude de 2,400 mètres. Les vastes pâturages qui s'étendent dans la zone des forêts et au-dessus, favorisent l'élevage. Enfin, le territoire considérable couvert de revers abrupts, de rochers et de neiges éternelles est impropre à l'agriculture et même à l'élevage. Les forêts, devenues déjà beaucoup plus rares, sont l'ornement des monts du Caucase ; dans certains endroits elles sont encore remarquables par la variété des espèces et leur beauté (sur le versant méridional).

La *Transcaucasie* qui s'étend au sud des montagnes, au point de vue orographique, forme deux parties, la partie montagneuse et la plaine. A l'exception de la contrée extrême du sud-est où les ramifications des monts persans d'Alébourss, pénètrent sur le territoire russe, la partie montagneuse de la Transcaucasie est une vaste contrée montagneuse traversée et entourée de chaînes et de groupes de montagnes qui, sous le nom de Petit Caucase, occupent toute la partie sud-ouest et centrale de la Transcaucasie. Le Petit Caucase qui s'étend entre les vallées de la Koura, de l'Arax, du Rion et du Tchorokh, du nord-ouest au sud-ouest, sur une longueur de 600 kilomètres et dont l'épaisseur est de 300 kilomètres, est le dernier anneau septentrional d'une série de montagnes traversant tout le continent asiatique et atteignant à l'ouest et au sud-ouest le plateau de l'Asie mineure, et cette chaîne de montagnes renferme dans sa partie nord le plateau de l'Arménie. Le Petit-Caucase n'est rattaché à la chaîne principale que par les montagnes peu élevées du Souram qui séparent le bassin de la Koura du bassin du Rion ; les monts Souram en arrêtant, avec d'autres montagnes, les vents humides soufflant de la mer Noire, partagent la Transcaucasie en deux régions très distinctes par le climat, la végétation et la nature : la région orientale et la région occidentale. Les monts Souram sont percés d'un tunnel de 4 kilomètres de long à travers lequel passe le chemin de fer de la Transcaucasie.

Au point de vue du relief, le Petit Caucase présente deux types. Des versants soulevés à des altitudes variant entre 1,350 et 2,000 mètres d'altitude, et des contrées montagneuses contiguës au pied des montagnes là où les versants s'inclinent vers le bas pays. Les versants, tantôt vallonnés, tantôt presque unis, sont habituellement plus ou moins isolés par des séries de hauteurs ou des chaînes, et certaines hauteurs dont beaucoup sont des volcans éteints, s'élèvent au-dessus de la ligne des neiges. Des plus remarquables de ces hauteurs sont les immenses massifs volcaniques de l'Ararat (5,100 m.) et de l'Alaguèze (4,030 m.). Sur les plateaux, au fond des vallées, se trouvent épars des lacs qui sont parfois considérables ; ainsi, le lac Goktcha, situé dans la partie orientale du Petit Caucase, au fond d'une vallée fermée, entourée d'un amphithéâtre de volcans éteints, s'étend sur environ 1,400 kilomètres carrés.

Dans cette contrée, les rivières coulent lentement et forment sur certains points des espaces marécageux. Le sol des versants montagneux, formé par des laves et d'autres roches éruptives désagrégées, est presque toujours un véritable humus remarquablement fertile ; avec la fraîcheur du climat, ce sol se couvre en été de verdoyants herbages ; aussi l'élevage y réussit-il, et, il en est de même dans les parties les plus basses de la culture des céréales. A part de très rares exceptions, le plateau ne porte aucune forêt. Les extrémités de ce plateau, qui s'abaisse par une grande quantité de rameaux et de contreforts vers les vallées des rivières ou vers les plaines, forment des gorges déchiquetées et des régions montagneuses où abondent les escarpements, les pentes raides, les déclivités qui sont souvent boisées. Cette région ne contient aucun lac. Les rivières ont un courant rapide et leurs lits, encombrés de rochers, forment des cataractes. Le sol, le climat, la végétation, les plantes cultivées et les conditions de la vie des habitants, sont très divers suivant le relief et la situation des contrées au-dessus du niveau de la mer.

La plus petite partie de la Transcaucasie est formée par des plaines et des pays plats relativement assez bas qui s'étendent sur le bord des mers, occupent des superficies considérables du bassin du Rion, et sont particulièrement étendues dans la partie sud-est, la plus grande partie du cours moyen et inférieur de la Koura et le cours inférieur de l'Arax, forment de vastes steppes. La plaine du Rion jouit d'un climat humide ; aussi sur certains points, est-elle couverte de marais ; elle abonde en forêts et nourrit une population assez dense. En ce qui concerne les plaines de la Transcaucasie orientale, ces plaines sont dépourvues de forêts et de bois et n'ont une population dense qu'au pied des montagnes où des sources abondantes fournissent à l'irrigation du sol, irrigation indispensable à la culture des plantes. Le reste du pays est une steppe unie ou légèrement ondulée où les eaux sont rares. Le sol de cette steppe, parfois salin, est formé de glaises et d'autres alluvions lacustres ou fluviales. La maigre végétation comprenant les herbes de la steppe, des demi-buissons épineux et sur les points où croupissent des eaux, des roseaux, se flétrit et se fane les chaleurs de l'été venues, et alors la population à demi nomade de ces steppes émigre avec ses troupeaux vers les montagnes. Les steppes de la Transcaucasie orientale ne s'animent que dans l'arrière-saison lorsque les pluies ont amené la végétation ; à ce moment-là, les troupeaux et les bergers descendent des montagnes et demeurent dans la steppe pendant l'automne, l'hiver et les premiers jours de printemps, après quoi, dès qu'arrivent les chaleurs et la sécheresse, toute vie disparaît de nouveau de la surface de la steppe. Ainsi, sauf les régions irriguées et agricoles, les steppes de la Transcaucasie sont des lieux de pâturages hivernaux, tandis que le versant des montagnes et les montagnes elles-mêmes, au-dessus de la limite des forêts, nourrissent les troupeaux durant les derniers jours de printemps et pendant l'été. Telles sont, d'une manière générale, les conditions du relief de la Transcaucasie. Pour achever de caractériser cette contrée, on peut ajouter que, dans les cinq gouvernements de Tiflis, Koutaïs, Elisavetopol, Erivane et Bakou, qu'elle forme, 2,1 0/0 du territoire sont situés jusqu'à 26 mètres au-dessous du niveau de l'Océan, à savoir :

19,6 0/0 du territoire sont situés entre 0 et 150 mètres d'altitude.

7,2 0/0 du territoire sont situés entre 150 et 300 mètres d'altitude.

14,2 0/0 du territoire sont situés entre 300 et 600 mètres d'altitude.

15 0/0 du territoire sont situés entre 600 et 1,200 mètres d'altitude.

20,2 0/0 du territoire sont situés entre 1,200 et 1,800 mètres d'altitude.

15,4 0/0 du territoire sont situés entre 1,800 et 2,400 mètres d'altitude.

4,4 0/0 du territoire sont situés entre 2,400 et 3,000 mètres d'altitude.

1,3 0/0 du territoire sont situés au-dessus de 3,000 mètres d'altitude.

Les parties les plus basses de ce pays appartiennent au gouvernement de Bakou, dont 60 0/0 du territoire est à 150 mètres au-dessus du niveau de la mer ; la partie la plus élevée appartient au gouvernement d'Erivane, dont 50 0/0 du territoire est à 1,800 mètres au-dessus du niveau de l'Océan. Les grandes altitudes dépassant 3,000 mètres, se trouvent principalement au gouvernement de Koutaïs où elles forment 3,6 0/0 du territoire.

C'est surtout dans les limites du Petit-Caucase que l'activité volcanique se manifeste ; les revers de ces montagnes, formés principalement de roches éruptives supportant des laves et des tufs volcaniques, couverts d'opsidienne, de scories, etc., ont servi de passage aux matières éruptives. Cette activité volcanique qui eut pour effet, jadis, la formation d'énormes torrents de lave et de puissants dépôts de trachyte et d'autres roches volcaniques dont la puissance atteint jusqu'à 50 mètres, à l'heure qu'il est, est presque éteinte, puisqu'elle n'a laissé qu'une série de volcans inactifs disséminés sur les revers du Petit Caucase. Dans la chaîne principale, l'activité volcanique a été particulièrement violente au centre de la chaîne où l'Elbrouz et le Kasbek ont couvert d'énormes espaces des produits de leurs éruptions. Il existe habituellement des volcans de boue aux deux extrémités de la chaîne sur les presqu'îles de Tamann et d'Apchéron ; et jusqu'à ce jour, des tremblements de terre ébranlent beaucoup de régions de la Transcaucasie.

Au point de vue hydrographique, presque tout le Caucase appartient aux bassins de la mer Noire, de la mer d'Azov et de la mer Caspienne. La mer Noire qui baigne le bord occidental du Caucase sur un parcours dépassant 700 kilomètres de long, est remarquable par sa grande profondeur même près des bords et l'absence complète de bas fonds et d'îles ; cette mer, toutefois, offre très peu de bons abris à la navigation. Les meilleurs de ces abris sont le splendide golfe de Novorossisk qui est exposé au vent violent du nord-est, Corée), le golfe de Soukhoum et le port de Poti qui sont ouverts l'un et l'autre à l'énorme agitation des eaux déterminée par les vents d'ouest, et enfin la baie, étroite et mal défendue des vagues, de Batoum. Les autres mouillages sont encore moins commodes et sont ouverts aux divers vents. On peut en dire autant de la mer Caspienne ; cependant, dans cette mer, dont les bords sont émaillés de pierres, de bas fonds et d'îles, la navigation est encore plus difficile. Les principaux ports de la mer Caspienne, Pétrovsk et Bakou, villes qui ont une importance commerciale de premier ordre.

La répartition des rivières sur la surface du pays caucasique, est en général assez égale. Les rivières qui prennent leurs sources sur la Chaîne principale, le plus souvent, sont alimentées par des glaciers. Dans leurs cours supérieurs ces rivières coulent avec fracas et impétuosité, couvertes d'écume, au fond de profondes et étroites vallées, roulent des pierres, forment des cataractes et ne prennent une allure plus tranquille qu'après leur sortie des montagnes. Les rivières prenant leurs sources sur les revers du Petit Caucase, dans leur cours supérieur et leur cours moyen se distinguent beaucoup des rivières dont nous venons de parler. Alimentées par leurs sources (la Koura et l'Arax) et sortant de marais ou lacs, ces cours d'eau coulent lentement dans des lits sinueux. En approchant du plateau et des montagnes qui les environnent, le courant de ces rivières devient plus rapide ; leurs bords sont élevés et rocheux et se frayant un passage à travers la contrée montagneuse s'étendant au pied des montagnes, elles se précipitent sur la plaine. Le cours inférieur de la plupart des cours d'eau du Caucase a le même caractère ; les eaux coulent lentement sur un lit presque horizontal, au milieu des bords bas, souvent changeant et maintenus sur certains points par des digues (le Térek), se divisent en bras, et à leurs embouchures forment un delta couvert de lacs, de marais et de roseaux. La quantité d'eau charriée par les rivières du Caucase varie beaucoup suivant les neiges, les saisons pluviales et d'autres circonstances. Les inondations sont particulièrement dévastatrices dans les vallées supérieures, où, souvent, les pleines eaux causent d'effroyables désastres (le Terek) et inondent d'immenses espaces (la Koura et l'Arax). Des averses subites venant à tomber sur des contrées dont la végétation est maigre et le sol facile à dénuder, augmentent extraordinairement la quantité d'eau de ruisseaux qui, l'été, sont presque à sec ; ces ruisseaux se remplissent rapidement, entraînent des pierres, des morceaux de rochers, de la glaise et du sable et forment d'immenses torrents de boue engloutissant souvent des maisons et des villages entiers. Les cours d'eau sont très peu de temps pris par la glace. Il y a des années où la plupart des rivières du Caucase ne gèlent pas.

La plus grande partie de la moitié occidentale de la Ciscaucasie est occupée par le bassin du Koubane. Prenant sa source dans les glaciers de l'Elbrouz, le Koubane se dirige d'abord vers le nord, puis vers l'ouest et se jette dans la mer, à la presqu'île de Tamane, par deux bras dont le principal prend la direction de la mer Noire et le moins important celle de la mer d'Azov. Ce fleuve a 800 kilomètres de parcours ; et son bassin s'étend sur 60,000 kilomètres carrés ; il est navigable, non sans grandes difficultés, jusqu'à Ekaterinodar et même un peu plus haut sur 380 kilomètres à partir de son embouchure. Ses nombreux tributaires ne lui arrivent que par sa rive gauche, celle qui est la plus rapprochée de la chaîne du Caucase.

Le Térek est le second fleuve important du Caucase septentrional. Ce fleuve arrose la partie orientale de la Ciscaucasie et prend également sa source dans les glaciers de la Chaîne principale, près du Kasbeck, après s'être frayé un passage vers la plaine, à travers la superbe gorge de Darial ; à Vladicaucase, le Térek tourne vers l'est et va se jeter par deux bras dans la mer Caspienne. A son embouchure, le Térek forme un énorme delta couvert de marais. Avant de prendre la direction de l'est, ce fleuve reçoit des affluents sur chacune de ses rives ; mais après avoir tourné vers l'est, il ne reçoit plus d'affluents que sur sa rive droite, la plus voisine des montagnes. Le Térek a 581 kilomètres de long et son bassin embrasse 44,000 kilomètres carrés ; dans son cours inférieur, cette rivière est flottable. La partie sud-est de la Circaucasie et la zone s'étendant entre les montagnes et la mer Caspienne sont arrosées par une grande quantité de petits cours d'eau et deux fleuves, le Soulak et le Samour qui ne laissent pas d'avoir une certaine importance. Ces deux fleuves arrosent la province du Daghestane ; et le premier d'entre eux avec ses quatre tributaires qui coulent à travers des gorges sombres et rocheuses, pénètre dans les profondeurs du Daghestane, une des contrées montagneuses les plus remarquables du Caucase.

La plus grande partie de la Transcaucasie fait partie des bassins du Rion et de la Koura avec l'Arax ; et le bassin de ce dernier fleuve embrasse plus de 75 0/0 de cette partie de la Transcaucasie. Prenant ses sources sur les hauts plateaux qui s'étendent au sud-ouest de Karse et passant lentement à côté d'Ardagane, la Koura se dirige

vers le nord-est et descend des plateaux par la gorge pittoresque de
Borjom. Après avoir pris la direction du sud-est près de Gori et passé
près de Tiflis, le cours de ce fleuve devient plus lent, il pénètre dans
les steppes de la Transcaucasie orientale et après avoir reçu l'Arax
par sa rive droite, il se jette, en deux bras, dans la mer Caspienne.
L'Arax, qui fait un énorme arc de cercle embrassant le sud de la
Transcaucasie et, sur une grande partie de son cours, forme la frontière séparant la Russie de la Perse, prend sa source sur le territoire
turc sur un revers élevé voisin des sources de l'Euphrate. La Koura
a 1,330 kilomètres de long et son bassin embrasse 188,000 kilomètres
carrés. Quant à l'Arax, il a 1,020 kilomètres de long et son bassin, 97,000 kilomètres carrés de superficie. Parmi les affluents de
gauche de la Koura, il convient de remarquer l'Alazane, rivière qui
arrose une des contrées les plus riches de la Transcaucasie, la
Kakhétie célèbre par ses vignes et ses vins. La Koura est navigable
depuis son confluent avec l'Alazane sur un parcours de 600 kilomètres. Dans son cours inférieur la navigation est très active ; cette
partie du fleuve voit passer annuellement jusqu'à 3,000 navires ou
bateaux de diverses catégories. La Transcaucasie occidentale est
arrosée par un grand nombre de petits cours d'eau et de petites
rivières descendant des revers méridionaux du Caucase et se jetant
à la mer ; cette contrée contient encore le système assez important
du Rion, le Phase des anciens, qui occupe la plaine de la Colchide
et le cours inférieur de la Tchorokh, fleuve qui coule à travers la
pittoresque contrée montagneuse formée par l'extrémité occidentale
de la chaîne Pontique et se jette dans la mer Noire, près de
Batoum.

En général, le pays caucasien n'est pas riche en lacs. Ainsi que
nous l'avons dit, la plupart des bassins lacustres se trouvent sur le
plateau du Petit Caucase (Goktcha et d'autres). En ce qui concerne
la Chaîne principale, elle ne contient presque aucun lac ; les paysages
splendides du centre de ces montagnes manquent de l'animation que
donnent les pics verdoyants, couverts de neige se reflétant dans le
miroir des eaux.

Toute la moitié orientale du pays caucasien et particulièrement
celle de la Transcaucasie, les dépôts météoriques étant insuffisants,
a besoin d'*irrigation artificielle*. Dans beaucoup de régions, la population sédentaire ne peut subsister et les différentes branches d'agriculture ne peuvent prospérer qu'à la condition que le sol soit irrigué.
Les principaux fleuves de la région, la Koura, l'Arax, le Térek et le
Soulak et surtout leurs tributaires ainsi que les ruisseaux et les
petites rivières qui descendent des montagnes dont les eaux sont
souvent absorbées jusqu'à la dernière goutte pour l'irrigation des
champs et des jardins, alimentent les canaux d'irrigation qui

sillonnent la contrée. Pendant le période d'irrigation de mars à octobre dans les bassins de la Koura et de l'Arax, les eaux d'irrigation absorbent plus de 200 mètres cubes d'eau par seconde, dont 88 0/0 sont fournies par les rivières, les fleuves et les ruisseaux, 10,5 0/0 par les sources et les marais et 1,5 0/0 par les eaux du sous-sol amenées à la surface au moyen de canaux souterrains. Dans la partie orientale du pays caucasique, la surface de terres irriguées est environ de 2 millions d'hectares, dont un peu plus d'un million appartiennent à la Transcaucasie ; le reste des terres irriguées l'est à l'aide des eaux du Soulak, du Térek, de la Samour et autres cours d'eau, et appartiennent aux régions s'étendant au nord de la Chaîne principale. Quelque considérable que soit cette superficie de terre irriguée, elle ne représente que la moitié de la surface qui pourrait être irriguée si l'on construisait de nouveaux canaux. On pourrait surtout arroser beaucoup de régions de la partie sud-est de la Transcaucasie, les steppes de Mougane et de Mille où des vestiges de canaux d'irrigation anciens prouvent que jadis il existait un vaste réseau de canaux d'adduction. Il a été fait peu de tentatives couronnées de quelque succès dans le but de créer de grands canaux d'adduction bien établis, capables d'amener des eaux sur de vastes régions. Une des tentatives les plus importantes qui aient été faites dans ce domaine, c'est la construction, dans la steppe de Karaïa, près de Tiflis, du canal de Marie qui fournit des eaux d'irrigation à 14,000 hectares de terre. L'immense majorité des canaux actuellement existant a été construite aux frais et par les soins des habitants qui, à cet égard, comme dans tout l'Orient, ont obtenu des résultats relativement assez favorables. L'irrigation de certaines régions montagneuses mérite véritablement l'admiration : l'eau est amenée à des dix verstes de distance par des canaux taillés dans la roche vive sur le revers des montagnes. Dans le bassin de la Koura, la période d'irrigation commence en mars ; c'est à ce moment de l'année qu'on commence à arroser les jardins, les potagers, les luzernes et les céréales. En avril, on arrose toutes les cultures, à la fin de mai la récolte a lieu ; on continue à arroser les jardins, les potagers baktchi (melons et pastèques), les luzernes, les kounjouts, les cotons, les ricins, etc., et cet arrosage n'absorbe plus que la moitié moins d'eau employée précédemment. Au commencement de septembre, les arrosages sont suspendus jusqu'au mois d'octobre, époque à laquelle on arrose les champs ensemencés d'orge et de blés d'hiver. D'habitude le blé est arrosé trois fois pendant la période de croissance, les jardins, six fois ; les vignes de deux à trois fois, et les plantations de coton quelquefois jusqu'à cinq fois.

La situation relativement méridionale du pays caucasien, la division de ce pays en régions quelquefois presque fermées par des chaînes s'élevant jusqu'à 7,500 mètres d'altitude, la direction de la ligne des sommets de la chaîne principale défendant, comme un mur gigantesque, la Transcaucasie des vents du nord, le voisinage de mers qui ne gèlent pas et de steppes surchauffées pendant l'été, tout cela explique l'extraordinaire diversité des conditions climaturales de ce pays. A part cette diversité, le trait caractéristique du climat du pays caucasien c'est l'accroissement des variations de la température et la diminution des dépôts météoriques au fur à mesure qu'on s'avance de l'ouest vers l'est. Plus on s'éloigne de la mer Noire, plus les chaleurs de l'été et les froids de l'hiver sont intensifs ; la quantité de pluies, particulièrement en été, diminue ; la ligne des neiges s'élève ; et le climat devient généralement plus sec et plus continental. Cette dernière particularité est plus accentuée dans la Transcaucasie dont la partie occidentale, sous l'influence de la mer Noire et des montagnes qui la bordent, présente des différences essentielles à cet égard avec le centre et les steppes orientaux du pays. La régularité de ces changements de climat est un peu atteinte sur les bords de la mer Caspienne qui sont généralement plus chauds et surtout dans l'extrême sud-est de la Transcaucasie où (à Lenkorane) sur les versants orientaux des monts Talychinski, tournés du côté de la mer, il tombe beaucoup de pluie (1188 millimètres), mais où la différence entre la température du mois le plus chaud et celle du mois le plus froid n'en est pas moins de quelques degrés plus élevée que, par exemple, à Batoum. Cette différence est encore plus sensible si on tient compte de cette circonstance que Lenkorane est environ de 3° plus au sud que Batoum. Nous allons produire les principales données concernant le climat de quelques-unes des contrées typiques du pays caucasien. Parmi ces contrées Ekatérinokar peut servir à caractériser les steppes de l'Anti-Caucase ; Vladicause, la zone du pied des montagnes de la Ciscaucasie ; Batoum, la Transcaucasie occidentale ; Tiflis, la Transcaucasie centrale ; et Bakou, la Transcaucasie orientale. Les conditions climaturales d'Erivane et de Kars caractérisent le climat des revers montagneux sur lesquels ces deux villes sont situées.

	Altitude au-dessus du niveau de la mer en mètres	Température moyenne			Différence entre la température moyenne du mois le plus chaud et celle du mois le plus froid	Quantité de dépôts météoriques en millimètres
		de janvier	de juillet	de l'année		
Ekatérinodar	90	2,1	25,2	12,1	27,3	500
Vladicaucase	684	5,2	20,7	10,1	25,9	826
Batoum	3	5,9	24,0	15	18,1	2.400
Tiflis	409	0,2	24,5	12,7	24,3	489
Bakou	8	3,4	26	14,5	22,6	247
Erivane	994	7,7	24,7	11,3	32,4	344
Kars	1.742	16,2	17,3	3,8	33,5	436

Le pays caucasien est compris entre les isothermes annuels + 10° et + 16°. Le premier de ces isothermes passe sur sa frontière du nord et le second touche à sa frontière du sud. Le climat des steppes de la Ciscaucasie ressemble à celui des steppes de la Russie méridionale à cela près qu'il est, en général, un peu plus chaud et, en particulier, dans l'ouest, dans le bassin de Koubane, plus humide que dans l'est, sur le Térek et le Soulak. Le pays plat qui s'étend au nord de la chaîne du Caucase, surtout à l'ouest et au centre du pays, a un climat plus frais et est abondamment arrosé par les pluies de mai et de juin, ce qui est extrêmement avantageux à l'agriculture. La Transcaucasie, abritée au nord par les montagnes, jouit d'un climat beaucoup plus chaud que le nord du Caucase. Les contrées du littoral occidental sont remarquables par la douceur de leur climat. La moyenne de la température de la ville de Batoum est à peu près la même que celle de Nice et de Lisbonne et dans les hivers les plus froids, la température ne descend jamais au-dessous de 6 à 7° et cela pour peu de temps seulement. Il est des années où il ne gèle pas du tout. Dans les contrées plates de la Transcaucasie orientale, le climat est également assez modéré, bien que les variations de la température soient plus sensibles que dans la Transcaucasie orientale.

Dans toutes les parties du Caucase, l'été est chaud, mais la température est plus élevée dans les pays plats de la partie orientale de la Transcaucasie; lorsque le ciel est sans nuage, il n'est pas rare que le thermomètre marque 40° à l'ombre. Même à Erivane, ville située à l'altitude de près de 1,000 mètres, la température de l'été monte jusqu'à 36°, et à Karse, ville dont l'altitude est presque du double, jusqu'à 31° à l'ombre. Malgré l'élévation relative de la température de l'été, le climat des revers des montagnes de la Trancaucasie est, en général, beaucoup plus rude qu'aux bas pays plats. Dans la région la plus élevée du Petit Caucase, entre Erivane, Karse et Ardagane, l'hiver n'est pas moins rigoureux que dans les gouvernements de la Russie d'Europe centrale et même septentrionale. Sur certains points, les neiges tombent en abondance, il sévit des chasse-neige et la gelée atteint plus de 30° (Ardagane, 35,4°), (Karse, 33,8°). La température annuelle moyenne de ces régions est un peu inférieure à celle de Saint-Pétersbourg, ville située à près de 20° degrés plus au nord.

Dans les limites du pays caucasien, la répartition des dépôts météoriques est encore plus inégale et diverse que la répartition de la température, et, à cet égard, on observe une certaine régularité, savoir : les dépôts augmentent en se rapprochant des montagnes et diminuent en allant de l'ouest à l'est. Dans les steppes du nord du pays, il ne tombe pas plus de 300 millim. de dépôts

par an ; sur le cours moyen du Koubane et du Térek, la quantité
augmente jusqu'à 400 et 500 millim. et au pied des montagnes
jusqu'à 950 millim., tandis qu'au fur et à mesure qu'on s'éloigne
de la mer Noire, les dépôts deviennent de moins en moins considérables.

La Transcaucasie occidentale, nous l'avons déjà dit, se fait
remarquer par l'abondance des pluies qui tombent principalement
en automne et en hiver en quantité variant entre 1 mètre et
2 mètres 1/2. Dans cette partie de la Transcaucasie, la ville de
Batoum n'est pas seulement la ville la plus pluvieuse de la Russie,
elle ne le cède pas à cet égard aux localités situées du côté méridional des Alpes et au pied de ces montagnes. A Batoum, il tombe
parfois, dans une seule journée, plus de pluie qu'il n'en tombe
dans toute l'année à Bakou, et, en trois jours (en 1885), environ
80 0/0 des pluies qui tombent sur Paris pendant toute une
année. Dans la partie centrale de la Transcaucasie et au delà, vers
l'Est, la quantité de dépôts diminue beaucoup ; à Tiflis, la colonne
est de 490 millim. ; à Elisavetopol, de 260 millim. ; à Bakou, 260 millim.
et à Aralykh, au pied de l'Ararat, pays le plus pauvre en dépôts,
il ne tombe que 158 millim. de dépôts, soit 16 fois moins qu'à
Batoum. Les versants des montagnes sont un peu mieux arrosés : il y
tombe de 350 à 660 millim. de dépôts. Au pied oriental des monts
Talichinsk, à Lenkorane, la quantité de dépôts (1,188 millim.) augmente de nouveau et cette région, par sa nature, rappelle la Transcaucasie occidentale.

La haute température de l'été observée dans la plupart des
régions du pays caucasien avec la luxuriance de la végétation de
beaucoup de régions, l'abondance des dépôts et le nombre des
marais (rizières et roseaux) et d'autres circonstances de même nature
créent un milieu favorable à la fièvre, dite malaria, qui sévit
presque partout dans les parties basses du pays et qui se manifeste
même à des altitudes de 1,000 mètres au-dessus du niveau de la
mer. La malaria est plus particulièrement fréquente et intense sur
le littoral de la mer Noire et aux environs des rizières de la Transcaucasie orientale où cette maladie prend des formes très graves.
Parmi les autres maladies, on peut noter la lèpre qui sévit sur
certains points, le goitre et le crétinisme dans les régions élevées
et le godovick (la pustule d'Alep) qui est endémique dans la ville
d'Elisavetopol.

La végétation du pays transcaucasien est aussi variée que le
relief du sol et les conditions climaturales ont de diversités. La
transition des plaines chaudes et humides aux revers montagneux
froids recevant peu de pluie, et des steppes sèches et des terres
salines où manque l'humidité, aux sommets s'élevant bien loin, au

delà de la ligne des neiges, a pour effet non seulement de créer des formes végétales diverses, mais aussi de grouper ces formes d'une manière différente suivant la diversité des régions du pays caucasien. Les régions plates de la Ciscaucasie, qui, au point de vue de la végétation, ne sont que le prolongement des steppes de la Russie méridionale, sont des contrées vallonnées ou unies sillonnées de temps à autre de ravins, de ruisseaux ou de vallées ; ces plaines sont couvertes des herbes de la steppe au milieu desquelles dominent la stipe et autres variétés des graminées de la steppe (Festuca et d'autres), l'absinthe, certaines labiées (kali) et légumineuses et d'autres.

Une flore ligneuse maigre s'abrite le long des rivières et dans les profonds vallons plus humides et défendus contre les vents ; ce sont quelques variétés d'arbres de petite taille et de buissons. Dans les vallées inférieures des rivières, il pousse en abondance des roseaux.

Le printemps venu, après la fonte des neiges et le commencement des beaux jours, la steppe se couvre d'une herbe délicate au milieu de laquelle s'épanouissent beaucoup de fleurs. La tulipe, la pivoine, le safran, l'iris et d'autres plantes bulbeuses couvrent la steppe d'un éclatant tapis de fleurs ; mais dès la moitié du mois de mai, les fleurs et l'herbe délicate sèchent, elles sont remplacées par les hautes et grossières herbes de la steppe ; peu à peu la steppe prend une nuance éteinte, une couleur grise, égayée de temps à autre par des bandes argentées, par les panaches de l'absinthe. Au retour de l'automne et des pluies, la steppe, pour quelque temps, reverdit à nouveau.

Tel est, à peu de chose près, le caractère de la végétation des steppes de la Transcaucasie orientale avec cette différence seulement que dans la flore de ces steppes, il entre des formes nouvelles, des câpriers, des astragales (Peganum Harmala), la réglisse, le tamaris (Gypsophila, Alhagi camelorum, Nitraria Schoberi et d'autres), au milieu desquelles on rencontre différentes variétés d'absinthes et des représentants de la famille des chenopodircées et des salsolacées qui occupent une place importante. Au printemps, les chaleurs arrivant tôt et l'hiver étant très doux, la floraison du printemps est plus courte et celle de l'automne beaucoup plus longue que dans la Ciscaucasie. Dès qu'arrivent les pluies d'automne, les steppes de la Transcaucasie se couvrent de nouveau d'herbes relativement délicates qui, dans les régions où le climat est le plus doux, restent vertes pendant presque tout l'hiver et servent à nourrir les nombreux troupeaux des pasteurs à demi nomades.

Les revers septentrionaux de la Chaîne Principale du Caucase sont couverts d'une végétation forestière qui est particulièrement luxuriante dans le bassin du Koubane. Là, dans des régions peu accessibles, ce sont encore conservées de magnifiques plantations de hêtre, de chêne, de charme, d'érable, de tilleul, d'orme, de pommier, de poirier, de pin, de sapin oriental, de pictiné du Caucase (Abies Nordmania) et d'autres. Les régions intérieures du Daghestane, les dépôts météoriques étant rares, sont pauvres en bois. Les forêts, sur les sommets, atteignent jusqu'à 2,250 et 3,000 mètres ; au delà de la limite des forêts, les montagnes sont couvertes de rododendrons du Caucase, d'azalées (Azalea pontica) et d'autres menus buissons au-dessus desquels jusqu'aux champs de néige s'étendent des prés qui sont souvent couverts d'une herbe luxuriante et riche. Le versant méridional des monts Caucases est également couvert, le plus souvent, de forêts et présente la plus grande variété de flore ; il y pousse beaucoup de formes propres à la Transcaucasie occidentale.

Cette partie du Caucase, qui rappelle le Japon par la douceur de son climat et l'abondance des dépôts, est en réalité, quelques espaces cultivés exceptés, couverte de forêts vierges enchevêtrées de vigne sauvage et d'autres lianes poussant parfois sur un sol marécageux ; aussi ces forêts sont-elles impénétrables. Les forêts dont nous parlons, qui, par leur caractère, rappellent l'époque tertiaire, renferment une grande quantité d'essences latifolliées en partie toujours vertes, se développant splendides particulièrement au pied des montagnes et sur les revers. Le hêtre, la châtaigne comestible, le charme, plusieurs variétés de chênes, des érables l'aune, le zelcowa crenata, le pterocarya caucasica, le phyllirea vilmoriniana, le buxus sempervirens, le laurier cerise (Prunus lauro-cerasus), trois variétés de rododendrons, l'azalée, le ficus carica, le diospyros lotus, l'ilex, le vaccinium arctostaphylas, l'arbutus andrachne, le dapne pontica, le sapin, le pictiné, le pin (Pinus pinea) et des dizaines d'autres formes enlacées de vigne grosse comme le bras, de lierre de différentes variétés, de clématite, de periploca graeca, de smilax et d'autres forment d'impénétrables fourrés au milieu desquels règnent des ténèbres éternelles et l'humidité. Une des particularités caractéristiques de la flore du paysage de la Colchide, ce sont les fougères, l'hydne épineuse (Rubus fruti-cosus) et le sureau Sambucus Ebulus). La lutte contre ces plantes, qu'il est très difficile de détruire, est une tâche incessante pour le cultivateur de cette partie du pays caucasien.

De l'autre côté de la chaîne et des montagnes qui barrent le passage aux vents humides du Nord soufflant de la mer Noire, la flore n'a plus ce luxuriant développement. Beaucoup de formes, particulièrement les essences toujours vertes, disparaissent et sont remplacées par d'autres. Le sapin blanc et le sapin ne poussent pas à l'Est de Tiflis, le pin, au delà d'Elisavetopol, et le hêtre est remplacé par diverses variétés de chênes. Là on ne rencontre de forêts que sur les pentes des montagnes bordant le versant, car les versants et les plaines du bas pays sont habituellement déboisés. Parmi les plantes caractéristiques de cette région, on peut nommer le chêne, le noyer, l'érable à petites feuilles, le charme oriental (Carpinus orientalis), le génévrier arborescent (Juniperus excelsa, fœtidissima), le tamaris, le pistachier (Pistacia mutica), l'eleagnus, le peuplier (Celtis, Paliurus aculeatus, Zizyphus); un grand nombre d'astragales, l'acantholimon et d'autres. Le sapin, dans la partie Sud-Ouest de la province de Kars, sur la frontière turque, forme d'immenses forêts et s'élève jusqu'à 2,800 mètres au-dessus du niveau de la mer.

Un type particulier de végétation rappelant un peu la flore de la Colchide mêlée de formes persanes et manquant presque entièrement d'arbres toujours verts, c'est celui du revers oriental des monts Talychinski. Là pousse le chêne à feuilles de châtaigniers, le platane, le panotia persica, l'acacia julibrissin. Le gleditschia caspica, l'alnus cordifolia et on y voit apparaître de nouveau le zelcowa crenata, le pterocarya caucasica, la fougère, l'hydne épineux et d'autres.

La végétation des versants est complètement composée de plantes herbacées, mêlées d'une grande quantité d'astragales épineux, de labiées odoriférantes, de mille fleurs de xantium spinosum, de peganum harmala et d'autres herbes de la steppe.

Au point de vue de la faune, le Caucase présente beaucoup d'intérêt. Deux faunes se heurtent dans ce pays : la faune caucasienne, proche parente de la faune méditéranéenne et de celle de l'Asie centrale, et une autre faune émigrée qui est formée de représentants des contrées plus septentrionales venues au Caucase dans la période les glaces. Les steppes de la Ciscaucasie sont le prolongement des steppes de la Russie méridionale avec les rongeurs et les autres animaux des steppes caractérisant celles-ci. Dans les roseaux, le long des rivières, les sangliers sont très communs, et dans les bois, il en est de même du faisan (Phasianus colchicus, qui, au surplus, est répandu dans tout le Caucase. Les gorges de la chaîne principale sont habitées par le bison, animal en train de disparaître (Bizon europaeus); les vallées supérieures du Koubane, par le castor de rivière, le chamois, l'aurochs (Capra caucasica, Capella rupicapra, Ovis cycleceros), le renne, une gande quantité d'ours bruns, le tétras du Caucase (Tetras mlokosiéwiczii), la dinde des montagnes (Megaloperdix caucasica), le gypaëte (Gypaetus barbatus), l'aigle, le griffon et d'autres. La faune des steppes de la Transcaucasie ressemble en général à celles de la Ciscaucasie avec

cette seule différence qu'on y rencontre certaines variétés qui caractérisent les déserts de l'Asie centrale. De petits rongeurs s'y multiplient souvent en énormes quantités et dévastent les cultures
sauvages et les autres (la steppe de Mougane). Parmi les animaux
caractérisant la Transcaucasie, on peut nommer le sanglier et
l'ours brun, animaux qui, dans certaines régions, dévastent des
récoltes; le chacal, la hyène, le porc épic, le lynx, la panthère, le
tigre (district de Leukorane, gouvernement de Bakou), l'antilope
subgutturosa et d'autres. Parmi les oiseaux les plus remarquables
sont le sansonnet rose, qui détruit les sauterelles; le rossignol de
Perse (Luscinia Hafizi), le merle bleu azur, le touratch (Attagen
francolinus), la perdrix des montagnes, le faisan et d'autres. Parmi
les insectes, on rencontre très souvent, en Transcaucasie, la taren-
tule, le scorpion et la phalangue, et une infinité de cousins et de
moustiques qui, l'été venu, rendent pénible l'existence dans beaucoup
de régions de la Transcaucasie orientale.

Au point de vue ethnographique, le pays caucasien présente
encore plus d'intérêt; il n'est guère de pays au monde qui, à cet
égard, puisse lui être comparé. Nulle part, sur un espace relativement si petit ne se trouvent accumulées autant de races et de peuples
différents : certaines de ces races ne se rencontrent nulle part
ailleurs. Pendant un grand nombre de siècles, l'isthme caucasien
et particulièrement ses montagnes furent le refuge des tribus que
d'autres peuples du Nord et du Midi refoulaient. Repoussés par le
malheur au milieu des montagnes, ces peuples s'y fixaient et se
groupaient au pied de la chaîne : Ils s'assimilèrent les populations
qu'ils y trouvèrent et formèrent ainsi pendant des milliers d'années
la mosaïque que nous voyons aujourd'hui dans le pays. Les habitants
primitifs du Caucase ne nous sont pas connus. Les alluvions les
plus anciennes de peuples ont été presque entièrement recouvertes
par le temps et les événements historiques; il n'a pu être relevé
avec quelque exactitude que les changements relativement récents
dans la population du pays qui continuent à se produire encore sous
nos yeux.

Les changements importants dans la composition ethnographique
dans la population du Caucase n'ont eu lieu que depuis peu, depuis
l'époque où le pays ayant été pacifié et de nouvelles provinces y
ayant été annexées, les Russes sont venus en plus grand nombre,
des Grecs et des Arméniens y ont émigré et la population des montagnes de l'Ouest, dite les Circassiens, est passée en Turquie. Une
étude plus attentive du Caucase a démontré que la population de ce
pays est loin de parler un aussi grand nombre de langues que le
supposaient les anciens auteurs; mais que toutefois le nombre des
nationalités du pays n'est pas moindre de 40 à 50, dont beaucoup ne

se rencontrent qu'au Caucase et pour cette raison sont qualifiées de peuples caucasiens. L'étude de ces nationalités présentant un intérêt de premier ordre au point de vue de la langue, des mœurs, des coutumes, des croyances, de la philosophie, du genre de vie et aux autres points de vue, est probablement encore à faire et les premières recherches qui seront faites dans ce domaine promettent une riche récolte.

Parmi le grand nombre de nationalités habitant le pays caucasien toutes sont loin d'avoir la même importance sur la situation économique du pays. Certaines d'entre elles sont extrêmement peu nombreuses, elles habitent des montagnes et des défilés où il est difficile de pénétrer et souvent n'ont pas de rapport avec leurs voisins qu'ils ne comprennent pas ; elles vivent entièrement isolées et parfois, le pays qu'elles habitent étant pauvre, elles traînent à peine une malheureuse existence.

D'autres, occupant d'importantes régions propres à l'agriculture à l'élevage, au jardinage et aux autres industries, s'occupent avec plus ou moins d'activité de certains travaux et prennent part dans l'échange des produits.

La population du Caucase non compris celle du gouvernement de Stavropol, suivant le recensement général de 1897, s'élève à 8.372,000 âmes (20 habitants par kilom. c.). Les Russes qui constituent les 25 0/0 de la population n'occupent de territoires continus et importants que dans les provinces du Koubane et du Térek, de la Ciscaucasie et en partie dans le gouvernement de la mer Noire. En Transcaucasie, les Russes sont mêlés à la population hétérogène ; c'est à peine si, dans certaines régions (dans les gouvernements d'Erivane, de Koutaïs et d'autres), il sont mêlés d'une manière sensible à la population. Cependant sur certains points de la Transcaucasie, au gouvernement de Tiflis et dans la province de Kars, il existe un assez grand nombre de colonies rurales russes. La colonisation russe qui pénétra déjà en 1567, Ciscaucasie, où sur un des bras du Térek, il fut construit la forteresse russe de Terka, occupa dans la suite toute la Transcaucasie qu'elle occupe encore aujourd'hui où elle établit surtout à l'ouest et au centre une population russe occupant le pays sans solution de continuité entre les colonies qu'elle a fondées. Outre les Kosaks du Koubane et du Térek qui forment une partie importante de la population des provinces du Térek et du Koubaes, ces provinces sont habitées par un grand nombre d'émigrés russes venus de la Russie méridionale. En ce qui concerne les colonies russes situées de l'autre côté de la chaîne, ces colonies qui n'ont été fondées que vers 1835 furent formées pour la plupart par des sectaires (des Doukhobors, Molokanes, etc.). Les Russes habitants le Caucase s'occupent surtout d'agriculture d'élevage et de jardinage ; ils forment également une partie considérable de la population des villes, comme militaires ou fonctionnaires.

Les Arméniens qui habitent principalement les gouvernements d'Erivane, Elisavetopol et de Tiflis mais qu'on rencontre dans toutes les parties du pays caucasien forment environ les 12 1/2 0/0 de la population. Grâce à leur esprit d'entreprise et à leurs aptitudes commerciales, les Arméniens habitant les villes, ont mis la main sur la plus grande partie de l'industrie et du commerce du pays entier et se sont subordonnés ainsi une partie considérable de la population. La population arménienne des campagnes se livre surtout à l'agriculture. Les Arméniens ont à un haut degré le sentiment national ; ils soutiennent leur religion dont le chef, le kapholikos habite à Etchmiadzine près de l'Ararat et de la ville d'Erivane. Les Géorgiens dans la large exception du mot, c'est-à-dire tous les peuples Kartvéliens (les Grousmes, les Iméritiens, les Gours, les Mingréliens, les Lazes, les Svanètes, les Touchines, les Pchavs, les Khevsours, les Adjars, etc.) occupent presque tous le gouvernement de Koutaïs et la plus grande partie du gouvernement de Tiflis et forment environ les 15 1/2 0/0 de la population du pays caucasien. La plus grande partie des peuples géorgiens sont chrétiens orthodoxes ; ces peuples se livrent à l'agriculture, à l'horticulture, à la viticulture, à la sériciculture et en partie, exercent des métiers. Les Géorgiens, à part les Iméritiens, qui habitent la partie occidentale du gouvernement de Koutaïs ne s'occupent presque pas ni de commerce ni d'industrie.

Les Tatares qui habitent surtout les gouvernements d'Elisavetopol, de Bakou, d'Erivane et en partie le gouvernement de Tiflis forment une partie considérable, et, sur certains points, la partie principale de la population de la Transcaucasie. Ce peuple est musulman ; la plupart des Tatares appartiennent à la secte des Chiites de l'Islam et la moindre partie sont Sunites. Les Tatares forment les 15 0/0 de la population du pays et sont sédentaires et agriculteurs ou demi-nomades et pasteurs. Les pasteurs tatares, qui se livrent à l'élevage en grand se déplacent, annuellement avec leurs troupeaux, en été ils passent des plaines dans les montagnes et en automne ils opèrent leur déplacement dans le sens inverse. Les Tatares demi-nomades de la Transcaucasie ont des mœurs grossières ; avec les Kourdes, qui sont dans la proportion de 3 0/0 aux gouvernements d'Erivane et d'Elisavetopol et dans la province de Kars, les Tatares demi-nomades constituent l'élément le plus turbulent du pays ; ils sont enclins au vol, au pillage et au brigandage. Les mœurs des Tatares sédentaires, principalement de ceux qui habitent les villes sont beaucoup plus douces et se ressentent beaucoup de l'influence de la Perse.

Le groupe des nationalités caucasiennes connues sous le nom de peuple montagnard de l'Est, est très original; il est en même temps assez nombreux puisqu'il forme le 10 0/0 de la population du pays caucasien. Ce groupe de peuples habitent la partie méridionale de la province du Térek, au Daghestane, et en partie, les revers méridionaux de la chaîne du Caucase. Il comprend, entre autres, les Kistines, les Ingouches, les montagnards du Daghestane (les Lesghiens) et les Oudines. Les rigoureuses conditions de la nature du pays qu'ils habitent (défilés d'un accès difficile, montagnes rocheuses, forêts vierges, etc.), leur pauvreté et leur isolement ont profondément influé sur leur manière de vivre, leurs mœurs et leurs coutumes; ces circonstances ont fait de ces montagnards des hommes d'une grande frugalité, des guerriers épris de liberté.

L'immense majorité de ces peuples sont musulmans sunites. Ils se livrent à l'agriculture, au jardinage, à l'élevage et ils pratiquent certains métiers, mais, leur pays étant isolé ils sont à l'écart de la vie sociale et économique du pays transcaucasique. Le groupe des peuples des montagnes de l'Ouest ne présentent pas moins d'intérêt (Abkhazes, Kabardines, etc.). Ces peuples formant environ les 2,8 0/0 de la population du pays transcaucasien habitent les provinces du Koubane et du Térek et des gouvernements de la mer Noire et de Koutaïs. Ils sont agriculteurs et pasteurs et professent la religion mahométane. La partie centrale de la chaîne principale du Caucase est occupée par les Ossètes (2,1 0/0), un des peuples du Caucase qui a été le plus étudié. Les Ossètes habitent un pays montagneux, pauvre; ils professent l'Islam et la religion chrétienne orthodoxe et se livrent à l'agriculture et à l'élevage. Parmi les autres peuples du Caucase on peut indiquer les Nogaïs, nomades de la province du Térek; les Koumyks agriculteurs de la province du Térek et du Daghestan; les Tates, les Turcs-Osmans, les Turcomans, les Karapapakhs, les Grecs, les Aïssors, les Juifs, les Tsiganes, des colons allemands, etc., qui pour la plupart se livrent à une branche quelconque de l'agriculture.

Au point de vue des religions, plus de la moitié du pays caucasique, ainsi qu'il ressort de ce que nous avons dit est chrétienne orthodoxe, la moindre moitié est musulmane. Une petite partie des habitants professe le judaïsme; et une partie encore moindre sont païens (les Kourdes-Iézides et d'autres).

Quant au genre de vie, la grande majorité de la population est sédentaire. Les peuples nomades (les Nogaïs) habitent les steppes de la Ciscaucasie; ils ont pour demeures des tentes et ne se livrent guère qu'à l'élevage. Les peuples demi-nomades, qui changent de résidence suivant la saison et l'état des pâturages, habitent l'est et le centre de la Transcaucasie et se livrent principalement à l'élevage des troupeaux ; ce sont une partie des Tatares et les Kourdes ; une partie de ces peuples passent toute l'année sous des gourbis. En ce qui concerne la population sédentaire, l'immense majorité de celle-ci travaille aux différentes branches de l'industrie agricole.

La plus grande partie de la population caucasien habite les parties basses du pays ne s'élevant guère au-dessus de 1,000 mètres d'altitude au-dessus du niveau de la mer. Cependant beaucoup de villages et même de villes (Karse, Ardagane) se rencontrent à des altitudes presque doubles. Le point habité, le plus élevé, le village de Kourouche, du Daghestane se trouve dans le Caucase à l'altitude de 2,550 mètres au-dessus du niveau de la mer ; ce point est par conséquent de plus de 500 mètres plus haut que le lieu habité le plus élevé des Alpes.

2° L'agriculture et les conditions dans lesquelles elle se trouve. L'horticulture. La viticulture et la production des vins. La sériciculture. L'élevage.

Le Caucase est surtout un pays agricole. Jusqu'à présent, dans tout le Caucase l'industrie est peu développée et l'agriculture est la principale ressource des habitants. Dans les vastes plaines comme au pied des montagnes de la Ciscaucasie où le sol est fertile et souvent formé d'humus de même que dans la plupart des régions de la Transcaucasie où les sols sont de composition et d'origine fort diverses, grâce à la douceur du climat et à la quantité suffisante de dépôts météoriques, les conditions sont entièrement favorables à la production d'un grand nombre de produits de l'agriculture. Seules les plaines de la Transcaucasie orientale, où les pluies sont insuffisantes, sont obligées d'avoir recours aux irrigations artificielles. Aussi dans ces contrées, la réglementation et la mise en état du système d'irrigation actuellement existant et la construction de nouveaux canaux d'irrigation ont-elles une importance de premier ordre.

Bien que dans beaucoup de régions, les conditions du climat soient entièrement favorables au développement de cultures très variées, la production des céréales est presque partout la branche principale de l'agriculture du pays caucasien. Les cultures de plantes autres que les céréales, qui ont assez d'importance dans quelques régions de la Transcaucasie, sont presque entièrement inconnues au Cau-

case septentrional où, partout, à de rares exceptions près, la cul
ture des céréales occupe la première place.

Dans un pays comme le Caucase, où les diverses régions sont
dans des conditions si diverses au point de vue du sol, du climat et
des conditions économiques, on doit s'attendre naturellement à
rencontrer une grande diversité de méthodes et de procédés d'exploitation agricole. Effectivement, ces méthodes et ces procédés ne sont
pas seulement dissemblables dans les différentes parties, provinces
et gouvernements du pays, souvent ils varient même dans la même
contrée et le plus ordinairement, suivant l'altitude de la contrée au-
dessus du niveau de la mer ils présentent des différences essentielles.
Les steppes et le pied des montagnes de la Ciscaucasie étant abondants en bonnes terres et la population de ces régions étant relativement clairsemée, jusqu'à présent, dans ces contrées on s'en tient
le plus souvent au système des jachères, sur certains points dans le
pays plat du pied des montagnes riches en bois, on pratique l'ensemencement des clairières. Le système des trois assolements est
beaucoup moins répandu et il est encore plus rare lorsqu'il est cultivé du tabac et des plantes oléagineuses. On voit parfois appliquer
des systèmes plus productifs et plus perfectionnés. Il est très rare
qu'on se serve d'engrais parce que le sol est naturellement fort riche.

Au point de vue des méthodes de culture comme au point de vue
climatural, la Transcaucasie se divise en deux régions : la région
de l'ouest et la région de l'est. L'abondance des bois, l'importance
de l'horticulture, surtout de la viticulture qui est fort répandue, l'absence presque complète de pâturages et de prés, ceux-ci se couvrant
rapidement de végétation, et la grande quantité de terres de labour,
ainsi qu'en général les terres cultivées, constituant le nadiel des
paysans, tels sont les traits caractéristiques de la Transcaucasie
occidentale. Dans le bas pays, submergé par les débordements des
rivières et par conséquent enrichis jusqu'à un certain point par le
limon déposé par les eaux, on ensemence tous les ans le même
champ de la même graine, habituellement de maïs.

Parfois, outre le maïs, on ensemence d'autres céréales, du blé et
d'autres, entre lesquelles il a été établi un alternat plus ou moins
régulier ; mais toutes ces céréales qui n'occupent qu'une partie insignifiante des terres cultivées, ne modifient pas le caractère essentiel de l'agriculture du pays dans laquelle domine la culture du
maïs. Il est très rare que dans ce bas pays on ait recours à l'amendement des terres ; on ne fume que les champs les plus rapprochés,
ceux dont l'accès est le plus facile. La terre, épuisée par une longue
série de culture, est laissée plus ou moins longtemps en jachères.
Tout le reste de la Transcaucasie occidentale présente, à l'égard
des systèmes de culture de très grande diversité. On y rencontre un

grand nombre de systèmes transitionnels entre le système des
champs pris sur la forêt, usité jadis, et encore pratiqué ce jour,
et le système d'un et de trois assolements multiples avec ensemencement d'herbes fourragères (de maïs de Lolium perenne, etc.). Le
moyen le plus employé pour restituer aux champs leur fécondité
c'est de les mettre au repos et encore n'emploie-t-on ce moyen que
lorsqu'on possède assez de fumier d'étables. Dans certaines contrées
de plaines, au climat doux, si les terres viennent à manquer, le plus
souvent on ensemence deux fois au cours du même été. Ainsi, après
la récolte de l'orge ou du blé, vers la mi-juin, on sème du maïs et il
n'est pas rare que cette plante, suivant l'altitude de la contrée n'arrive pas à maturité et ne donne que du fourrage et de la paille.
Parfois, après la récolte de l'orge, ensemencé au printemps, on sème
du maïs après lequel on sème du blé d'automne. L'année suivante,
après la récolte du blé d'automne, on sème encore immédiatement
du maïs, qui d'habitude arrive à maturité.

Au point de vue des systèmes et des conditions de l'agriculture,
la Transcaucasie orientale diffère beaucoup de la Transcaucasie
occidentale. Très peu de bois et de forêts, une grande proportion de
terres de labour par rapport aux terres cultivables, et le peu d'étendue des jardins, d'assez vastes terres de pâturage et, enfin, les terres
d'irrigation qu'on rencontre plus ou moins étendues presque partout,
tels sont les traits les plus caractéristiques de la Trancaucasie orientale. Dans le bas pays, où la culture n'a lieu qu'à l'aide d'irrigation
artificielle, l'agriculture dépend tout entière des moyens d'irrigation
de la contrée. Quand une région possède en abondance des eaux
d'irrigation pendant toute la durée de la période de végétation, on y
cultive d'habitude des jardins, des potagers, des rizières et les
plantes d'industrie de valeur, telles que le coton, le kounjout, le
tabac et d'autres. Si on ne peut disposer d'eaux d'irrigation qu'en
automne et au printemps, l'agriculteur est obligé de se borner à la
culture des autres céréales (sauf le riz), et à condition de ne cultiver
que les terres pour lesquelles il a assez d'eau. Dans certaines régions
où l'eau est en abondance suffisante et où les terres font défaut,
après la récolte de l'orge et du blé, les terres irriguées reçoivent
aussitôt des semences de melons, de pastèques et de légumes. Les
plantes les plus caractéristiques de la région que nous étudions sont
le riz et le blé, après lesquelles viennent s'ajouter les plantes industrielles dont nous avons parlé et enfin, sur quelques points, les
plantes fourragères (la luzerne et la sparte). Si les ressources d'irrigation sont abondantes, le même champ est ensemencé plusieurs
années de suite et quelquefois beaucoup d'années consécutives; dès
lors le sol est amendé soit par l'irrigation, soit au moyen de l'ensemencement de plantes fourragères de plusieurs années (la luzerne)

ou avec du fumier, de la cendre provenant de la combustion des fientes d'animaux.

Dans les mêmes contrées basses et irriguées, où l'eau n'est pas en quantité suffisante au printemps et en automne, ce sont les différentes formes du système des jachères et des grains qui dominent suivant la quantité d'eau dont on dispose. Si au printemps et en automne, les eaux sont suffisamment abondantes, les céréales (le blé) sont ensemencées tous les ans sur le même champ ou plusieurs années consécutives seulement, après quoi on laisse la terre se reposer un an ou deux. Si les eaux ne sont pas abondantes, les champs sont laissés au repos périodiquement plus ou moins longtemps. Ainsi suivant la quantité d'eau dont on dispose, on exploite une partie plus ou moins grande des champs dont une partie reste en jachère ou en friche, non pas afin de recouvrer leurs qualités de fertilité, mais. uniquement parce que les eaux manquent. L'agriculture se trouve à peu près dans les mêmes conditions dans les régions immergées par les débordements du cours inférieur de la Koura. Là, si les terres sont inondées, elles sont ensemencées tous les ans ; dans le cas contraire, elles sont laissées comme terres de pâturages ou comme prairies.

Sur les terres de la Transcaucasie orientale, qui ne sont pas susceptibles d'être irriguées, dans la plupart des contrées, plusieurs systèmes d'exploitation sont en usage et ces systèmes ont plusieurs formes : jachères, pâturages, céréales, herbes fourragères. Le système des jachères, répandu dans beaucoup de régions, s'explique par l'abondance des terres ainsi que par les conditions peu favobles où elles se trouvent ; cependant, il est presque partout remplacé par diverses formes du système des céréales et, par conséquent, cessera bientôt d'être usité. Ce qui distingue les différentes formes du système des jachères, c'est que les terres sont laissées incultes pendant une période de temps déterminée et qu'ensuite elles sont cultivées sans trêve pendant longtemps. Le système d'exploitation dit des champs en forêts, les espaces boisés n'étant pas considérables, n'est usité que sur certains points des régions forestières du gouvernement de Bakou. Le système d'exploitation, dit des pâturages, est appliqué dans la partie montagneuse des contrées où la culture des céréales est encore possible et où, les pluies étant abondantes, les terres laissées au repos se couvrent rapidement de bonne herbe. Le système d'exploitation dit des céréales, qui a remplacé, dans le plus grand nombre de cas, le système des jachères et qui, par conséquent, est très en usage dans la Transcaucasie orientale, a beaucoup de formes diverses ; suivant les conditions, on applique le système d'un, de deux, de trois assolements, des céréales ou des assolements multiples avec engrais de fumier ou apport d'humus prélevé sur les jachères, ou sans engrais ; ce système est parfois amélioré au moyen de l'introduction des plantes fourragères. Dans certains villages russes du district de Tiflis, situés dans des régions élevées où la culture des céréales est hasardeuse, les habitants ne cultivent point de terre et ne font que des foins. D'habitude, la récolte est bonne et la vente des foins étant assurée, ce système d'exploitation est le plus avantageux et le plus rationnel.

Avant de passer à l'étude de la *technique agricole,* il convient de noter que l'emploi d'outils perfectionnés, charrues, faucheuses, moissonneuses, dépiqueuses, etc., qui sont assez répandus en Ciscaucasie surtout dans la province du Koubane, n'est encore que l'exception dans certaines régions de la Transcaucasie ; et encore, là, n'emploie-t-on que des charrues perfectionnées dont se servent principalement les colons russes et allemands et rarement les indigènes. Dans l'énorme majorité des cas, la préparation du sol et surtout la moisson et le dépiquage des céréales sont faits par les indigènes au moyen d'instruments lourds et parfois extrêmement primitifs. En Transcaucasie, pour la préparation du sol, on emploie le plus souvent des socs très diversement confectionnés et la lourde charrue indigène. La charrue géorgienne, qui est la charrue du pays, est un instrument très volumineux, très cher et très lourd, dont le travail n'est pas satisfaisant et qui exige l'emploi d'une énorme quantité de mains-d'œuvre ; pour labourer à l'aide de cette charrue, il faut atteler suivant les sols et d'autres considérations, de trois à douze paires de bœufs ou de buffles. Les colons russes se servent parfois de chevaux. On comprend que peu de laboureurs aient le moyen d'entretenir l'attelage d'une charrue ; l'immense majorité des paysans sont obligés, pour labourer, de se former en artel ou en société ; chaque membre de ces sociétés fournit une partie du matériel nécessaire au labour ; l'un apporte la charrue, l'autre le bétail, un troisième les harnais, celui qui ne possède aucun bétail donne son travail comme conducteur de l'attelage et ainsi de suite. Il arrive qu'aucun des membres de la société ne peut fournir une charrue complète ; alors l'un apporte le soc, l'autre le coutre, un troisième les bois. Ces associations sont constituées pour un certain nombre de jours seulement, durant lesquels, suivant des coutumes adoptées, on laboure successivement les terres de chacun des membres de l'association, après quoi la société est dissoute. Pour achever la préparation du sol et l'enfouissement des graines, on se sert de herses de différentes formes ; parfois cette herse n'est qu'une simple planche placée sur champ et traînée par des animaux.

Dans les contrées montagneuses et dans presque toutes les régions du gouvernement de Koutaïs, on emploie une pioche à mains dont on se sert pour sarcler les champs ensemencés, travailler les potagers et même les champs si ces terres sont situées de façon que des animaux n'y puissent arriver. Les méthodes de préparation du sol sont fort diverses et, en général, malgré la grande quantité de travail qu'on dépense à la préparation des terres, les champs sont mal travaillés et ceci s'explique en grande partie par l'imperfection des outils aratoires dont on se sert. Lorsqu'il s'agit de labourer un sol lourd de terre glaise, ou des terres vierges, on a recours à la charrue indigène, et s'il s'agit d'un champ irrigué ou en général de sol léger, on emploie des sochets de différents agencements.

Dans toute la Transcaucasie, la récolte a lieu à l'aide d'une serpe dont d'habitude la lame est unie; on emploie plus rarement la faux; parfois la plante est arrachée à la main. Pour transporter la récolte, on se sert habituellement d'une arba (voiture à deux roues) et dans les montagnes d'un traîneau. Les sentiers des montagnes étant mal aisés, le plus souvent, les céréales sont transportées à bâts; et dans les régions inaccessibles aux animaux, l'agriculture transporte sa récolte à dos d'hommes, parfois au prix de grands efforts et de travail.

Dans la plus grande partie des régions de la Transcaucasie, le dépiquage a lieu sur une aire installée au milieu du champ ou devant l'habitation, à l'aide d'un instrument primitif particulier, la planche à battre. Cet instrument est une planche longue dont une des extrémités est ployée comme le patin d'un traîneau. La face inférieure de cette planche est plantée de plusieurs rangées de pierres à fusil aiguës. On attèle une paire de bœufs ou de buffles à cette planche et on la fait traîner, l'extrémité relevée en avant, sur les gerbes étendues sur l'aire. Pour en augmenter le poids, le conducteur se tient sur la planche; des femmes et des enfants prennent place à côté de lui, parfois aussi on y fixe de lourdes pierres. Ce mode de dépiquage a pour effet de briser la paille et de l'émietter; on obtient de la sorte la samane, produit qui constitue le principal fourrage des animaux durant l'hiver. Le grain est vanné à la pelle et nettoyé par le passage au crible. Dans certaines régions on dépique en laissant fouler les gerbes par des animaux. Ces derniers temps, les machines à dépiquer actionnées par la vapeur se sont fort répandues. Les grains battus sont conservés ensuite dans des magasins spéciaux.

Les conditions climaturales étant fort diverses et en raison d'autres circonstances, il est cultivé une très grande quantité de plantes (jusqu'à 40) dont certaines sont peu nombreuses tandis que d'autres se rencontrent presque partout et ont une importance générale dans tout le pays.

La culture la plus répandue et la plus importante est celle du blé; le blé est cultivé en grande quantité (blés de diverses saisons) dans tous les gouvernements et provinces du Caucase et a une grande importance pour l'alimentation de la population; cette céréale est aussi l'objet d'un commerce d'exportation. Le blé domine presque partout dans les cultures, sauf dans les bas pays du gouvernement de Koutaïs et certaines régions de la province du Terek, où il est remplacé par le maïs. Dans le bas pays, ce sont les blés d'hiver qui dominent; les blés de printemps dominent dans les montagnes où ils sont cultivés à des altitudes atteignant parfois 2,000 mètres. Au pied des montagnes, on ensemence indifféremment du blé d'hiver et du blé de printemps. Les blés d'hiver sont ensemencés sur des champs d'irrigation ou sur des champs non irrigués; quant au blé de printemps, on le seme de préférence sur les terres non irriguées. On cultive un grand nombre d'espèces de blé et ces espèces sont surtout nombreuses et variées en Trancaucasie. Les espèces les plus précieuses du Caucase sont les blés durs (l'espèce jaune en Transcaucasie et l'espèce dite Koubanka en Ciscaucasie). Le blé donne en général des récoltes satisfaisantes (de 10 à 16 hectolitres par hectare, et parfois de très bonnes récoltes (de 20 à 40 hectolitres); d'habitude, les rendements des blés d'hiver sont supérieurs à ceux des blés de printemps. Les blés réussissent le mieux dans les parties irriguées de la Transcaucasie orientale, où cette céréale donne jusqu'à 40 hectolitres par hectare et, dans certaines régions que les eaux de la Koura submergent, jusqu'à 54 hectolitres par hectare. Le Caucase produit 6 millions d'hectolitres de blé de printemps et jusqu'à 22,6 millions d'hectolitres de blés d'hiver.

Après le blé, par ordre d'importance pour tout le pays, vient l'orge d'hiver et de printemps, que l'on cultive dans des régions plus élevées que le blé. Dans la zone des montagnes, l'orge est cultivée partout et mûrit même à l'altitude de 400 mètres; à cette altitude, c'est la plante dominante et même l'unique plante cultivée. Au gouvernement de Koutaïs, dans les provinces du Térck et du Daghestane, les champs d'orge sont moins communs que dans le reste du pays. L'orge de printemps est cultivée sans irrigations et domine dans la région des montagnes, l'orge d'hiver est cultivée avec ou sans irrigation et domine dans les plaines. La récolte de l'orge varie entre 9 hectolitres (dans les régions les plus hautes) et 38 hectolitres (dans les régions basses du district d'Erivane). Le Caucase produit 12 millions d'hectolitres d'orge. Cette céréale, dans le plus grand nombre des régions du Caucase, est la principale nourriture des chevaux.

La région où il est le plus cultivé de maïs, c'est le gouvernement de Koutaïs, en Transcaucasie, où, sauf les régions montagneuses, cette plante est partout la plus importante et parfois même la seule des céréales, aussi la prospérité de cette partie du pays dépend-elle en grande partie de la récolte du maïs ; le pain de maïs y est en effet la principale nourriture de la population ; en outre, cette céréale est l'objet d'un commerce important et est exportée à l'étranger. Les tiges et les pailles de maïs et parfois même les grains, sont donnés en nourriture aux bestiaux. Parmi les autres régions du Caucase, la culture du maïs est répandue aux provinces du Térek et du Koubanc, et au gouvernement de Tiflis. Dans les autres régions, il est semé peu de maïs et, sur certains points, il n'existe point de champs de maïs. Le maïs est semé depuis les derniers jours de mars au commencement de mai et donne en moyenne 18 hectolitres de grains par hectare, avec des variations oscillant entre 10 hectolitres (province de Térek et montagnes du gouvernement de Koutaïs) et 43 hectolitres (bas pays du gouv. de Koutaïs). Le Caucase récolte 8,500,000 hectare de maïs, dont 6 millions d'hectolitres dans le gouvernement de Koutaïs.

Le riz, qui demande un climat chaud et beaucoup d'eau est la plante caractérisant les régions basses du sud-est de la Transcaucasie qui possèdent de l'eau d'irrigation en abondance. Ce sont les gouvernements de Bakou, d'Érivane et d'Elisavetopol qui produisent le plus de riz. Le riz est semé en avril ou en mai suivant les contrées et donne en moyenne environ de 35 à 40 hectolitres par hectare ; il est des années où le riz rend deux fois plus (gouvernement d'Erivane). On cultive plusieurs espèces de riz. Dans les environs de Batoum, les dépôts météoriques étant abondants, sur certains points, on ensemence du riz dans des terres non irriguées en s'en remettant aux pluies. Le Caucase récolte 2,600,000 hectolitres de riz, dont la moitié environ est produite par le seul gouvernement de Bakou.

On cultive deux variétés de millets : le millet proprement dit et le gomi. Le millet (Panicum miliaceum) est ensemencé en très grande quantité en Ciscaucasie, particulièrement dans la province du Térek et, en Transcaucasie sur certains points seulement et particulièrement au gouvernement d'Elisavetopol. Cette céréale est cultivée dans le bas pays et dans la montagne à l'aide d'irrigation ou sans cet aide. L'hectare de millet donne de 8 à 27 hectolitres. Le gomi (Parncum italicum) est assez souvent cultivé au gouvernement de Koutaïs. La bouillie de millet en gruaux épais est un mets qui entre pour une partie importante dans l'alimentation des indigènes de la Transcaucasie occidentale. Il est récolté annuellement 2,600,000 hectolitres de millet.

La culture du seigle n'est très répandue que dans la Ciscaucasie, principalement dans les contrées habitées par une population russe compacte. On rencontre rarement cette céréale en Transcaucasie où elle n'est cultivé que dans les montagnes où le blé ne réussit pas. Sur les 2 millions d'hectolitres de seigle que produit le Caucase, moins de 60,000 hectolitres seulement sont récoltés en Transcaucasie. L'épeautre (Triticum amyleum), le sarrazin et l'avoine ne sont cultivés que dans un certain nombre de régions du Caucase. On rencontre des champs d'épeautre très étendus dans la Ciscaucasie et au pied des montagnes en Transcaucasie ; mais cette céréale n'a nulle part une importance essentielle ; il n'en est récoltée en tout que 12,000 hectolitres. Le sarrazin est cultivé en assez grande quantité par la population russe de la Ciscaucasie, principalement aux provinces du Koubane et du Térek ; mais il est très rare de rencontrer cette céréale dans les champs de la Transcaucasie où elle n'est cultivée que par les Russes. Le Caucase produit 8,000 hectolitres de blé noir. L'avoine n'est cultivée en grand que dans la Ciscaucasie ; dans les autres régions du Caucase, cette culture a très peu d'importance, parce qu'on n'y donne aux chevaux que de l'orge. Sur 2,500,000 hectolitres d'avoine que produit le Caucase, la Transcaucasie pour sa part n'en donne que 40,000 hectolitres ; tout le reste vient du Koubane ou du Térek.

La culture de la pomme de terre, qui est assez commune au Koubane et en général en Ciscaucasie, est encore peu répandue de l'autre côté de la chaîne. Là, on ne sème guère de pommes de terre que dans les potagers, et encore n'est-ce que dans les villages russes. Toutefois, sur certains points, la culture de la pomme de terre se fait en assez grande quantité en champs. Il est récolté en tout 3,400.000 hectolitres de pommes de terre dont environ 400,000 en Transcaucasie.

Si l'on déduit du rendement de toutes ces récoltes les graines et les céréales consommées par la population, il reste un excédent très important qui d'habitude est exporté à l'étranger.

Parmi les légumineuses, au Caucase on cultive plusieurs variétés de pois (Cicer arietinum, Lathyrus sativus, Phaseolus. Mungo, Trigonella fœnum græcum, Lupinus albus, le lob Dolichos monochalis et d'autres). Mais toutes ces légumineuses, sauf le pois et le lob (Dolichos monochalis) ne se rencontrent que de temps à autre et n'ont pas une grande importance.

Les plantes oléagineuses sont également très variées. On cultive le tournesol en grande quantité dans la Ciscaucasie autant pour en faire de l'huile que comme friandise. Dans le Caucase septentrional, la culture du lin donne environ 1 million d'hectolitres de grain ; il est également cultivé en Transcaucasie, où la culture de cette oléagineuse a lieu en vue de l'huile, dans la zone montagneuse du gouvernement d'Erivane et dans certaines autres contrées. On rencontre des cultures peu importantes de choux raves, d'oronges, de radis noirs, de chanvre. de pavots, de salementia ibérique sur certains points de la Transcaucasie ; et le chanvre est cultivé pour la semence et pour les fibres. Dans les bas pays de la Transcaucasie orientale, le ricin (Ricium communis) et surtout le sésame (Sesamum indicum) ont un peu plus d'importance. Ces temps derniers, dans les régions chaudes de la Transcaucasie, grâce aux mesures prises par le ministère de l'Agriculture, la culture des arachides (Arachis hypogæa) a pris de l'extension; ce produit donne une huile excellente et une friandise savoureuse.

La plante textile la plus importante est le cotonnier dont la culture a lieu en Transcaucasie, principalement aux gouvernements de Bakou, l'Elisavetopol et de Koutaïs. La culture du coton est une des plus anciennes industries de la Transcaucasie; mais jusqu'à ces dernières années on y cultivait partout la variété du pays (Gossypium herbaceum), qui ne se faisait remarquer ni par son rendement, ni par la qualité de ses fibres. Il y a environ vingt ans, en Transcaucasie, on essaya d'acclimater l'Upland (Gossypium hirsutum); ces essais eurent tant de succès qu'à l'heure qu'il est le cotonnier asiatique du pays a perdu plus de la moitié du terrain conquis sur lui par son rival le cotonnier d'Amérique. La Transcaucasie produit environ 11,500,000 kilos de coton pur, dont la moitié vient du gouvernement d'Erivane où la culture de cette plante est très développée et a fait reculer dans certaines contrées même le blé, l'orge, le riz et d'autres céréales. L'hectare de terre donne plus de 240 kilos de coton pur. Ces temps derniers, grâce aux mesures prises par le ministère de l'Agriculture, la culture du coton a pris de l'essor dans les bas pays des gouvernements de Bakou et d'Elisavetopol où les conditions sont plus favorables qu'au gouvernement d'Erivane.

La culture du tabac et notamment des tabacs turcs a une importance essentielle pour certaines régions du Caucase. Les expériences faites par le ministère de l'Agriculture ont prouvé que les Dubek et les autres qualités supérieures de tabac cultivés dans certaines régions de la Transcaucasie ne cèdent en rien aux tabacs turcs d'origine. En Ciscaucasie, les plantations de tabac se trouvent principalement dans la province du Koubane où elles rendent en moyenne jusqu'à 11,500,000 kilos de tabac; en Transcaucasie, le tabac est cultivé principalement aux gouvernements de Koutaïs et de Tiflis qui produisent jusqu'à 3 millions de kilos de tabac.

Dans certaines régions du gouvernement de Bakou on cultive en petites quantités le safran et la garance (Rubia tinctoria). Le safran est cultivé au district de Bakou où dans douze villages plus de 1,500 maisons se livrent à cette culture qui produit jusqu'à 3,230 kilos de safran sec. La livre de safran de première qualité se vend 5 à 6 roubles; le safran de seconde qualité est vendu de 3 roubles à 3 r. 50 la livre. Le safran du Caucase est écoulé partie à Tiflis, mais surtout en Perse. La culture de la garance qui fut jadis très prospère en Transcaucasie orientale, par suite de l'emploi des couleurs d'alizarine est aujourd'hui en décadence; la garance n'est plus cultivée qu'en très petite quantité au gouvernement de Bakou.

Dans beaucoup de régions de la Transcaucasie on cultive des herbes fourragères, le Lolium perenne et la luzerne (Ervum, Ervilia) et d'autres ; celle de ces plantes qui a le plus d'importance dans la partie orientale de la Transcaucasie c'est la luzerne; dans la Transcaucasie occidentale, la plante fourragère la plus importante c'est le ray-grass ou Lolium perenne. On cultive la luzerne sur des champs clos ou dans les jardins situés près des habitations; cette fourragère donne des récoltes cinq ou sept années durant. Dans les bas pays, on obtient jusqu'à quatre regains par été et, dans les montagnes, la période de végétation étant courte, deux regains seulement. L'hectare rend de 4 à 5,000 kilogrammes de foin de luzerne sec et parfois deux fois plus. Dans la plupart des bas pays où le climat est chaud, les bakhchis, c'est-à-dire les champs irrigués de pastèques, de melons, de citrouilles et de concombres, ont une grande importance. Sur ces champs on ne sème pas seulement les espèces que nous venons de nommer, on y sème encore l'oignon, le chou et d'autres légumes qui, le plus souvent toutefois, sont cultivées dans les potagers ; en revanche, on rencontre aussi dans les jardins des potagers des plants de melons, de pastèques et de concombres; mais ces cucurbitacées ne se cultivent en grand que sur les bakhchis pour lesquels on choisit d'habitude les terres les plus fécondes et entrant souvent dans la série des assolements. Les bakhchis ont une importance toute particulière en Transcaucasie orientale où certaines contrées produisent des pastèques et des melons en énorme quantité pour fournir à la consommation très considérable non seulement de la population du pays pour laquelle ces cucurbitacées ont une grande valeur alimentaire, mais aussi un commerce assez actif avec les villes. On cultive plusieurs espèces de melons et de pastèques dont certaines sont fort savoureuses et présentent des particularités de culture très intéressantes. Ainsi certaines espèces de melons sont couvertes de terre pendant une certaine durée de la période de croissance.

Au Caucase, l'horticulture est une des industries les plus importantes, les plus anciennes et les générales de la population. La naissance de l'horticulture au Caucase doit être reportée à l'antiquité la plus reculée ; cela d'autant plus que beaucoup d'espèces très importantes, la vigne et d'autres, croissent dans beaucoup de régions à l'état sauvage et par conséquent la culture de ces espèces ne présente aucune difficulté particulière. Parmi les différentes branches de l'agriculture, la plus répandue et la plus importante est la culture des jardins fruitiers. Quelque importante que soit pour

le pays cette branche d'industrie, on est forcé de reconnaître que
sa situation n'est pas satisfaisante. Les procédés de culture en
usage et le choix des espèces sont loin d'être rationnels et, en tous
cas, la production ne répond pas aux conditions naturelles favorables à la culture des jardins. La manière dont on utilise les fruits,
le plus souvent est très primitive ; il est très rare que les fruits
soient séchés au feu. L'horticulture est une industrie générale à
laquelle on se livre dans toutes les régions du pays pour peu que le
climat le permette ; on rencontre des jardins jusqu'à l'altitude de
1,200 et même 1,500 mètres. En Transcaucasie orientale et même
dans la partie orientale de la Ciscaucasie, on est obligé d'irriguer
artificiellement les jardins, tandis que dans l'Est l'humidité atmosphérique suffit. En Ciscaucasie, le climat ne permet pas de cultiver
une grande variété d'espèces ; à cet égard, les jardins de la Ciscaucasie ne se distinguent pas de ceux des steppes de la Russie méridionale, tandis que, en Transcaucasie, surtout dans l'ouest où le
climat est doux et les gelées rares, les arbres fruitiers sont très
variés. Il y pousse tous les fruits du centre et du midi de l'Europe,
y compris l'olive, l'orange, le citron, certaines plantes à fruits du
Japon (Diospyros kaki, Eriobotrya japonica), l'eucalyptus, l'acacia,
le camélia, le magnolia, le chêne-liège, les plantes à feuilles aciculaires les plus délicates, le youkka et d'autres ; même certaines
variétés de palmiers qui passent l'hiver en pleine terre sont l'ornement des jardins. Un des traits caractéristiques de beaucoup de
régions du Caucase, c'est la grande quantité d'arbres fruitiers sauvages que l'on rencontre dans les forêts ; ces arbres donnent une
très grande quantité de fruits, sans nécessiter aucun soin ou en
exigeant fort peu. On rencontre ainsi des domaines demi-jardins,
demi-forêts en grande quantité au pied des montagnes au nord
du Caucase et dans l'ouest de la Transcaucasie ; et étant donnés
les procédés de culture horticole en usage dans beaucoup de régions, il est souvent difficile de se rendre compte où finit le fourré
de la forêt, enlacée de vignes gigantesques et où commence la partie
du domaine cultivé. Suivant les arbres et les buissons fruitiers
dominants et les régions, on distingue :

a) Les jardins à raisin ou vignes dans lesquels domine le raisin;
b) les jardins fruitiers à raisin où, à côté de la vigne, poussent des
arbres fruitiers ; c) les jardins fruitiers où dominent les arbres fruitiers, les jardins où les plantations de mûriers dans lesquels
le mûrier est cultivé en vue du fruit ou en vue de la sériicul-
ture. Dans les jardins, outre les arbres fruitiers, on voit souvent
des potagers, des champs d'herbes fourragères et dans les régions
dépourvues de bois de la Transcaucasie orientale, des plantations de
peupliers, de saules, d'ormes et d'autres essences cultivées le plus

souvent en vue de bois de construction et d'industrie et, plus rarement, comme ornement. Enfin, dans le Caucase occidental, le sol des jardins est parfois un champ de labour, ensemencé de maïs, de millet et d'autres plantes.

Parmi les branches de l'horticulture fruitière, la plus importante, pour le Caucase, c'est la viticulture et la production des vins. Toutefois, il convient de remarquer qu'au Caucase, la production des vins n'est consécutive de la viticulture que dans les régions où la population est chrétienne. Dans les régions musulmanes, le raisin est consommé frais ou sec ou, enfin, sert à préparer des boissons ne contenant pas d'alcool (au Daghestane et dans d'autres provinces). On cultive la vigne dans toutes les provinces ou gouvernements du Caucase ; mais cette culture n'a pas les mêmes proportions partout, elle dépend des conditions du climat et d'autres causes; en outre, la culture de la vigne dans certaines régions de la Transcaucasie n'est entrée dans les habitudes que dans ces derniers temps. Au Caucase on cultive la vigne jusqu'à des régions d'une grande altitude : à 1,350 mètres (province de Karse), le raisin mûrit encore.

Le centre de culture de la vigne le plus ancien, semble-t-il, la patrie de cette plante, est la Transcaucasie occidentale où la vigne sauvage atteint d'énormes proportions et grimpe autour des arbres des forêts sans cesser de produire des fruits en l'absence de tous soins. Plusieurs procédés de culture de la vigne sont en usage, dont deux sont les plus répandus : le premier consiste à laisser la vigne grimper autour d'un arbre ; le second, à tailler la vigne plus ou moins court et à la faire pousser le long d'un échalas. En Ciscaucasie, partout les vignes sont couvertes pour l'hiver ; en Transcaucasie, on ne couvre les vignes que dans les régions les plus élevées où les gelées pourraient être fatales à la plante. Dans la partie occidentale du Caucase où les dépôts météoriques sont abondants, les vignes se contentent de l'humidité atmosphérique ; dans la partie orientale, au contraire le plus souvent les vignobles sont irrigués.

Parmi la grande quantité d'espèces du pays, on n'en rencontre de très bonnes, tant au point de vue de la production du vin qu'au point de vue du raisin de table. Certaines de ces espèces telles que, par exemple, le *saperavi* qui donne un vin très fort en couleur, certaines de ces espèces se répandent même à l'étranger où elles font reculer l'espèce française similaire, dite *teinturier*. Dans beaucoup de régions de la Transcaucasie occidentale, les espèces du pays sont remplacées par l'*isabelle américaine*, cep donnant un très mauvais vin, mais qui lutte avec plus de succès contre les maladies cryptogamiques que la douceur et l'humidité du climat développent et qui sont le fléau des vignobles du pays. Les ceps de l'Europe occidentale et particulièrement les ceps français, sont répandus principalement dans les grands domaines et réussissent très bien. L'extension prise par le phylloxéra dans la Transcaucasie occidentale a forcé les vignerons à adopter les ceps américains, et le Ministère de l'Agriculture a organisé plusieurs pépinières importantes et créé tout un réseau de vignobles d'essais.

Dans la plus grande partie des régions du Caucase, les vignobles sont l'objet de soins primitifs ; dans beaucoup de pays, on conserve le vin dans des vases enfouis dans le sol. Cependant, il existe dans presque toutes le régions viticoles du pays des domaines privés, bien organisés, où la culture de la vigne est l'objet de soins tout à fait rationnels. Parmi ces derniers, il convient de signaler les vignobles des Apanages, de Kakhétie et des environs de Novorossisk (Tsinondaly, Naparéouli, Moukouzani, Abraou et d'autres). Les vins de beaucoup de régions du Caucase (de la Kakhétie, de la partie septentrionale du gouvernement de la mer Noire et d'autres) sont de très bonne qualité et ont beaucoup contribué à faire reculer dans la consommation les vins étrangers. La récolte de raisins qui dépend de beaucoup de conditions varie beaucoup ; elle donne de 12 à 60 et même plus hectolitres de vin par hectare.

Les vignes les plus fécondes sont celles qui sont irriguées, mais le vin de ces vignes ne se distingue pas toujours par sa qualité. Il y a environ au Caucase de 115 à 125.000 hectares de vigne, dont 85 0/0 en Transcaucasie et 15 0/0 environ en Ciscaucasie. Dans cette dernière partie du Caucase, c'est la province du Térek qui donne le plus de vin, mais en raison de l'infériorité de sa qualité, plus de la moitié de la vendange sert à la production de l'alcool. En Transcaucasie, les régions vinicoles les plus importantes sont situées dans le gouvernement de Tiflis, notamment en Kakhétie, vallée de l'Alazane, célèbre par ses vins, et dans le gouvernement de Koutaïs. La plus grande partie des vins du Caucase, dont la récolte est d'environ 1,200,000 hectolitres, est consommée sur place ; une partie de ces vins est vendue en Russie d'Europe et une autre partie est distillée.

La poire et principalement la pomme sont au nombre des fruits les plus répandus au Caucase et les variétés de ces espèces du pays surtout sont cultivées en très grande quantité. Les espèces délicates de l'étranger ne sont cultivées avec succès que dans les contrées les plus fraîches de la Transcaucasie ; tandis que, dans le Caucase septentrional, les espèces étrangères souffrent souvent et il n'est pas rare que les changements brusques de température, la grêle, les vents et autres phénomènes les fassent périr. Les pommes et les poires ainsi que les autres fruits de la Transcaucasie occidentale sont bien inférieures en qualité aux fruits de la Transcaucasie orientale, ce qui a pour raison, sans doute, la sécheresse et la chaleur qui distinguent le climat de cette dernière contrée.

Une grande variété d'espèces d'abricots et de pêches sont communes presque dans toutes les régions les plus chaudes du Caucase, mais les meilleures qualités poussent dans certaines contrées de la Transcaucasie orientale (district de Nakhitchevane et gouvernement d'Erivane), où les différentes espèces de pêches sont particulièrement d'excellente qualité. Les abricots et les pêches sont consommés frais ou secs. Les abricotiers atteignent de très grandes proportions et cet arbre sert à la fabrication des articles en bois exigeant une grande solidité. Parmi les autres arbres et buissons à fruits, le cerisier, le merisier et différentes espèces de pruniers ainsi que le cognassier (Cydonia) sont communs; le framboisier, le grosseiller et l'épinevinette sont relativement assez rares. Le merisier et différentes variétés de pruniers poussent à l'état sauvage dans la plus grande partie des régions du pays et forment parfois des bois entiers. Le grenadier (Prunica granatum) est cultivé assez en grand au gouvernement d'Elisavetopol et se rencontre à l'état sauvage presque partout.

Le châtaignier (Castanea) forme des forêts en Transcaucasie occidentale, mais n'est presque cultivé nulle part. Le noyer (Juglans regia) pousse à l'état sauvage et à l'état cultivé; cet arbre atteint d'énormes proportions; il est exporté du brou de noix à l'étranger. Les noisettes (Coryllus avellana, colurna) sont communes dans toutes les forêts et sur certains points le noisetier est cultivé. Le cornouillier (Cornus mascula) est un arbre fruitier des plus communs dans la Transcaucasie. L'amandier et le pistachier (Pistacia vera) sont cultivés en petite quantité dans certaines régions de la Transcaucasie orientale; le figuier (Ficus carica) pousse à l'état sauvage et est cultivé presque partout; les fruits de cet arbre sont consommés principalement frais. L'olivier que l'on rencontre sur certains points de la Transcaucasie occidentale redevenu sauvage, n'est cultivé en assez grande quantité que dans deux régions du pays : au monastère de Novy Afone un peu au nord de Soukhoum, sur le bord de la mer Noire et près de la ville d'Artvine, cercle d'Artvine, gouvernement de Koutaïs, le long de la Tchorokh. Pour améliorer et répandre la culture de l'olivier, le Ministère de l'Agriculture, ces temps derniers, a créé une pépinière d'oliviers dans la ville d'Artvine. Le citronnier et l'oranger ne sont cultivés sur certains points que dans les régions les plus chaudes du littoral à partir de Soukhoum jusqu'à Batoum. La culture de la mandarine, qui ne fait que naître, promet de bien réussir dans cette dernière région.

Pour tout le Caucase la culture du mûrier (Morus alba, nigra) a une immense importance. Une grande quantité d'espèces de mûriers est cultivée sur une très vaste échelle et les différents produits de cet arbre procurent de très grands avantages à la population. Les feuilles du mûrier blanc servent à nourrir les vers à soie ; ces feuilles donnent, en outre, une couleur jaune servant à teindre la laine et la soie ; l'écorce du mûrier sert à envelopper les ceps de vigne ; avec les branches, on fabrique de la vannerie et des échalas ; avec la lignine on fabrique toutes sortes d'articles. Quant au fruit, il est consommé frais ou sert à fabriquer un sirop que l'on obtient en faisant bouillir le jus ; ce fruit produit encore du vinaigre et d'autres produits.

La *sériciculture* est une industrie qui se rattache intimement à la culture du mûrier. Cette industrie est une des plus importantes et des plus anciennes de la population du Caucase et elle occupe une place considérable, principalement dans certaines régions de la Transcaucasie. Vers 1860, avant la maladie du ver à soie, la Transcaucasie produisait beaucoup de soie ; après cette époque, cette production diminua sensiblement. Aujourd'hui, le gouvernement ayant pris des mesures, la sériciculture renaît ; à l'heure qu'il est le Caucase produit déjà 6,500,000 kilogrammes de cocons bruts.

Pour étudier les questions scientifiques se rattachant à la sériciculture, préparer des graines cellulaires et contrôler celles qui sont importées de l'étranger, il a été établi, à Tiflis, une station séricole dite du Caucase. Les procédés employés pour féconder la graine, pour étouffer les cocons et dévider la soie sont dans le plus grand nombre des cas primitifs et peu perfectionnés ; cependant, ces derniers temps, la sériciculture du Caucase a fait de rapides progrès. La technique du dévidage, notamment, s'est beaucoup améliorée. Sans compter les métiers indigènes très imparfaits, il existe aujourd'hui environ 20 fabriques à vapeur à dévider la soie, en Transcaucasie. Après avoir fourni aux besoins du pays et à ceux de la petite industrie locale la soie de la Transcaucasie est vendue surtout à Moscou.

Enfin, au nombre des cultures jardinières qui ont pris une sensible extension sur certains points de la Transcaucasie, il convient de noter la culture de l'arbre à thé. Les essais qui ont été faits, il y a déjà assez longtemps, dans cette voie ont été couronnés d'un plein succès ; aujourd'hui ces essais ont attiré l'attention de la grande industrie qui a établi de vastes plantations de thé et des fabriques. Au nombre de ceux qui ont pris cette initiative, il convient de citer K. S. Popov, dans les propriétés duquel, des environs de Batoum, il existe 160 hectares de terre plantés de thé ; et l'administration des Apanages qui se livre près de Batoum, dans la vallée de Tchakva, à de vastes expériences sur les cultures du Japon et de la Chine et notamment sur la culture du

thé à laquelle cette administration consacre 140 hectares de terre.
Les deux exploitations dont nous venons de parler possèdent des
fabriques à vapeur pour le traitement mécanique de la feuille de
thé. La qualité du thé de la région de Batoum est entièrement
satisfaisante. La culture de cette plante peut avoir un grand avenir
dans la Transcaucasie occidentale où le climat étant humide et
chaud, le choix des plantes de culture est assez délicat.

Avant de passer à la culture potagère, il convient de remarquer
que la culture des légumes en vue des besoins de la population est
presque générale au pays caucasien. Cette culture est particulièrement étendue dans beaucoup de régions de la Transcaucasie où la
population consomme beaucoup de légumes frais et de verdure pour
assaisonner ses aliments. Les potagers sont installés d'habitude à
proximité des habitations, toujours entre les arbres des jardins tant
que ces arbres sont encore jeunes et n'ont pas de feuillage assez
touffu pour couvrir d'ombre la terre. Les potagers du Caucase
contiennent une très grande quantité de plantes, dont quelques-
unes, nous l'avons déjà dit, sont également cultivées dans les
champs, tels les pastèques, les melons, les citrouilles, l'oignon, les
pommes de terre, etc. On ne rencontre comme plantes potagères
exclusivement cultivées dans les potagers que les plantes ci-après :
diverses espèces de pois et de haricots, la tomate, l'aubergine
(Solanum melanogena), la bama (Hibiscus esculentus), le raifort, la
rave, la carotte, la betterave, le topinambour (Helianthus tuberosus),
l'ail et différentes variétés d'oignons, le cresson, le céleri, le fenouil,
le persil, l'estragon, la menthe, le Coriandrum sativum, de très
grandes variétés de piments, l'Ocymum basilicum, le chou, la
laitue, etc. Dans les potagers des villes et des faubourgs, le choix
des plantes est encore plus varié. La culture potagère n'a lieu que
pour les besoins de la consommation locale et n'a encore aucune
importance commerciale ; toutefois, la consommation étant très
grande, la culture potagère est assez répandue.

Nous avons déjà indiqué que la population rurale du Caucase qui
se livre à la culture des fruits possède, en outre, la ressource des
fruits produits à l'état sauvage par les arbres des forêts qui abondent. Au nombre de ces derniers sont : le pommier, le merisier,
le prunier, le noyer, l'hydne (Rubus fruticosus), le pin (Pinus pinea)
l'ounabe (Zizyphus vulgaris), etc.

A part les arbres et les buissons à fruits, pour certaines régions
de la Transcaucasie, certains arbres et buissons poussant à l'état
sauvage ou même des herbes ont également une importance considérable ; ces plantes dont certaines parties utiles, la feuille, la
fleur ou la racine ont un écoulement assuré, procurent à la population
des gains parfois assez considérables. Ainsi, par exemple, dans

beaucoup de régions du gouvernement de Koutaïs, les habitants de la campagne cueillent les feuilles du laurier sauvage (Laurus nobilis) dont on se sert, on le sait, dans la cuisine. Il existe aussi un petit arbre croissant à l'état sauvage, le Staphylea colchica, dont les fleurs sont salées et constituent la salade favorite des jours maigres. Dans la Transcaucasie occidentale, la cueillette des feuilles du myrtille buissonnier (Vaccinium arctostapgylos) est également, dans certains villages, une industrie importante ; ses feuilles sont préparées comme celles du thé et servent de succédanées au véritable thé.

En Transcaucasie orientale, les habitants de certaines contrées cueillent les feuilles, les branches et les fruits des buissons, le Rhus cotinus et le R. coriaria, qui donnent une excellente matière employée au tannage des peaux et à la fabrication de couleurs jaunes, noires et rouges. Dans la même région, ces temps derniers, une industrie, dite l'industrie de la racine de réglisse, a pris une importance essentielle ; cette industrie consiste à recueillir la racine de réglisse et à l'exporter à l'étranger, principalement aux Etats-Unis et à l'étranger. Cette industrie est née il n'y a guère plus de 15 ans, dans les steppes de la Transcaucasie orientale, où pousse en abondance la Glycyrrhiza glabra sauvage, dont la racine produit la réglisse. En peu de temps, plusieurs établissements furent fondés pour presser cette racine et l'expédier à l'étranger et cette exportation a atteint d'importantes proportions. Un peu plus tard, des fabriques furent fondées pour produire la réglisse sur les lieux. En 1889, il fut cueilli plus de 16 millions de kilogrammes de racines de réglisse ; et, en 1890, cette cueillette produisait déjà 38 millions de kilogrammes. Aujourd'hui, l'exportation de la racine de réglisse, non compris la réglisse fabriquée, varie entre 6,500,000 et 8,000,000 de kilogrammes valant un demi-million de roubles.

Le pays caucasien, où l'on cultive des plantes de formes et de variétés fort diverses, est en même temps un pays très favorable à l'*élevage* en grand. Les steppes de la Ciscaucasie et de la Transcaucasie orientale, ainsi que les gras pâturages des montagnes dont la population est clairsemée et qui, parfois, ne peuvent servir à l'agriculture par suite du manque d'eau d'irrigation, avec les conditions climatoriales qui, dans le plus grand nombre des cas, permettent de garder les troupeaux toute l'année aux champs, favorisent l'élevage de toutes les espèces d'animaux ; et, dans beaucoup de contrées, l'élevage est l'unique ou tout au moins la principale ressource des habitants. C'est ainsi que les différentes formes de l'élevage des troupeaux en plein air sont propres aux vastes régions du Caucase, steppes ou montagnes. Bien que, dans chacune de ces régions, l'élevage présente des différences essentielles, les formes de cette industrie ne se rattachent pas moins intimement les unes aux autres suivant les conditions du climat, du sol, des mœurs et d'autres circonstances propres aux deux régions où elle est établie. Dans la Transcaucasie, l'élevage des troupeaux dans les pâturages est surtout l'industrie des peuples nomades et demi-nomades des steppes du nord-est ; dans les autres régions, l'élevage, tout en étant une branche très importante de faire valoir rural, se rattache plus ou moins à l'agriculture ; et, ces derniers temps, l'agriculture ayant fait des progrès, la steppe ayant été défrichée, et pour d'autres raisons encore, l'élevage tend à diminuer. En Trans-caucasie, l'élevage des troupeaux en plein air se fait sur une large échelle chez les peuples demi-nomades des steppes du sud-est. L'été étant très chaud et très sec, et les eaux d'irrigation faisant défaut, les steppes du bas pays ne sont propres qu'à l'élevage et encore ne peuvent-elles utiliser pour cette industrie que certaines époques de l'année, à savoir : au commencement du printemps, en automne et même en hiver. En été, les pâturages de ces contrées qu'on désigne comme pâturages d'hiver sont desséchés par les rayons brûlants du soleil; ce sont des espaces entièrement inhabités et déserts, car la population entière a émigré vers les montagnes, suivie de ses trou-peaux, à la recherche de pâturages. Dès que reviennent les pluies, en automne, la vie renaît dans ces déserts, l'herbe couvre à nou-veau le sol de la steppe et les innombrables troupeaux des nomades reviennent et y passent l'hiver jusqu'au premier jour du printemps. Dans les parties de la steppe où les eaux d'irrigation ne font pas défaut, on rencontre sur certains points des domaines agricoles qui, si les eaux sont suffisamment abondantes, s'étendent et perfection-nent leur système de culture. Ainsi, dans la plupart des régions des steppes de la Transcaucasie orientale, l'élevage des troupeaux ne domine que si les conditions dont nous venons de parler se main-tiennent. Lorsque le réseau d'irrigation aura été développé, tôt ou tard, un autre système plus intensif d'exploitation du sol rempla-cera celui de l'élevage des troupeaux ; les formes diverses de la vie agricole remplaceront la vie pastorale.

Sur les hauts pâturages des montagnes qu'on appelle les pâtu-rages estivaux et qui occupent les vastes espaces de la chaîne princi-pale du Caucase et du versant du Petit-Caucase le plus sou-vent impropres à l'agriculture par suite de la rigueur du climat, les troupeaux restent aux pâturages toute l'année, de même que dans les steppes, avec cette différence que les pâturages des montagnes sont occupés par les troupeaux pendant d'autres époques de l'année ; ils occupent ces pâturages l'été, tandis que, dans les steppes, ainsi que nous l'avons dit, c'est l'automne, l'hiver et une partie du printemps que les troupeaux couvrent la steppe. Situées à de grandes altitudes au-dessus de la limite des forêts, les prairies de la montagne ont un climat très rigoureux ; pendant sept à huit mois de l'année, l'hiver y règne sans partage ; les neiges sont abondantes et les tempêtes et les chasse-neige y font rage. Dès qu'arrive le court été de ces régions, les pâturages de la steppe ne sont plus reconnaissables ; l'air pur des montagnes, les eaux claires comme le cristal et surtout l'abondance et la richesse de la végétation herbacée dont se repaissent les troupeaux épuisés par la disette de l'hiver, attirent une foule de pasteurs qui y établissent leur demeure et s'y livrent à la production des laitages ; ces pasteurs restent dans les montagnes jusqu'à ce que l'arrivée des gelées et du mauvais temps les oblige à reprendre le chemin de la plaine avec leurs troupeaux leurs femmes et leurs enfants et tout ce qu'ils possèdent. Ainsi les habitants nomades et demi-nomades, dont l'occupation principale est l'élevage, se déplacent tous les ans avec leurs troupeaux, poussés par le besoin de leur procurer de bons pâturages ; dès qu'arrive l'été, ils émigrent dans la montagne ; à l'automne ils descendent dans la plaine. Les pâturages des montagnes étant impropres pour la plupart à la culture des plantes, les plus rustiques même ne peuvent guère servir à d'autres buts et il est douteux que l'agriculture puisse conquérir du terrain sur ces pâturages comme elle le fera sur ceux du bas pays. Ces pâturages resteront toujours le domaine de l'élevage.

L'élevage en plein air, si répandu dans les deux régions dont nous venons de parler, où il répond aux conditions naturelles, est pratiqué également parfois dans des régions où les eaux étant abondantes l'agriculture pourrait être prospère. Il en est ainsi notamment dans certaines régions des gouvernements de la Transcaucasie orientale et ceci s'explique par les particularités des mœurs de la population. Les peuples nomades et à demi nomades de ces régions sont si profondément attachés à la vie pastorale de leurs aïeux que, bien que leur pays présente les meilleures qualités pour l'agriculture, ils ne se décident pas à en profiter ou s'y livrent peu et avec peu de goût. Toutefois on remarque que la population augmentant ainsi que la surface des terres cultivées, et pour d'autres causes encore qui gênent l'émigration et la vie pastorale, les nomades de la Transcaucasie orientale se fixent peu à peu, sèment quelques terres et en général adoptent un genre de vie différent et un mode d'exploitation du sol plus intensif. Ceci s'observe partout en Transcaucasie orientale. Dans les autres parties du pays où la population fixée au sol depuis fort longtemps s'occupe de la culture des champs et des jardins, l'élevage passe au second plan, ou se rattachant intimement à l'agriculture, a la même importance que cette dernière. Quoi qu'il en soit, si les énormes territoires des pâturages de la Transcaucasie (la superficie des pâturages d'été dépasse 3 millions d'hectares, celle des pâturages d'hiver atteint 1,900,000 hectares) sont régulièrement exploités, dans cette contrée l'élevage a un grand avenir. On peut en dire autant de Ciscaucasie, où les contrées favorables à l'élevage, mais peu propres à l'agriculture, forment d'immenses territoires.

Beaucoup de régions du Caucase, la province du Koubane, le gouvernement d'Elisavetopol et d'autres, ont joui jadis d'une grande réputation pour l'élevage du cheval au haras. Mais les terres ayant été défrichées et par suite d'autres circonstances défavorables, cette branche d'élevage tombe en désuétude. Les races jadis très connues de la mer Noire (Kalmouks ou Nagaïs) ont perdu leur type ou ont disparu sous l'action des circonstances économiques nouvelles depuis que les steppes de la Ciscaucasie se peuplent. Les plus connues des races des chevaux élevés dans ce pays sont la race de la Kabarda en Ciscaucasie et la race de la Karabakh, du sud de la Transcaucasie. Les chevaux kabardins sont originaires des plaines de la Kabarda, province du Térek, et ceux de la Karabakh, de la partie méridionale du gouvernement d'Elisavetopol où se trouve la région dite la Karabakh. Les chevaux de la Karabakh qui ont pour ancêtres et prototypes les chevaux arabes, ont tous la robe couleur d'or ; ce sont des chevaux bien faits, d'une bonne complexion, rapides, mais d'une endurance médiocre. On connaît encore en Transcaucasie la race Kosak, Touchine et Kourde. Toutes ces races sont principalement des races de chevaux de selle. Il y a au Caucase un peu plus de 1,025,000 chevaux. L'âne et le mulet (environ 120,000) ont presque partout une importance de second ordre, bien que le mulet, grâce à son endurance et à la sûreté de son pas dans les sentiers montagneux, atteigne parfois à de très hauts prix.

Au Ciscaucasie et dans la partie occidentale de la Transcaucasie, le gros bétail a une grande importance ; dans la Transcaucasie occidentale, le gros bétail cède au petit. Les animaux des troupeaux au Caucase, les conditions topographiques, les fourrages et les autres circonstances étant fort variables, sont très divers ; ce sont principalement diverses variétés des espèces du pays dont les meilleurs représentants sont les bêtes de l'Ossétie et ceux de la race dite Karabakh-kosake. Au nord du Caucase on élève en outre des animaux de race kalmouke, circassienne et nogaïs. En Trancaucasie ce sont les animaux des races du pays qui dominent de beaucoup (races de Géorgie et race khevsour-ossète et autres) ; mais les colons russes tiennent également des animaux de races circassiennes et, à l'extrême sud-est, sur la frontière de Perse, des buffles à bosses. Ces animaux donnent du lait, de la viande, des petits (au Caucase on ne sacrifie pas les veaux, si ce n'est dans les villes, et même rarement), du travail et enfin un fumier dont on se sert pour l'amendement des champs et comme combustible (dans les parties déboisées du Caucase septentrional et de la Transcaucasie). D'habitude, l'hiver, les bestiaux reçoivent différentes qualités de foin, le foin de steppes, le foin des montagnes et des herbes fourragères, du samanè, de la paille et des tiges de maïs ; il n'est pas rare, comme par exemple dans la Transcaucasie occidentale où il n'y a presque pas de pâturages, que le bétail doive parfois se contenter de feuilles et de petites branches ; il est encore plus rare que l'on donne au bétail des aliments très nutritifs tels que l'orge, le gmykh, le maïs, etc. Les soins qu'on donne au bétail diffèrent beaucoup : les nomades et les demi-nomades laissent le bétail toute l'année dehors où il n'a d'autre nourriture que l'herbe qu'il trouve sous ses pas ; les sédentaires ont des étables et donnent à leur bétail particulièrement aux bêtes de travail de meilleurs soins.

On élève des buffles principalement dans le bas pays où le climat est chaud, car le buffle ne supporte pas le froid. Cet animal remplace le bœuf ; c'est un excellent animal de travail et sa femelle donne un lait plus apprécié, dans certaines contrées, que le lait de vache ; en un mot, les qualités du buffle rachètent complètement ses défauts. Dans le plus grand nombre des contrées, le buffle est assez bien soigné et, en général, cet animal est l'objet de meilleurs soins que le bœuf. La femelle du buffle donne beaucoup de lait ; on peut la traire longtemps ; son lait est riche en graisses dont il contient jusqu'à 7 0/0, enfin il sert à faire du beurre qu'il est d'usage, dans certaines contrées, de colorier et de vendre pour du beurre de vache. On compte au Caucase un peu plus de 5 millions de buffles.

L'élevage du mouton est la branche d'élevage la plus importante du Caucase, principalement dans les steppes du nord du Caucase et de l'est de la Transcaucasie. En Ciscaucasie, on élève en grande quantité la brebis et le mouton à laine fine ; dans ces régions on élève ainsi la brebis et le mouton à grosse queue. En Transcaucasie on élève des races du pays fort diverses : les races Touchine, de Karatchaïev, de Géorgie, etc., qui se distinguent par la facilité avec laquelle elles gagnent en graisse et par la saveur de leur chair, mais qui donnent aussi assez souvent une laine fine et délicate. La chair de mouton est la nourriture habituelle au Caucase ; et le lait de brebis avec le lait de vache sert à fabriquer des produits les plus variés. Dans certaines régions, surtout dans les montagnes, on élève en assez grande quantité des chèvres. La population ovine et caprine du Caucase s'élève à 12,500,000 têtes d'animaux.

Dans certaines régions de la Ciscaucasie, ainsi qu'au gouvernement de Koutaïs, on élève des cochons. Dans la Transcaucasie orientale, où la population musulmane est en majorité, les cochons sont très rares dans certains pays, même il n'y en a pas du tout.

Le Caucase compte en tout 700,000 individus appartenant à la race porcine.

Enfin on élève le chameau, principalement dans les steppes de l'est de la Ciscaucasie et de la Transcaucasie ; cependant les voies de communication s'étant améliorées et par suite d'autres circonstances encore, l'élevage du chameau diminue. Ces derniers temps toutefois on s'est mis à élever le chameau dans la province du Koubane et même dans certains gouvernements de la Russie d'Europe (Orel, Kherson, etc.).

Les produits les plus importants de l'élevage sont la laine et le laitage.

Une partie des laines du Caucase sont exportées en Russie d'Europe ou à l'étranger, une autre partie sert à fabriquer de forts nombreux articles consommés sur place, des tissus, des tapis, des manteaux et autres dont quelques-uns sont d'excellentes qualités et sont fort appréciés, tels par exemple les draps du Daghestane. Les produits du lait du pays ont également une grande importance. Le lait des brebis, des vaches, des buffles et des chèvres est utilisé de façons fort diverses ; et la fabrication du beurre et particulièrement celle des fromages a fait beaucoup de progrès chez les peuples du Caucase. Il existe peu de pays sur la terre où l'on puisse rencontrer une si grande variété de produits du lait et notamment de fromages. Le mode de préparation des fromages est extrêmement varié ; plusieurs des produits du laitage caucasien ne sont connus qu'au Caucase. Tel est par exemple le Kéfir, boisson célèbre préparée dans les hauts de la vallée du Koubanc (au Karatchaï) avec du lait soumis à la fermentation à l'aide d'un cryptogame particulier et connue pour ses propriétés médicinales. La consommation des fromages dits « Gruyère » est composée de fromages fabriqués au Caucase et nous ferons observer en passant que l'imitation du fromage de Gruyère, dit fromage suisse, qui a échoué partout dans les autres pays, s'est constituée dans le Caucase d'une manière définitive. Les fromages fabriqués dans certaines contrées du Caucase septentrional et particulièrement au gouvernement de Tiflis ne le cède en rien aux meilleurs fromages de la Suisse et donne lieu à une énorme demande. Malheureusement ce fromage n'est encore fabriqué qu'en petite quantité ; la production annuelle ne dépasse 260.000 kilos.

Avec les autres produits de l'élevage, l'apiculture ne laisse pas d'avoir une certaine importance au Caucase. Ce pays est en effet très favorable à l'élevage des abeilles ; toutefois l'apiculture n'a guère d'importance industrielle ; le plus souvent c'est un élevage d'amateurs qui, sur certains points, procure cependant d'importantes ressources à la population. On élève des abeilles dans beaucoup de régions ; on rencontre des ruches en nombre assez considérable en Caucasie et en Transcaucasie. Des essaims d'abeilles sauvages se voient dans toutes les parties du Caucase, principalement en Abkhasia, gouvernement de Koutaïs, où l'on peut trouver dans les troncs d'arbres du miel par ponds dont d'habitude les habitants du pays font leur profit. Les miels du Caucase sont de plusieurs espèces ; les plus remarquables de ces espèces sont l'espèce dite de pierre, qui est blanche et très compacte et que l'on trouve au district d'Ozourguet, gouvernement de Koutaïs, et l'espèce, dite enivrante, qui produit en effet une sorte d'ivresse et que les abeilles produisent à l'aide des fleurs du laurier (Prunus laurocerasus) et de l'azalée (Azalea pontica) aux cercles de Batoum et d'Artvine, gouvernement de Koutaïs.

3) La petite et la grande industrie. Industries des mines, des forêts et autres. Pêche, voies de communication. Le commerce.

La situation isolée du Caucase, le peu de terre que possède la population rurale des campagnes de la Transcaucasie, la rigueur et la longue durée des hivers dans les montagnes du pays, l'abondance des matières premières (laines, soie, bois et autres) ainsi que des circonstances des mœurs et de l'histoire ont favorisé, dans ce pays, le développement de beaucoup de branches de petites industries dites *industries buissonnières*, et certaines de ces petites industries ne laissent pas d'avoir une grande importance pour la population. A cet égard les industries de la laine occupent une place essentielle ; ces industries sont particulièrement répandues dans l'est et sont exercées principalement par les femmes musulmanes. La laine sert à fabriquer des feutres, des draps et d'autres tissus, des bourkis (manteaux sans couture), des cordes, des tapis et d'autres articles. Les tapis sont fabriqués principalement par les Tatares et les Kourdes des gouvernements de Bakou et d'Elisavetopol ainsi que par ceux de l'Aderbeijan ; le centre principal de cette production est la ville de Choucha. Il est fabriqué en outre des palasses (tapis non lainés), des sacoches et d'autres articles en tapis de même nature dont la production a lieu dans toutes les contrées où on élève la brebis. Dans le genre de vie que mène l'indigène, le tapis est un objet fort important ; il meuble, il sert de lit de rideaux et à d'autres usages. Le commerce des tapis, rien qu'en Transcaucasie, atteint vraisemblablement plus d'un million de roubles. Les tapis du Caucase sont également l'objet d'un commerce important en Russie d'Europe. Les draps et les tissus de laine et parfois de poil de chèvre (capra caucasica) sont tissés surtout dans le centre et l'est du Caucase. Certaines contrées du Daghestane sont renommées pour ces tissus. Dans beaucoup de régions du versant septentrional du Caucase, on fabrique la bourka, manteau d'une seule pièce, des feutres et d'autres articles : la bourka avec la papakha, énorme bonnet de bisquain en usage dans le pays, sont des parties essentielles du costume de l'indigène.

La petite industrie des tissus de soie, des foulards et des articles tricotés en soie, ainsi que la broderie de soie est très répandue dans beaucoup de régions, particulièrement à Chemaka, gouvernement de Bakou et au gouvernement de Koutaïs. Ces petites industries et surtout celles des tissus de coton semblent être en décadence, car elles ne peuvent concourir avec les produits sortant des fabriques de la Russie d'Europe. Dans certaines contrées, les industries du bois, du cuivre, du fer, de l'argent, des vases de terre, ainsi que d'autres industries sont également assez répandues. Aux gouvernements de Tiflis et de Bakou, ainsi qu'au Daghestane surtout, les industries du fer sont communes. Les céramiques du Daghestane ont de la renommée ; il en est de même des produits en bois de ce pays travaillés à froid, des articles en argent bruni, en os et en corne incrustés d'argent et d'or.

La grande industrie est relativement faible au pays caucasien, et cela malgré l'abondance des matières premières que produit l'agriculture, la situation avantageuse du pays entre deux mers et la richesse du sous-sol. Le plus souvent, au Caucase l'industrie des fabriques et des usines a le caractère buissonnier ou d'ateliers et se borne à la fabrication des articles de première nécessité à l'usage d'une population en général peu difficile à satisfaire. Ces derniers temps seulement des circonstances favorables s'étant produites, certaines branches de grandes industries ont été créées et ont pris un développement très considérable. Au nombre de ces dernières se trouve l'industrie du naphte ; cette industrie qui a pour objet l'extraction du naphte et le traitement de cette matière a acquis de l'importance non seulement au point de vue général russe, mais encore au point de vue universel. Le naphte, dont on connaît des affleurements dans beaucoup de contrées des deux versants du Caucase, est exploité principalement à Bakou, dans la presqu'île de l'Apchéron ainsi que dans la province de Koubane et dans celle du Térek près de la ville de Grosny. En 1898, les chantiers des environs de Bakou ont produit 8 millions de tonnes de naphte ; ceux des environs de Grosny, 300 millions de tonnes ; et la province du Koubane, 23 millions de tonnes (en 1897). Ainsi le Caucase produit plus de 8,3 millions de tonnes de naphte, c'est-à-dire 2 millions de tonnes de plus que l'Amérique du Nord, qui, il y a peu de temps, occupait la première place du monde entier pour la production du naphte. Il existe en tout sur les terrains naphtifères des environs de Bakou plus de 1,100 trous de forage d'une profondeur totale dépassant 320 kilomètres ; il n'est pas rare de voir jaillir le naphte d'un de ces forages. Le naphte produit trois types d'articles demandés par le marché russe et le marché international : les huiles d'éclairage, les matières à lubrifier et le mazout ou résidus de naphte. Le premier de ces types comprend les produits légers de la distillation du naphte, des benzines et autres produits analogues, des huiles d'éclairage explosibles à une haute température telles que l'huile solaire, l'astraline et autres, et enfin le pétrole qui est le produit principal du naphte. Le second type comprend les huiles légères et lourdes à graisser et à lubrifier ; et le troisième type forme le groupe des résidus du naphte et en général tous les produits du naphte servant de combustible. Les 64 usines de Bakou en activité ont produit, en 1898 ; 1,500,000 tonnes de pétrole ; 164,000 tonnes de matières à lubrifier ; 5,000 tonnes de benzine ; 18,000 tonnes de résidus oléagineux ; et 3,900,000 tonnes de résidus du naphte. Ainsi les principaux produits du naphte sont les pétroles et les résidus. Sur l'ensemble de la production des pétroles, un tiers environ est consommé en Russie, les deux autres tiers du pétrole produit sont exportés à l'étranger. Les résidus du naphte sont consommés en Russie comme combustibles et servent à produire des matières à lubrifier et d'autres articles. Bien que les chantiers de Grosny n'aient point justifié les espérances qu'ils avaient données, il convient néanmoins de les regarder comme assez féconds. Les 11 trous de forage en activité en 1897 ont produit en moyenne jusqu'à 50,000 kilogrammes de naphte par vingt-quatre heures tandis qu'à Bakou, les trous de forage ne produisent que 25,000 kilogrammes de naphte, en moyenne, par jour. Parmi les autres grandes industries du Caucase il convient de citer les fabriques de caisses de Batoum qui produisent les vases nécessaires aux pétroles exportés à l'étranger ; les fabriques de ciment des environs de Novorossisk ; les distilleries (où l'on distille des grains, des moults et des marcs de raisin, des baies de mûriers et d'autres fruits) ; des fabriques de tissus de coton (une à Tiflis, une autre en construction à Bakou) ; des fabriques de tabac aux gouvernements de Tiflis et de Koutaïs et dans la province du Koubane ; des fabriques d'épuration du riz, à Bakou, où sont traités des riz de la Perse ; des fabriques à dévider la soie, principalement dans les gouvernements d'Elisavetopol et d'Erivane ; des fabriques d'allumettes ; des moulins à farine et à huile ; des fabriques de savon ; des fabriques de cuir ; des fonderies de cuivre et d'autres. Les 20,000 fabriques et usines du Caucase, dont la plupart ont le caractère de petits établissements industriels dits établissements buissonniers produisent environ annuellement

pour 70 millions de roubles d'articles ; et la moitié de cette somme
revient aux industries du naphte. L'industrie du Caucase occupe
environ 67,000 ouvriers.

Au Caucase, on connaît des *gisements de minerais* des plus variés :
or, argent plombifère, plomb, cuivre, zinc, antimoine, cobalt, nickel,
mercure, manganèse, fer, minerai arsenical, pyrite sulfureux, soufre,
graphite, houille, schiste noireux, tourbe, naphte, ozokérite, sel de
cuisine et sel de Glauber, alun, gypse, marbre, amiante, pierre
lithographique, etc. Parmi ces minerais quelques-uns seulement
sont exploités en grand. A part le naphte, on exploite surtout les
minerais des mines de manganèse, de cuivre, de houille, de sel de
Glauber et de soufre. Les mines de manganèse sont situées principalement au district de Chorapane, gouvernement de Koutaïs. Il y a
vingt ans environ que cette industrie est née ; elle atteint aujourd'hui
une importance considérable. En 1897, le gouvernement de Koutaïs
a produit jusqu'à 200,000 tonnes de minerais de manganèse. Aujour-
d'hui, la Russie occupe le premier rang comme· pays producteur de
manganèse. La plus grande partie de ce minerai est exportée en
Angleterre et en Hollande. La houille se rencontre principalement
dans l'ouest du Caucase ; en 1897, le Caucase, principalement le
gouvernement de Koutaïs, a produit 21,300 tonnes de charbon de
terre. Dans la province de Karse et au gouvernement d'Erivane, il
existe d'immenses gisements de sel gemme qui s'étendent sur de
vastes territoires ; c'est là que se trouvent les célèbres mines de Koulp
les plus anciennes de la terre. Il a été trouvé, dans les anciennes
galeries de ces mines, des marteaux et d'autres instruments de l'âge
de pierre. Les cinq mines de ces régions ont produit en 1898 environ
34,000 tonnes de sel gemme. En outre il a été extrait des lacs salins
du gouvernement de Bakou et des provinces du Daghestane et du
Térek environ 16,400 tonnes de sel de dépôts lacustres. Il est extrait,
au gouvernement de Tiflis, environ 2,500 tonnes de sel de Glauber.
On connaît des gisements de minerai de cuivre sur beaucoup de
points ; mais l'extraction de ces minerais et la fonte a lieu principalement au gouvernement d'Elisavetopol, et notamment dans les deux
grandes usines de Kédabek et de Kaiakent situées au district d'Elisavetopol. Les onze usines qui étaient en activité en 1898 ont fondu
environ 3 millions de kilogrammes de métal, dont 75 0/0 environ
ont été fondus dans les usines que nous venons d'indiquer. C'est
surtout dans la province du Térek que sont exploités les gisements
d'argent plombifère ; l'usine d'Alaghir, en 1897, a fondu 65 kilogrammes d'argent et plus de 70,000 kilogrammes de plomb. Le Caucase a produit, la même année, 8,300 tonnes d'argent plombifère.
Des gisements de minerai sulfureux sont exploités au gouvernement
de Tiflis, dans la province du Térek et particulièrement au Daghestane

où il est extrait jusqu'à 2,120 tonnes de minerai et fondu jusqu'à 400 tonnes de soufre. Enfin, du minerai de cobalt est extrait en petite quantité, au gouvernement d'Elisavetopol, du minerai de mercure du Daghestane et du minerai de fer du gouvernement d'Elisavetopol ainsi que du graphite de la province du Térek. L'or, à la recherche duquel s'embarqua pour la Colchide la fameuse expédition des Argonautes, actuellement n'est plus exploité au Caucase.

A part ses richesses minérales, le Caucase abonde en sources minérales. Les plus connues de ces sources, dites eaux minérales du Caucase, sont situées dans le cercle de Piatigorsk, province du Térek. Là, en vue des blanches pyramides de l'Elbrouz, sur un espace relativement assez restreint, se groupe une grande quantité de sources médicinales les plus diverses ; des sources acides sulfureuses alcalines jaillissent à Piatigorsk, des sources ferrugineuses à Géleznovodsk, des sources alcalines à Essentouki, et des sources acides carboniques à Kislovodsk. Tous ces groupes de sources sont réunis par une voie ferrée reliée à la station des eaux minérales sur le chemin de fer de Vladicaucase ; ces sources sont assez bien agencées et sont fréquentées par un grand nombre de malades. La plus célèbre de ces sources est celle de Narzane (le héros), à Kislovodsk. Cette source donne une eau froide acide carbonique fort agréable à boire. Parmi les autres sources minérales du Caucase, les célèbres sources alcalines de Borjom jouissent d'une grande renommée. Borjom est situé dans une gorge boisée et pittoresque au fond de laquelle coule la Koura descendant des montagnes du Petit Caucase. Citons encore les sources faiblement sulfureuses d'Abass-toumane situées près de Akhaltsikh, à l'altitude d'environ 1,500 mètres au dessus du niveau de la mer, dans une gorge des montagnes contournant la partie nord-ouest du Petit Caucase. Ces deux stations sont admirablement installées et attirent une grande quantité de visiteurs ; les eaux de Borjom sont très répandues comme eaux de table.

Les forêts du Caucase, sur beaucoup de points, sont devenues moins touffues, par suite de l'impitoyable exploitation dont elles ont été l'objet et de leur fréquentation par les troupeaux ; cependant, dans certaines régions, ces forêts constituent une richesse considérable tant par la valeur des essences que par leurs superbes futaies. Au fond de vallées difficilement accessibles et éloignées des lieux habités, on peut rencontrer de très beaux domaines contenant jusqu'à 2,000 mètres cubes de bois par déciatine.

Il y a au Caucase plus de 7,500,000 hectares de forêts, dont 30 0/0 environ dans le Caucase septentrional et près de 70 0/0 en Transcaucasie. La province du Koubane et le gouvernement de Koutaïs sont les contrées qui renferment la plus grande étendue de

forêts; ces régions ont respectivement 1,840,000 et 1,650,000 hectares
de forêts; la région qui contient le moins de forêts est celle du gouvernement d'Erivane, où il n'y a que 88,000 hectares de forêts. En ce
qui concerne le boisement, c'est le gouvernement de la mer Noire
avec 55,7 0/0 de son territoire couvert de forêts et le gouvernement
de Koutaïs, avec 46,5 0/0 de territoire forestier qui occupent la
première place. Les autres gouvernements sont beaucoup moins
boisés. Le gouvernement d'Erivane, le moins boisé de tous, a
3,1 0/0 de son territoire en forêts, et la province de Karse, 8,7 0/0
de forêts. En général, au Caucase, l'exploitation des forêts n'est pas
très développée. Dans le bas pays et dans les contrées les plus
accessibles, les forêts sont bien dévastées, et, dans les régions
montagneuses, d'un accès difficile, les routes faisant défaut,
l'exploitation des forêts est tout à fait impossible ou exige des
installations fort coûteuses. Aussi existe-t-il fort peu de grandes
entreprises forestières. On peut se borner à citer à cet égard le
vaste domaine forestier de Borjom, gouvernement de Tiflis, appar-
partenant au grand-duc Michel Nicolaevitch, où l'écoulement des
bois et des produits de la forêt est bien organisé; après quoi nous
citerons encore l'entreprise du marchand Maximov, faite en vue de
l'exploitation des forêts du bassin de la Kodore, gouvernement de
Koutaïs.

Les 108 scieries mécaniques du gouvernement de Tiflis et de
Koutaïs ont une production ne dépassant pas 1,100,000 roubles et
les trois scieries, fabriques de placage (dont deux à Tiflis), qui
sont des entreprises relativement considérables, ne produisent
ensemble que pour 410,000 roubles de marchandises. Beaucoup de
bois sert au chauffage, à la fabrication d'échalas pour les vignes,
de tonneaux, de roues, de vaisseaux et d'autres produits qui font
l'objet de la petite industrie, dite buissonnière, de certaines régions.
Les bois de construction du pays faisant défaut ou étant à des prix
élevés, beaucoup de bois de construction sont apportés des bords
de la Volga, par Astrakane, à Pétrovsk et à Bakou; il est également
apporté des bois de construction de Kherson et même de l'étranger,
au port de Batoum, qui emploie des planches à la fabrication des
caisses servant à transporter le pétrole à l'étranger.

Les essences les plus précieuses du pays sont : le samchit (Buxus
sempervirens), dont il ne s'est conservé de belles plantations que
dans les domaines de l'Etat des gouvernements de la mer Noire et
de Koutaïs. La lignine de samchit est exportée à l'étranger et vaut
environ 1 rouble les 16 kilogrammes. Après le samchit vient le
noyer (Juglans regia), qui donne de la lignine et un brou de noix
de grande valeur; puis vient le châtaignier (Castanea vesca), qui a
été l'objet d'une exploitation barbare et qui est fort diminué; le

dzelckva (Zelcowa crenata); le tils (taxus baccata), qu'on rencontre sur certains points, et d'autres essences.

Au Caucase, il existe *des pêcheries* sur les bords des mers d'Azov, Caspienne et de la mer Noire, qui baignent la contrée, et sur le cours inférieur du Térek, du Soulak, de la Koura, du Rion, du Koubane et des autres fleuves qui tombent dans ces mers; et l'industrie de la pêche a une assez grande importance dans l'économie du pays. La population très considérable qui habite les cours inférieurs des rivières que nous venons de nommer, se crée des ressources par les pêcheries qui produisent pour plusieurs millions de roubles de poissons. La région caspienne de la vallée du Térek produit jusqu'à 1,600,000 kilogrammes de poissons; la région caspienne de la Koura, 36 millions de kilogrammes; la région de l'Azov traversée par le Koubane, 25 millions de kilogrammes. Si l'on déduit de ce dernier chiffre environ 18 millions de kilogrammes de poissons pêchés sur les bords de la Crimée, la quantité de poissons pêchés dans les eaux du Caucase atteint plus de 72 millions de kilogrammes. On pêche principalement le grand esturgeon (Acipenser huso) et l'esturgeon stellifère (Ac. Güldenstaedtii) et d'autres espèces d'esturgeons dites le sevrouga et le chip (Ac. Schypa, Ac. Stellatus), le glanis (Silums glanis), le saumon (Salmo caspius), le saudat (Lucioperca sandra), la carpe (Cyprinus carpio), la brême (Abranus brama), l'éperon (Leuciscus rutilus), le képhal (Mugil) et d'autres. Les produits des pêcheries donnent du caviar, de la colle, du balyk et surtout du poisson salé qui est fort répandu. Les procédés de pêche sont très divers. Parmi les pêcheries des eaux intérieures, celles du lac Goktcha sont remarquables; les eaux de ce lac renferment quatre variétés de saumons et deux variétés de carpes qu'on ne trouve que dans ce lac. Sur la mer Noire et la mer Caspienne, on prend quelques dauphins et quelques phoques.

La chasse, comme industrie, est peu pratiquée. Au Caucase, la chasse est plutôt un sport et il est rare de rencontrer des indigènes faisant le métier de chasseur. Cependant, depuis la création des chemins de fer, certains gibiers étant fort demandés, la plume et le poil, dans les environs des villes, ont été, ces derniers temps, l'objet d'une impitoyable destruction. Il y a encore fort peu de temps que dans la plupart des régions du Caucase on rencontrait très fréquemment le faisan, le touratch (attaguen), le cerf et le djérane, qui aujourd'hui sont devenus rares. On chasse pour la vente tous les animaux comestibles, de même que ceux dont la peau ou le poil ont de la valeur, depuis la tourterelle jusqu'à l'ours, la panthère et le tigre.

Au Caucase, ces temps derniers, avec la construction du réseau des chemins de fer, *les voies de communication* se sont beaucoup améliorées sans avoir été mises toutefois à la hauteur des besoins du pays. Le besoin de bonnes voies de communication se fait d'autant plus sentir que la plus grande partie du pays est couverte de hauteurs plus ou moins considérables, ce qui rend la plupart des routes naturelles mauvaises ; dans beaucoup de régions montagneuses, les routes naturelles ne peuvent être pratiquées que par les voyageurs à pied et à cheval et des bêtes de bât. La chaîne énorme du Caucase qui sépare comme une muraille gigantesque tout le pays, n'est traversée sur un parcours d'environ 1,500 kilomètres que par une seule bonne route, la route militaire de la Géorgie qui relie la ville de Vladicaucase à Tiflis. L'inconvénient de ces mauvaises conditions des routes est un peu atténué par cette circonstance que le Caucase est baigné sur chacune de ses extrémités par des mers ; mais ces mers offrent relativement peu de bons ports et en outre la distance séparant le littoral de l'intérieur du pays est très considérable. La chaîne du Caucase ayant une direction générale latitudinaire, les lignes de chemin de fer suivent à peu près la même direction ; l'une d'elle, le chemin de fer de Vladicaucase, parcourt toute la Ciscaucasie de l'Ouest à l'Est ; l'autre, le chemin de fer de la Transcaucasie, suit la même direction, traversant tout le pays de la mer Noire à la mer Caspienne.

Ces derniers temps seulement, on a commencé les travaux de lignes qui prendront une direction coupant sur un angle considérable les grandes lignes actuellement existantes ; telles sont les lignes Petrovsk-Bakou et Tiflis-Karse. Aujourd'hui, le réseau des chemins de fer du Caucase a environ 3,300 kilomètres. La ligne magistrale de la Ciscaucasie et la ligne reliant Rostov sur le Don à Vladicaucase et se prolongeant jusqu'à Petrovsk, port de la mer Caspienne (1,000 kilomètres) ; cette grande ligne, dite chemin de fer de Vladicaucase, détache des embranchements de la station Tikhoretski sur le port de Novorossisk (280 kilomètres) ; de la station Caucase sur la ville de Stavropol (160 kilomètres), et de la station Mineralnija-Vody à Piatigorsk, Gleznovodsk et Kislovodsk (72 kilomètres). A la même station de Tikhoretski, aboutit la ligne de Tsaritsine (550 kilomètres) qui traverse la province du Kouban sur un parcours de 60 kilomètres environ ; cette ligne a été construite dans le but de permettre aux céréales de la Volga et, en partie, à celles de la Sibérie, d'atteindre la mer Noire. Le chemin de fer de la Transcaucasie qui relie Batoum, port de la mer Noire, à Tiflis, centre administratif et intellectuel du pays, et se prolonge jusqu'à Bakou, port de la mer Caspienne (930 kilomètres), détache des embranchements sur Poti, Koutaïs et Tkvibouli où se trouvent des mines de houille, Tchiatouri (mines de manganèse), Souram, Borjom et Sourakhani. Ces embranchements ont une longueur totale dépassant 220 kilomètres. Le chemin de fer de la Transcaucasie traverse les monts Souram par un tunnel qui a plus de 4 kilomètres de long. Un de ces embranchements, partant de Pétrovsk, se dirige vers le Sud, le long de la mer Caspienne, atteint Bakou et relie de la sorte le chemin de fer de la Transcaucasie au réseau des chemins de fer russes. Une autre ligne relie Tiflis à Karse ; dans l'avenir, cette ligne sera sans doute prolongée sur Erivane et Djoulefa et la Perse vers Tauris et Téheran. On se propose de construire très prochainement les lignes ci-après : de Tiflis à la vallée de l'Alazana (Cachétie), et le long de la mer Noire une ligne reliant l'embranchement de Novorosisk du chemin de fer de Vladicaucase avec Soukhoum et se prolongeant sur la magistrale Transcaspienne. Enfin, on a le projet de construire un chemin de fer traversant la partie centrale de la chaîne centrale du Caucase. La construction des lignes dont nous venons de parler a eu une immense importance sur le développement du Caucase, l'exploitation de ses richesses naturelles et le rapprochement du pays avec les marchés de la Russie et de l'étranger. Sur toutes ces lignes, le trafic ne cesse d'augmenter ; quelques-unes d'entre elles, comme par exemple le chemin de fer d'Etat de la Transcaucasie, sont au nombre des lignes les plus productives de la Russie. Les chiffres suivants donnent les résultats principaux de l'exploitation du chemin de fer de la Transcaucasie (exercice 1896) :

Nombre de voyageurs transportés : 2,345,000 ; marchandises : 2,500,000 tonnes ; recette brute : 19 millions de roubles ; bénéfice net : 10 millions de roubles. Le revenu net de la verste a donc été de 9,500,000 roubles. Les principales marchandises transportées ont été : pétrole et autres produits du naphte : 1,230 millions de kilogrammes ; manganèse et autres minerais : 540 millions de kilogrammes ; céréales : 115 millions de kilogrammes ; etc. Le chemin de fer de Vladicaucase, qui est de propriété privée, travaille avec un succès presque égal. Au cours de la même année, ce chemin de fer a transporté 1,854,000 voyageurs ; 3 millions 1/3 de tonnes de marchandises ; ses recettes brutes se sont élevées à 18 millions 3/4 de roubles ; ses bénéfices nets, 8,2 millions de roubles. La vente a produit par conséquent 68,000 roubles. Les principales marchandises transportées ont été le blé et les autres céréales, les graines oléagineuses, les bois, les naphtes, les houilles et d'autres.

Parmi les meilleures routes carrossables du Caucase, la route militaire de la Géorgie célèbre par la beauté du pays qu'elle traverse est une excellente chaussée de 220 kilomètres reliant Vladicaucase à Tiflis. Cette route, qui est la voie la plus courte reliant les régions intérieures de la Transcaucasie à la Russie d'Europe est parcourue par un grand nombre de voyageurs et une grande quantité de transports. Les routes que nous allons nommer sont des chemins importants : de la station d'Akhstafa, du chemin de fer de la Transcauscasie à Alexandropol, Erivane et Djoulefa ; de Tiflis à Telav et Signakh (Kakhétie) et se prolongeant sur Zakatal et Noukha ; de la station d'Évlakh, à Choucha et autres.

Les cours d'eau du Caucase n'ont presque aucune importance comme voie de communication. Toutefois, le cours inférieur de la Koura qui porte des trains de bois et de petits navires et bateaux fluviaux fait exception ; mais les mers qui baignent le Caucase ont une très grande importance au point de vue des communications. Les principaux ports du littoral de la Caspienne sont reliés par des lignes de vapeurs avec les ports de la Perse, Krasnovodsk, tête de la ligne du chemin de l'Asie Centrale et Astrakhan et, par conséquent, avec la Volga et le littoral caucasien de la mer Noire ; celle-ci est desservie, elle aussi, par des lignes de vapeurs partant des ports de la Russie méridionale (d'Odessa et de Sévastopol) avec le littoral anatolien de la Turquie et Constantinople. En outre, des bateaux à vapeur russes et étrangers du Lloyd autrichien et des Messageries Maritimes, font un service régulier entre Batoum et les ports de la Méditerranée, avec Marseille comme tête de ligne.

Depuis la pacification du pays, la construction des chemins de fer, l'établissement de communications par mer, et le reste, le commerce du Caucase a pris une grande extension et continue à se développer ; une assez grande partie des échanges a lieu avec l'étranger. La valeur des marchandises exportées à l'étranger et importé dans le pays s'élève à plus de 88 millions 1/2 de rbs (en 1897), dont 34 millions de roubles pour l'importation et 54 millions et demi de roubles environ pour l'exportation. Dans ce mouvement, ce sont les ports caucasiens de la mer Noire qui ont le plus de part avec les ports ci-après : les ports d'Eisk et de Temruk sur la mer d'Azov, et les ports de Novorossisk, Poti et Batoum, sur la mer Noire. Sur la mer Caspienne, ce sont les ports de Bakou et d'Astara qui sont les plus importants ; sur la frontière terrestre séparant la Russie de la Turquie et de la Perse, la ville de Djoulefa située sur la route de Tauris et de Téhéran est la place de commerce la plus importante. Le port d'Eisk (3,4 millions de roubles d'affaires) et le port de Temruk (1,4 millions de roubles) n'exporte guère que des céréales et et notamment des blés et de l'orge. Le port de Novorossisk (15 millions de roubles) exporte principalement des blés et d'autres céréales, de la graine de lin, des gmykhs, des laines et quelques produits du naphte venant de Grosny. Poti (3,2 millions de rbs) exporte : 175 mille tonnes de minerai de manganèse, des maïs, des bois de palmiers et de noyers et d'autres marchandises. La place d'exportation la plus importante du littoral caucasien de la mer Noire, c'est Batoum (22,1 million de rbs) d'où on exporte principalement des produits de naphte en vracs ou en caisses (940,000 tonnes en grande partie de pétrole) venant à Batoum de Bakou en wagons-citernes. Aujourd'hui pour faciliter l'exportation à l'étranger des marchandises de naphte et autres dont le transport éprouve des difficultés sur le chemin de fer de la Transcaucasie, l'Etat construit un tuyau destiné à l'écoulement des pétroles de Bakou. Entre Batoum et la station de Mikhaëlovo, située au pied de la chaîne de Souramsk, ce tuyau est déjà presque prêt. On ne tardera pas à le continuer jusqu'à Tiflis et Bakou.

Parmi les autres marchandises exportées par le port de Batoum il convient de noter : les racines de réglisse, les minerais de manganèse, les bois de noyer et de palmier, les laines, les soies, les maïs, les tapis (principalement des tapis en transit venant de Perse et de l'Asie centrale, etc.). Dans les ports de la mer Caspienne, le commerce d'exportation qui a lieu avec la Perse est beaucoup moins considérable. La place la plus importante est celle de Bakou (9,6 millions de rbs) qui exporte des sucres et des sucres en poudre, des cigarettes, des métaux et des articles métalliques, des objets manufacturés, des produits de naphte et d'autres. La grande majorité de ces marchandises vient de la Russie d'Europe ; ainsi, tous les sucres exportés par Bakou, viennent des fabriques des gouvernements du centre de la Russie, car le Caucase ne possède point de fabriques de sucre. Le port d'Astara (0,6 mille rbs) exporte en Perse surtout différentes marchandises. Par la frontière terrestre le mouvement de l'exportation n'est pas considérable ; il se chiffre par une somme ne dépassant pas 2 millions de roubles ; la place de commerce où l'exportation est la plus animée, c'est Djoulefa.

Au point de vue de l'importation, par la mer Noire, le port le plus important est Batoum (7 millions de rbs), qui reçoit principalement des planches, des fers, du fer-blanc (pour la fabrication des caisses à pétrole) et d'autres métaux, du soufre et d'autres produits chimiques, des poteries, du thé (en transit pour Bakou et l'Asie centrale et d'autres marchandises. Le port de Novorossisk ne reçoit que pour 3,7 millions de rbs de marchandises de l'étranger ; ce sont principalement des métaux et des articles métalliques, des machines, des briques et des poteries des oranges, etc. L'importation par les ports de la mer Caspienne est peu moindre que par ceux de la mer Noire. Par Bakou (6 millions 1/2 de rbs) et à part Astara (1,8 millions de rbs), il est importé de la Perse, du riz, des bois, du charbon, du coton, des fruits secs et des noix, des articles de laine. Il est importé par la place de Djoulefa qui est la place de commerce la plus animée, tant au point de vue de l'importation qu'au point de vue de l'exportation sur la frontière terrestre du Caucase, de la laine et des articles de laine.

Les marchandises d'exportation prennent surtout la direction de la Perse, de la Grande-Bretagne, de la Turquie, des Pays-Bas et de la France. Les marchandises d'importation viennent principalement de la Perse, de la Grande-Bretagne, de la France, de la Roumanie, et d'autres pays. Les échanges du Caucase avec la Russie d'Europe sont fort importants, mais il est très difficile de tenir registre exact de ces échanges. Le Caucase envoie en Russie d'Europe principalement des pétroles et d'autres produits du naphte (mazout, etc.). En outre, le Caucase envoie en Russie d'Europe toute sa récolte de coton, puis des laines, de la soie, des vins, des tapis, des cuirs, du cuivre et d'autres produits. La Russie d'Europe vend au Caucase, principalement des articles manufacturés, des articles de métal, de la vaisselle, des sucres, du thé et des bois de construction.

Par sa situation géographique et la richesse de la nature, depuis les temps les plus reculés, le Caucase est le pays où se rencontrent les peuples de l'Europe avec ceux de l'Asie ; ce pays attire également les hommes avides de richesses ou de gloire. L'histoire du Caucase qui se perd dans les ténèbres des siècles écoulés est mêlée, dès son aurore, aux traditions et aux mythes d'une haute antiquité ; certains des événements les plus importants ont eu pour théâtre, suivant les traditions de beaucoup de peuples, différentes régions du Caucase : l'arche de Noé arrêtée sur le mont Ararat, Prométhée, l'expédition des Argonautes en Colchide, etc. Aux époques historiques, des dizaines de siècles durant, le Caucase fut une arène où se livrèrent des luttes continuelles et souvent extrêmement acharnées les peuples du pays et les peuples venus de loin en conquérants; ces luttes avaient des péripéties de courtes accalmies et d'acharnements nouveaux se sont continuées avec de courtes interruptions presque jusqu'à nos jours.

Les anciens Perses, les Juifs, les Grecs, les Romains, les Goths, les Allains, les Huns, les Arabes, les Seldjoukes, le Kazares, les Mongols, les Gênois, les Turcs et un grand nombre d'autres peuples qui nous sont presque inconnus, ont régné sur le Caucase et y ont laissé des traces de leur séjour plus ou moins prolongé. A partir de la deuxième moitié du xvie siècle, les relations des Russes avec le Caucase deviennent de plus en plus fréquentes et finissent par amener la pacification du pays et son annexion à la Russie ; dès lors, le Caucase inaugure une ère nouvelle de paix, de prospérité et de progrès économique. Toutefois cette acquisition ne laissa pas de coûter beaucoup d'efforts à la Russie. Il y a un siècle aujourd'hui que le cœur du Caucase, la Géorgie, fut annexé à l'Empire ; mais 60 années s'écoulèrent avant que les dernières peuplades insoumises, vaincues dans une lutte opiniâtre ne déposèrent les armes. Au prix de réels sacrifices et de grands efforts, le Caucase fut enfin définitivement pacifié ! D'abord le développement pacifique du pays fut extrêmement lent ; il se heurta dans ce pays désolé par des guerres séculaires à beaucoup d'obstacles.

Dans ce dernier quart de siècle, un réseau de chemin de fer ayant été construit, les voies de communication ayant été améliorées, des ports ayant été créés, tous ces éléments de civilisation, joints à l'immigration des Russes, enfin d'autres circonstances favorables ont eu pour effet de rapides progrès. L'agriculture s'est améliorée et de nouvelles branches de culture ont été introduites : l'exploitation des richesses minérales du pays et particulièrement celles du naphte et du minerai de manganèse a pris d'énormes proportions ; la grande industrie y est née et de petites industries nouvelles ont augmenté les sources du bien-être de la population. Peu à peu le Caucase, non content d'entretenir des relations très actives avec la Russie d'Europe, a conquis une situation solide et honorable sur les marchés du monde entier.

SUPPLÉMENT

LA RÉGION POLAIRE DE LA RUSSIE D'EUROPE

La section des marches russes de l'Exposition de Paris comprend également les régions polaires et subpolaires de la Russie d'Europe, à savoir le gouvernement d'Arkhangel. Le gouvernement d'Arkhangel est le plus étendu et le moins peuplé des gouvernements de la Russie d'Europe. Y compris la Nouvelle-Zemble, ce gouvernement a plus de 508,000 kilomètres carrés de superficie. Le territoire de ce gouvernement, dans sa partie moyenne qui est la plus peuplée et embrasse les bassins de la Dvina du nord et de l'Onéga est une plaine inclinée vers une mer intérieure, la mer Blanche. A l'extrême est de ce gouvernement, le long de sa limite orientale le séparant de la Sibérie, s'étend l'extrémité nord de la chaîne de l'Oural qui détache loin au delà du cercle Polaire, dans la direction nord-ouest, la chaîne des monts Paï-Khoï. Cette chaîne qui a 200 kilomètres de long se prolonge jusqu'au ballon de Iougorski. Les plus hauts sommets de l'Oural et du Paï-Khoï atteignent l'altitude absolue de 1,300 à 1,420 mètres. A l'ouest du cours de l'immense fleuve la Petchora, la chaîne des monts Timansk pénètre dans les limites du gouvernement d'Arkhangel. Ces montagnes, qui s'étendent vers le nord-ouest, n'ont nulle part une altitude dépassant 400 mètres et se prolongent jusque dans l'océan du Nord. Entre la chaîne des monts Timansk et l'Oural s'étend une vaste plaine qui a le caractère typique des toundras polaires ; ce sont les toundras de Bolchezemelski et de Timansk. Et entre les monts Timansk et le fleuve Mézénia qui se jette dans la baie de Mézinsk de la mer Blanche, s'étend la toundra de Kanisk qui a le même caractère que Maloziemelski.

Cette toundra s'avance par la presqu'île de Kaïnsk loin au milieu de l'océan du Nord.

Tout à fait l'ouest de ce gouvernement, sur la vaste presqu'île de la Laponie ou presqu'île de Kolsk, il y a également de véritables groupes montagneux formés de roches cristallines et atteignant à l'intérieur de la presqu'île des altitudes ne dépassant pas de 900 à 1,000 mètres.

Toute la superficie du gouvernement d'Arkhangel est abondamment irriguée de rivières charriant de grandes masses d'eau, la Petchora tributaire de l'Océan et la Mezena, la Dvina du nord et l'Onéga, qui se jettent dans la mer Blanche.

La composition géognotique de ce gouvernement est très variée. Dans l'ouest, sur toute la superficie de la presqu'île de la Laponie, nous l'avons déjà dit, ce sont les roches cristallines qui dominent ; les gneiss, les granits, les syénites, les diorites, les phorphyres, etc., et, au centre, dans la partie la plus unie de ce gouvernement, pénètrent des bandes de formations poïques ; enfin, dans la partie nord-est, on rencontre des formations secondaires (jurassiques) et des formations modernes. La presqu'île de Laponie peut être regardée comme le sol classique des traces survivantes de la période des glaces.

Le *climat* du gouvernement d'Arkhangel est assez rigoureux, mais il l'est bien moins que sous les latitudes correspondantes de la Sibérie. Ainsi, à Arkangel, la température moyenne de l'année est de $+ 0°,4$, celle du mois le plus froid $— 13°,6$ et celle du mois le plus chaud $+ 15°,9$; la différence entre la température du mois le plus chaud et celle du mois le plus froid est, par conséquent, de $29°,5$. Il tombe moins de neige et de pluie au gouvernement d'Arkhangel que dans les régions voisines de l'extrême nord de la Russie, en Finlande, dans la région de Moscou et des lacs. Toutefois la quantité de dépôts météoriques est entièrement suffisante. Ainsi, par exemple, à Arkhangel, la colonne des dépôts est de 396 millimètres, à Kéma, de 360 millimètres ; à Kola, elle dépasse 200 millimètres ; et les dépôts tombent plus abondants en juillet et en août, de sorte que l'agriculture du gouvernement d'Arkhangel ne souffre pas de la sécheresse ; là, l'agriculture a plutôt à se plaindre des gélées hâtives qui, certaines années, anéantissent la récolte.

Dans sa partie méridionale, la flore du gouvernement d'Arkhangel a le caractère de la flore de la taïga, c'est-à-dire la flore des forêts de hautes futaies ; au delà du cercle Polaire, c'est-à-dire au nord de la limite des forêts, la flore du gouvernement d'Arkhangel a le caractère de la toundras et, d'une manière générale, le caractère des terres arctiques. Les arbres de hautes futaies de ce gouvernement sont principalement des essences à feuilles aciculaires ; les forêts

couvrent la moitié de la superficie du gouvernement et, dans la
partie sud elles forment les 90 0/0 du territoire. Les essences aciculaires dominantes sont le pin et le sapin, mais le mélèze et le cèdre
sont très communs. Les essences latifoliées sont surtout des bouleaux, des saules et des aunes.

D'après le recensement général de 1897, la *population* du gouvernement d'Arkhangel est de 350,000 habitants ; ce gouvernement
compte par conséquent 0,7 habitant par kilomètre carré. 9 0/0 des
habitants habitent les villes. Les Russes forment les 85 0/0 de ces
habitants ; ce sont des descendants des anciens citoyens de Novogo-
rod qui ont colonisé le pays à l'époque où la république Novogoro-
dienne était la plus florissante. Les Russes de cette contrée sont
des hommes virils, énergiques, aguerris par une lutte incessante
contre la nature inhospitalière du nord. Ces hommes ont toujours
été indépendants et n'ont jamais connu la sujétion du servage ; 15 0/0
de la population sont formés d'hétérogènes, dont 13 0/0 appartiennent à des tribus finnoises, les Zyrianes et les Koréliens ou ne sont
qu'en partie d'origine finnoise ; les 2 0/0 restant sont des peuplades
polaires : les Samoyèdes (3,850 âmes).

L'agriculture n'est pas la principale occupation des habitants de
cette région, elle n'est pour eux qu'une ressource accessoire. La
population rurale de la zone des forêts habite de petits hameaux,
s'élevant sur des enclaves disséminées au milieu de l'océan des
forêts humides et parfois marécageuses. Le territoire arable de ces
petites oasis est tellement restreint qu'il ne constitue même pas un
hectare de terre de labour par membre de la population mâle du
pays. Des domaines aussi étroits ne sauraient produire assez de
céréales pour pourvoir à la consommation des habitants. Le système d'exploitation du sol est le système liadinien qui consiste à
défricher et à incendier la forêt dans celles de ses parties qui contiennent de bonnes terres et à abandonner après deux ou trois
récoltes le champ cultivé qui se couvre de nouveau de bois. Au
delà de la limite des forêts et surtout dans la zone des toundras,
l'agriculture fait presque entièrement défaut.

L'*élevage* ordinaire est à un assez haut degré de développement.
Au gouvernement d'Arkhangel, il n'y a, il est vrai, que 20 chevaux
pour 100 habitants ; mais on élève beaucoup de grosses bêtes à
cornes dans le centre de ce gouvernement, aux districts de Chen-
koursk, de Kholmogorsk et d'Arkhangel, et ce bétail est renommé
par sa race dite race de Kholmogor qui descend de la race hollan-
daise amenée dans le pays au commencement du xviiie siècle.
L'*élevage du renne*, qui n'a lieu dans aucune autre partie de la
Russie, assure le bien-être des hétérogènes de la région polaire et
notamment des Samoyèdes, des Lopares et en partie des Zyrianes.

Il y a, au gouvernement d'Arkhängel, jusqu'à 300,000 rennes ; et, comme les éleveurs de rennes hétérogènes ne sont qu'au nombre de 20,000, il en résulte que 100 éleveurs possèdent 1,500 rennes. C'est la plus haute proportion dans tout l'Empire. Si nous considérons que le renne est l'animal domestique qui coûte le moins à entretenir puisque cet animal se nourrit en été d'herbes et de feuilles et en hiver de lichen et de mousses (Sphagnum), qu'il arrache avec le pied de dessous la couche de neige, et que en général il ne nécessite presque aucun soin, on comprendra l'importance du renne pour la population de l'extrême nord. Non seulement le renne sert à faciliter les déplacements des hétérogènes vagabonds, il leur procure encore de la viande de boucherie dont la réserve se renouvelle incessamment et au delà par la reproduction, si les circonstances sont favorables ; il donne aussi des peaux, de la laine et des cornes. La peau du renne sert à habiller l'indigène, et on en fait une peau chamoisée qui se vend dans le gouvernement et même dans nos capitales. La viande et la langue de renne sont consommées dans le pays par les indigènes et par la population de Saint-Pétersbourg ; il en est de même de la laine, de la graisse et des cornes de cet animal.

Les *pêcheries* ont toutefois incomparablement plus d'importance pour toute la population. L'industrie de la pêche est très développée aussi bien sur les rivières que sur les bords de la mer. La région la plus importante pour la quantité de poissons produit par ses pêcheries et les rendements que donne l'industrie de la pêche, c'est le littoral de Mourmane de la presqu'île de Laponie où l'on pêche particulièrement en grande quantité de la morue (Gadus collaris), l'arc (Gadus virens), le pikchoni (Gadus æglifinus), le paltus (Hippoglossus vulgaris), le loup marin (Anarrhichas), et en partie le pleuroncètes (Pleuroncetes platessa) et d'autres espèces de poissons. Toute cette pêche a lieu dans l'océan Glacial, le long de la côte Mourmane à partir de l'embouchure de la Voriéma, fleuve formant la frontière de la Norvège, jusqu'au cap Sviatoï-Noss.

Les pêcheries de la côte Mourmane sont tenues principalement par les habitants des cantons maritimes des districts de Kolsk, de Kemsk et d'Onéga. Dès les premiers jours du printemps, par les routes hivernales, en février et en mars, les pêcheurs se rendent au Mourmane à travers la presqu'île de Kolsk et s'installent dans des camps situés au fond des baies et des golfes où se trouvent des mouillages commodes pour les bateaux de pêche. Là ils trouvent des demeures provisoires dites des « Stanes ». Dès la venue du printemps, le poisson, amené par le courant chaud du Gulf Stream, arrive en masse sur la côte Mourmane. D'abord le poisson se tient aux environs de la côte occidentale, puis, au cours de l'été, il avance vers la côte orientale et, aux approches de l'hiver, il arrive jusqu'au cap de Sviatoï-Noss. Les pêcheurs suivent les déplacements de leurs proies ; aussi la pêche du Mourmane se divise-t-elle, suivant les saisons de l'année, en trois périodes : la période du printemps ou occidentale qui est d'habitude la plus fructueuse et qui dure de mars en juillet ; la période d'été ou période moyenne, de juillet à la mi-août ; et la période d'automne ou orientale, de la mi-août en octobre. De nouveaux pêcheurs arrivent au Mourmane pour la période d'été et la période d'automne.

La pêche a lieu à l'aide d'engins spéciaux appelés rangs amorcés au moyen de petits poissons, de moïva ou de tellines ou encore, à défaut de ceux-ci de harengs, de vers ou de coquillages. Le « rang » est une corde faite de plusieurs morceaux d'une longueur atteignant souvent de 5 à 10 kilomètres à laquelle sont attachés par des fines ficelles des hameçons espacés l'un de l'autre d'environ 2 mètres. Aux extrémités de cette ligne on attache un poids ou une ancre et des flotteurs en bois ou en verre dits « Koubasses », qui servent à marquer l'emplacement où est immergé l'engin. Cette ligne est placée aussi loin que possible en pleine mer ; pour cela les pêcheurs s'écartent jusqu'à 10 et même jusqu'à 30 kilomètres du bord. La profondeur des eaux au lieu où est émergé la ligne atteint 200 mètres et plus. On tend la ligne au moins pour une marée, c'est-à-dire pour six heures de flux ou de reflux.

Le type de bateau de pêche le plus commun est la « chniak » barque primitive, non pontée, pouvant porter 2,500 à 3,000 kilos. Ces derniers temps on s'est mis à employer un bateau d'une construction plus perfectionnée, le « yel », de type norvégien.

La « chniak » de pêche porte un équipage de 14 hommes. Cet équipage forme un artel, c'est-à-dire une sorte de société où les hommes sont gagés par le patron La pêche du bord du Mourmane occupe annuellement en moyenne environ 4,000 pêcheurs montant un millier de barques.

La pêche du Mourmane produit annuellement de 8 à 12 millions de kilos de poisson valant jusqu'à 500,000 roubles.

Parmi les autres poissons de mer, deux espèces ont de l'importance, ce sont le hareng et la dorche (Gadus navaga). Le hareng afflue en énormes bancs dans les baies et les golfes de la mer Blanche. C'est près du village de Sorok, district de Kemsk, que la pêche du hareng est le plus abondante. On pêche la dorche sur les bords de la mer Blanche et à l'embouchure de tous les grands fleuves. La pêche de ces deux espèces atteint 3,000,000 de kilos de poisson valant 150,000 roubles. La pêche du saumon qui a lieu à l'embouchure des grands fleuves et donne plus d'un million de kilos de poisson valant 430,000 roubles, n'a pas moins d'importance. Enfin la pêche dans les cours d'eau et les lacs du gouvernement d'Arkhangel produit jusqu'à 1,400,000 kilos de poisson valant jusqu'à 160,000 roubles.

Les animaux marins qui sont chassés sur le littoral du gouvernement d'Arkhangel sont : le phoque (Phoca groenhlandica), le veau marin (Phoca foetida), le lièvre de mer (Phoca barbata), le morse (Trichechus rosmarus) le dauphin blanc (Delphinapterus leucas) et l'ours blanc (Ursus polaris). La chasse aux animaux marins augmente beaucoup; elle a triplé dans ces cinq dernières années; aujourd'hui elle produit pour 170,000 roubles de marchandises. L'amélioration des marchés d'écoulement contribue beaucoup au développement des industries de la mer par l'armement des pêcheurs et des chasseurs de bonnes armes à feu et le perfectionnement de la construction des bateaux. Il est regrettable que la pêche à la baleine ne se soit pas encore constituée; cependant les baleines se montrent en grande quantité, même sur les bords de la Nouvelle-Zemble.

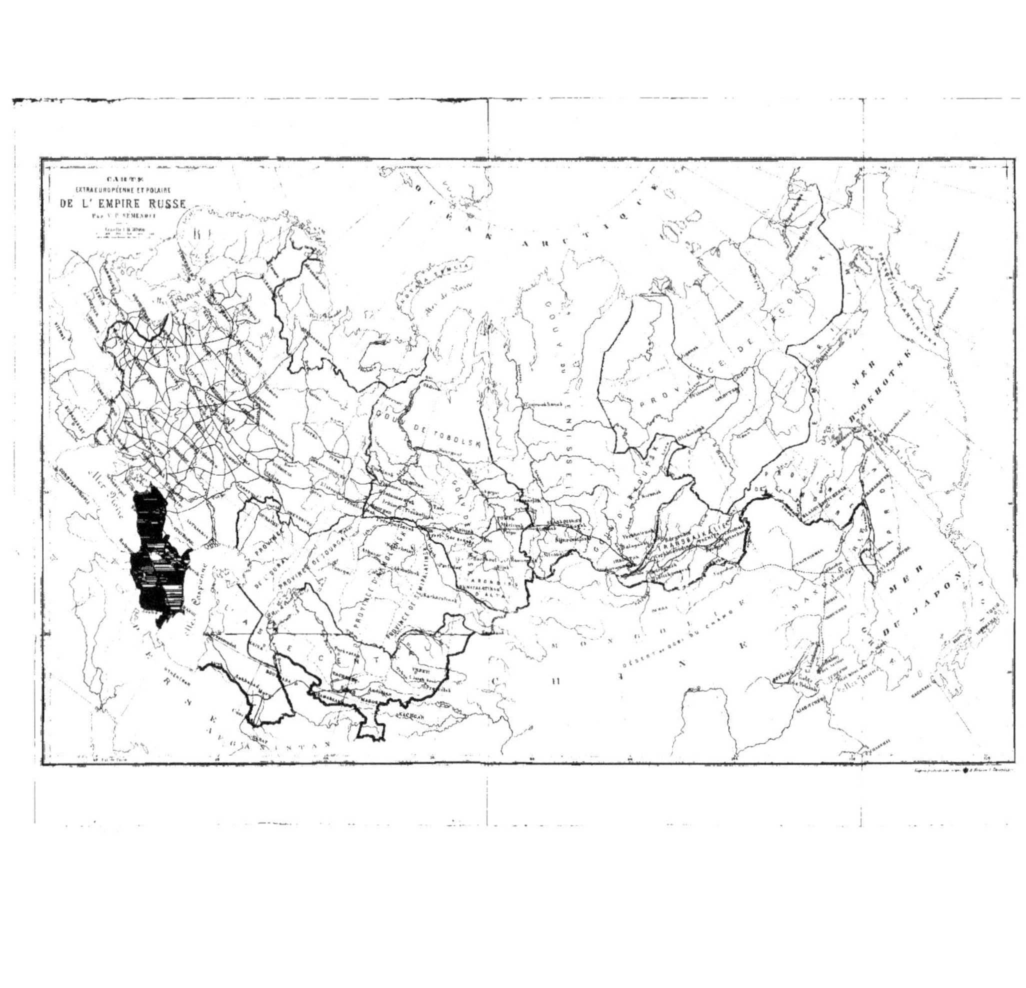

CARTE
EXTRA-EUROPÉENNE ET POLAIRE
DE L' EMPIRE RUSSE
Par V. P. SEMENOFF
OCÉAN ARCTIQUE
GOU. DE TOBOLSK
GOU. DE IENISSEISK
PROVINCE DE IAKOUTSK
MER D'OKHOTSK
MER DU JAPON
TRANSBAIKALIE
MONGOLIE
DÉSERT DE GOBI ou CHAMO
CHINE
AFGHANISTAN
PROVINCE DE TOURGAI
PROVINCE DE SEMIRÉTCHIÉ

www.ingramcontent.com/pod-product-compliance
Ingram Content Group UK Ltd.
Pitfield, Milton Keynes, MK11 3LW, UK
UKHW022331090726
13658UKWH00001B/215